COORDENADOR YUSSEF DAIBERT SALOMÃO DE CAMPOS

DIREITO INTERNACIONAL DO PATRIMÔNIO CULTURAL

ANAUENE DIAS SOARES

DIREITO INTERNACIONAL DO PATRIMÔNIO CULTURAL

O TRÁFICO ILÍCITO DE BENS CULTURAIS

Copyright © 2023 by Editora Letramento
Copyright © 2023 by Anauene Dias Soares

Diretor Editorial Gustavo Abreu
Diretor Administrativo Júnior Gaudereto
Diretor Financeiro Cláudio Macedo
Logística Daniel Abreu e Vinícius Santiago
Comunicação e Marketing Carol Pires
Assistente Editorial Matteos Moreno e Maria Eduarda Paixão
Designer Editorial Gustavo Zeferino e Luís Otávio Ferreira
Coleção Sobre Patrimônios Coordenador Yussef Daibert Salomão De Campos

Conselho Editorial Jurídico

Alessandra Mara de Freitas Silva
Alexandre Morais da Rosa
Bruno Miragem
Carlos María Cárcova
Cássio Augusto de Barros Brant
Cristian Kiefer da Silva
Cristiane Dupret

Edson Nakata Jr
Georges Abboud
Henderson Fürst
Henrique Garbellini Carnio
Henrique Júdice Magalhães
Leonardo Isaac Yarochewsky
Lucas Moraes Martins

Luiz F. do Vale de Almeida Guilherme
Marcelo Hugo da Rocha
Nuno Miguel B. de Sá Viana Rebelo
Onofre Alves Batista Júnior
Renata de Lima Rodrigues
Salah H. Khaled Jr
Willis Santiago Guerra Filho

Todos os direitos reservados. Não é permitida a reprodução desta obra sem aprovação do Grupo Editorial Letramento.

Dados Internacionais de Catalogação na Publicação (CIP)
Bibliotecária Juliana da Silva Mauro - CRB6/3684

S676d   Soares, Anauene Dias
           Direito internacional do patrimônio cultural : o tráfico ilícito de bens culturais / Anauene Dias Soares ; coordenado por Yussef Daibert Salomão de Campos. - Belo Horizonte : Letramento, 2023.
           254 p. ; 15,5 x 22,5 cm. - (Coleção Sobre Patrimônios)

           Inclui Bibliografia.
           ISBN 978-65-5932-430-9

           1. Patrimônio cultural. 2. Tráfico de bens culturais. 3. Bens arqueológicos. 4. Instituto Cultural Banco Santos. 5. Cid Collection. I. Campos, Yussef Daibert Salomão de. II. Título. III. Série.

           CDU: 341.232.4
           CDD: 341.774

Índices para catálogo sistemático:
1. Tráfico ilícito de bens culturais 341.232.4
2. Tráfico ilícito de bens culturais 341.774

LETRAMENTO EDITORA E LIVRARIA
Caixa Postal 3242 – CEP 30.130-972
r. José Maria Rosemburg, n. 75, b. Ouro Preto
CEP 31.340-080 – Belo Horizonte / MG
Telefone 31 3327-5771

Anauene Dias Soares

Foi coordenadora da Red List brasileira (ICOM) e consultora AdHoc da UNESCO, combate ao tráfico ilícito de bens culturais. Advogada em Direitos Culturais e Perita de obras de arte. Fundadora e Diretora do Anauene Art Law. É Coordenadora Cultural do Instituto Brasileiro de Direitos Culturais (IBDCult), membro do Instituto de Avaliação e Autenticação de Obras de Arte (i3A), e perita registrada na Ordem dos Peritos do Brasil (OPERB).Doutoranda em Relações Internacionais (UnB), Mestra em Ciências (USP), Especialista em Direito Internacional (Cedin), Especialista em Restauração de Bens Móveis (UPV), Bacharel em Direito (PUCCAMP) e Graduada em Artes Visuais (USP). É associada da International Law Association do Brasil (ILA) e da Association of Cultural Heritage Studies (ACHS)..

Para meus amados sobrinhos, Rafaela e Samuel.

"[...] nenhuma experiência foi insignificante; o menor acontecimento desdobra-se com um destino."

Cartas a um jovem poeta,

Raine Marie Rilke

Agradeço a incansável paciência de meus entes queridos, minha família: Pretuxinha, Zizico e Nanzinho.

Agradeço ao amigo e arqueólogo Prof. Dr. Rossano Bastos, pela atenção e dedicação durante o processo de definição.

Agradeço ao meu amigo e professor, homem de vasto conhecimento, provocador de dúvidas e incertezas, Prof. Dr. Renato Kirchner.

Agradeço ao meu querido amigo Jefferson Martins por me motivar e indagar meus estudos nessa incansável busca por um pouco de conhecimento.

Agradecimentos ao meu amigo Gabriel Hattori por sempre estar do meu lado.

Agradecimentos aos amigos e mestres, Buti e Musa, por sempre dificultarem minhas escolhas e fazeres artísticos.

Agradeço a muitos outros amigos sempre lembrados que ainda poderiam ser citados.

Agradeço a Radiohead, a Tom Waits, a Jaco Pastorius e a Charles Mingus pelos momentos de inquietudes e de prazer.

Agradeço a Sokurov, a Kore-eda, a Bergman, a Godard e a Fellini pela percepção e apreensão de cores, músicas e movimentos de arte.

Agradeço a certos artistas, por contribuírem, sempre, para minha produção artística, para quem não retribuo com esse livro.

LISTA DE SIGLAS

CODEPOC - Coordenação Geral de Pesquisa e Documentação

DELEMAPH - Delegacias de Repressão ao Crime contra o Meio Ambiente e Patrimônio Histórico

FBI - *Federal Bureau of Investigation* - Agência Federal de Investigação

ICBS - Instituto Cultural Banco Santos

ICOM - *International Council of Museums* - Conselho Internacional dos Museus

IEB - Institutos de Estudos Brasileiros

INTERPOL - *International Criminal Police Organization* - Organização Internacional da Polícia Criminal

IPHAN - Instituto do Patrimônio Histórico e Artístico Nacional

MAE - Museu de Arqueologia e Etnologia da Universidade de São Paulo

MAC - Museu de Arte Contemporânea da Universidade de São Paulo

MI - Museu do Ipiranga

MERCOSUL - Mercado Comum do Sul

SE - Superintendência do IPHAN

STF - Supremo Tribunal Federal

STJ - Superior Tribunal de Justiça

UNASUL - União das Nações Sul-Americanas

UNESCO - *United Nations Educational, Scientific and Cultural Organization* - Organização das Nações Unidas para a Educação, a Ciência e a Cultura

UNIDROIT - *International Institute for the Unification of Private Law* - Instituto Internacional para a Unificação do Direito Privado

LISTA DE FIGURAS

Figura 1 - Mapa de grandes roubos de livros registrados desde 2003

Figura 2 - Portaria nº 228/2002, do Instituto do Patrimônio Histórico e Artístico Nacional (IPHAN)

Figura 3 - Publicação da Portaria nº 228/2002, do IPHAN no Diário Oficial

Figura 4 - Página 289 do catálogo da exposição "Antes - As histórias da pré-história"

Figura 5 - Arrolamento e avaliação das obras existentes na residência do Sr. Edemar Cid Ferreira em São Paulo, capital, de 2005

Figura 6 - Arrolamento e avaliação das obras existentes na residência do Sr. Edemar Cid Ferreira em São Paulo, capital, de 2005

Figura 7 - Arrolamento e avaliação de bens arqueológicos existentes na residência do Sr. Edemar Cid Ferreira em São Paulo, capital, de 2005

Figura 8 - Arrolamento e avaliação de bens arqueológicos existentes na residência do Sr. Edemar Cid Ferreira em São Paulo, capital, de 2005

Figura 9 - Arrolamento e avaliação de bens arqueológicos existentes na residência do Sr. Edemar Cid Ferreira em São Paulo, capital, de 2005

Figura 10 - Arrolamento e avaliação de bens arqueológicos existentes na residência do Sr. Edemar Cid Ferreira em São Paulo, capital, de 2005

Figura 11 - Arrolamento e avaliação de bens etnológicos existentes na residência do Sr. Edemar Cid Ferreira em São Paulo, capital, de 2005

Figura 12 - Arrolamento e avaliação de bens arqueológicos existentes na residência do Sr. Edemar Cid Ferreira em São Paulo, capital, de 2005

Figura 13 - Arrolamento e avaliação de bens arqueológicos existentes na residência do Sr. Edemar Cid Ferreira em São Paulo, capital, de 2005

Figura 14 - Arrolamento e avaliação de bens arqueológicos existentes na residência do Sr. Edemar Cid Ferreira em São Paulo, capital, de 2005

Figura 15 - Capa do catálogo de exposição do "*Brésil Indien*" realizado em Paris em 2005

Figura 16 - Obra do catálogo de exposição do "*Brésil Indien*" realizado em Paris em 2005

Figura 17 - Relação das obras da exposição "*Brésil Indien*" realizada em Paris em 2005

Figura 18 - Relação das obras da exposição "*Brésil Indien*" realizada em Paris em 2005

Figura 19 - Relação das obras da exposição "*Brésil Indien*" realizada em Paris em 2005

Figura 20 - Relação das obras da exposição "*Brésil Indien*" realizada em Paris em 2005

Figura 21 - Relação das obras da exposição "*Brésil Indien*" realizada em Paris em 2005.

Figura 22 - Relação das obras da exposição "*Brésil Indien*" realizada em Paris em 2005.

Figura 23 - Relação das obras da exposição "*Brésil Indien*" realizada em Paris em 2005

Figura 24 - Solicitação de autorização do IPHAN para trânsito internacional das obras da exposição "*Brésil Indien*" realizada em Paris em 2005

Figura 25 - Solicitação de autorização do IPHAN para trânsito internacional das obras da exposição "*Brésil Indien*" realizada em Paris em 2005

Figura 26 - Lista de obras do acervo do Instituto Cultural Banco Santos (ICBS) e da *Cid Collection* emprestadas para a exposição "Antes - As histórias da pré-história"

Figura 27 - Lista de obras do acervo do Instituto Cultural Banco Santos (ICBS) e da *Cid Collection* emprestadas para a exposição "Antes - As histórias da pré-história"

Figura 28 - Lista de obras do acervo do Instituto Cultural Banco Santos (ICBS) e da *Cid Collection* emprestadas para a exposição "Antes - As histórias da pré-história"

Figura 29 - Lista de obras do acervo do Instituto Cultural Banco Santos (ICBS) e da *Cid Collection* emprestadas para a exposição "Antes - As histórias da pré-história"

Figura 30 - Lista de obras do acervo do Instituto Cultural Banco Santos (ICBS) e da *Cid Collection* emprestadas para a exposição "Antes - As histórias da pré-história"

Figura 31 - Formulário de empréstimo e comodato da exposição "Antes - As histórias da pré-história"

Figura 32 - Capa do catálogo da exposição "Antes - As histórias da pré- história"

Figura 33 - Mapa do catálogo indicando as regiões de origem das obras da exposição "Antes - As histórias da pré-história"

Figura 34 - Capa do catálogo da exposição "A Escrita da Memória"

Figura 35 - Tablete de argila, de 2100 a.C., de escrita cuneiforme, da Mesopotâmia, peça da exposição "A Escrita da Memória"

Figura 36 - Quipo, escrita tridimensional Maia, peça da exposição "A Escrita da Memória"

Figura 37 - 4 peças Maia de manufatura pré-hispânica da exposição "A Escrita da Memória"

Figura 38 - Imagens da transferência e acondicionando das peças na residência do Edemar Cid Ferreira para o Museu de Arqueologia e Etnologia da Universidade de São Paulo (MAE/USP)

Figura 39 - Imagens da transferência e acondicionando das peças na residência do Edemar Cid Ferreira para o MAE/USP

Figura 40 - Imagens da transferência e acondicionando das peças na residência do Edemar Cid Ferreira para o MAE/USP

Figura 41 - Espaços físicos de guarda dos acervos na residência do Edemar Cid Ferreira

Figura 42 - Inventários realizados pelo MAE/USP do acervo do ICBS, da Cid Collection e do acervo particular do Edemar Cid Ferreira

Figura 43 - Inventário do acervo arqueológico brasileiro - ICBS - feito pelo MAE/USP

Figura 44 - Inventário do acervo arqueológico brasileiro - ICBS - feito pelo MAE/USP

Figura 45 - Inventário do acervo arqueológico brasileiro - ICBS - feito pelo MAE/USP

Figura 46 - Inventário do acervo cerâmico etnográfico - ICBS - feito pelo MAE/ USP

Figura 47 - Inventário do acervo cerâmico etnográfico - ICBS - feito pelo MAE/ USP

Figura 48 - Inventário do acervo cerâmico etnográfico - ICBS - feito pelo MAE/ USP

Figura 49 - Inventário do acervo cerâmico etnográfico - ICBS - feito pelo MAE/ USP

Figura 50 - Inventário do acervo arqueológico não-brasileiro - ICBS - feito pelo MAE/USP

Figura 51 - Inventário do acervo arqueológico não-brasileiro - ICBS - feito pelo MAE/USP

Figura 52 - Inventário do acervo etnográfico não-brasileiro - ICBS - feito pelo MAE/USP

Figura 53 - Inventário do acervo etnográfico não-brasileiro - ICBS - feito pelo MAE/USP

Figura 54 - Inventário do acervo etnográfico não-brasileiro - ICBS - feito pelo MAE/USP

Figura 55 - Inventário do acervo etnográfico não-brasileiro - ICBS - feito pelo MAE/USP

LISTA DE QUADROS

Quadro 1 - Tabela II - Totalização das coleções arqueológicas depositadas no ICBS

Quadro 2 - Tabela III - Objetos, conjuntos de objetos e fragmentos depositados no Instituto Cultural Banco Santos, São Paulo, SP arrolados pelo IPHAN em 16-17/02/2005

Quadro 3 - Quadro recapitulativo da Tabela III

Quadro 4 - Tabela IV - Peças emprestadas pelo ICBS a MAG + rede cultural para figurar na mostra ANTES

SUMÁRIO

23 APRESENTAÇÃO DA COLEÇÃO

25 APRESENTAÇÃO

27 PREFÁCIO

33 PRÓLOGO

37 **PARTE I**

39 CAPÍTULO 1.
O PATRIMÔNIO CULTURAL

39 MÚLTIPLAS FACES DO PATRIMÔNIO CULTURAL

43 CONSTRUÇÃO DO PATRIMÔNIO CULTURAL COMO BEM JURÍDICO TUTELADO

45 PATRIMÔNIO CULTURAL BRASILEIRO

48 PATRIMÔNIO CULTURAL NAS CONVENÇÕES SOBRE TRÁFICO ILÍCITO DE BENS CULTURAIS

53 REGIME JURÍDICO ESPECIAL DOS SÍTIOS E BENS ARQUEOLÓGICOS

59 CAPÍTULO 2.
TRÁFICO ILÍCITO DE BENS CULTURAIS

63 DELINEAMENTOS HISTÓRICOS

68 A PREVENÇÃO E O COMBATE AO TRÁFICO ILÍCITO DE BENS CULTURAIS

73 CAPÍTULO 3.
O DIREITO INTERNACIONAL NO COMBATE AO TRÁFICO ILÍCITO DE BENS CULTURAIS EM TEMPOS DE GUERRA

73 — *A CONVENÇÃO DE HAIA DE 1954 PARA A PROTEÇÃO DA PROPRIEDADE CULTURAL EM CASO DE CONFLITOS ARMADOS E SEUS PROTOCOLOS DE 1954 E 1997*

78 — *CASO "EL CRISTIANO", BRASIL VS. PARAGUAY*

79 — *O CARÁTER HUMANITÁRIO DA PROTEÇÃO AO PATRIMÔNIO CULTURAL*

81 — *A RESOLUÇÃO 2347 DO CONSELHO DE SEGURANÇA DAS NAÇÕES UNIDAS*

85 — *CASO TIMBUKTU, MALI*

89 — **CAPÍTULO 4.
O DIREITO INTERNACIONAL NO COMBATE AO TRÁFICO ILÍCITO DE BENS CULTURAIS EM TEMPOS DE PAZ**

90 — *A CONVENÇÃO SOBRE AS MEDIDAS A SEREM ADOTADAS PARA PROIBIR E IMPEDIR A IMPORTAÇÃO, EXPORTAÇÃO E TRANSPORTAÇÃO E TRANSFERÊNCIA DE PROPRIEDADES ILÍCITAS DOS BENS CULTURAIS, DE 1970*

94 — *CASO EQUADOR VS. ITÁLIA*

95 — *CASO PERU VS. ALEMANHA*

95 — *A CONVENÇÃO DE UNIDROIT SOBRE BENS CULTURAIS FURTADOS OU ILICITAMENTE EXPORTADOS DE 1995*

100 — *BOA-FÉ, LEX ORIGINS E LEX SITUS NAS TRANSAÇÕES INTERNACIONAIS DE BENS CULTURAIS*

103 — *CASO WINKWORTH V. CHRISTIE, MANSON & WOODS LTD*

104 — *CONVENÇÃO DA UNESCO PARA A PROTEÇÃO DO PATRIMÔNIO CULTURAL SUBAQUÁTICO, DE 2001*

106 — *CASO FAROL DE ALEXANDRIA, ALEXANDRIA, EGITO*

106 — *CASO O TEK SING, NO MAR DA CHINA MERIDIONAL*

107 — *CASO ELIZABETH AND MARY (NAVIO DA FROTA DE PHIPS), BAIE-TINITÉ, CANADÁ*

109 **CAPÍTULO 5.**
INTEGRAÇÃO REGIONAL NA AMÉRICA DO SUL E O COMBATE AO TRÁFICO ILÍCITO DE BENS CULTURAIS

110 *MERCOSUL*

114 *UNASUL*

115 *COOPERAÇÃO MERCOSUL-UNASUL NA PREVENÇÃO E NO COMBATE AO TRÁFICO ILÍCITO DE BENS CULTURAIS*

118 *ARGENTINA*

121 *PARAGUAI*

123 *URUGUAI*

124 *CASO ARGENTINA VS. PARAGUAY*

125 *CASO ARGENTINA VS. PERU*

127 **CAPÍTULO 6.**
PROTEÇÃO DO PATRIMÔNIO CULTURAL NO DIREITO BRASILEIRO

133 *PATRIMÔNIO CULTURAL BRASILEIRO: BEM JURÍDICO TUTELADO NA ESFERA ADMINISTRATIVA*

137 *PATRIMÔNIO CULTURAL: BEM JURÍDICO TUTELADO NA ESFERA PENAL*

144 *PROTEÇÃO DO PATRIMÔNIO CULTURAL SUBAQUÁTICO NO BRASIL*

147 # PARTE II

149 **CAPÍTULO 7.**
CASO BANCO SANTOS

150 *O PROCESSO DE CONSTITUIÇÃO DE UM ACERVO: A CID COLLECTION, O INSTITUTO CULTURAL BANCO SANTOS E A COLEÇÃO PRIVADA DE EDEMAR CID FERREIRA*

160   *O ACERVO ARQUEOLÓGICO DO INSTITUTO CULTURAL BANCO SANTOS SEGUNDO A DOCUMENTAÇÃO*

234   *INCOMPATIBILIDADE EM TORNO DA CONSTITUIÇÃO DO ACERVO E DA NORMATIVA INTERNACIONAL E NACIONAL DO TRÁFICO ILÍCITO DO PATRIMÔNIO CULTURAL ARQUEOLÓGICO*

241   **REFERÊNCIAS**

APRESENTAÇÃO DA COLEÇÃO

O LUPA, grupo de onde nasceu a proposta dessa coleção "Sobre Patrimônios", propicia estudos sobre os conceitos de lugar e de território, através de algumas leituras das Ciências Sociais, Filosofia, Arqueologia e Geografia, e, especialmente, da História, sem, contudo, esgotá-las, para demonstrar o quão impossível é desvinculá-los do Patrimônio, seja conceitualmente, seja na vivência dos grupos ou na sua gestão. Indica como as políticas públicas incluem, ou não, os territórios e lugares como requisitos indispensáveis para a emancipação dos grupos envolvidos com os bens patrimonializados. Para isso, divide-se em duas as linhas de pesquisa.

A primeira, "Lugar e território na concepção dos patrimônios", analisa como esses conceitos – lugar e território – são indissociáveis, mas como negociações políticas os utilizam em processos de patrimonialização e de criação legislativa para o patrimônio. Essa linha abriga pesquisas nas quais lugar e território são meios de abrandamento, flexibilização, negação e/ou confirmação de direitos ao territórios, vinculados ao patrimônio cultural e sua transação via políticas públicas.

Já a linha "Patrimônio, Memória e Identidade Social" estuda as relações entre os processos de patrimonialização, ou a rejeição aos mesmos, a memórias e identidades, e mostra como o patrimônio é perpassado por disputas e conflitos. Perscrutá-los pode identificar as tensões que engendram essa expressão política da memória. Os estudos e pesquisas a essa linha relacionados são meios para compreensão de como o patrimônio pode recalcar memórias, resgatar traumas ou conciliar divergências.

Assim, esse livro que o leitor traz em suas mãos, evidenciará, no mínimo, uma dessas linhas. O projeto "Sobre Patrimônios", desenvolvido em parceria com a Letramento, editora que vem se consolidando na área do Patrimônio Cultural, propiciará ao público acesso às pesquisas desenvolvidas pelos membros desse grupo e parceiros, brasileiros e estrangeiros, sejam teses ou dissertações, ou outros resultados passíveis de publicação em formato de livro.

Convidamos a você que conheça nossa coleção "Sobre Patrimônios".

YUSSEF CAMPOS
LUPA – Universidade Federal de Goiás

APRESENTAÇÃO

A tarefa que me cabe aqui é de apresentar esta obra que verso sobre o direito internacional do patrimônio cultural, em especial nas questões afetas ao tráfico ilícito dos bens culturais. Não é fácil abraçar tal empreendimento, uma vez que o tema, muitas vezes se confunde com a nossa atuação como arqueólogo do Instituto do Patrimônio Histórico e Artístico Nacional (IPHAN), que participou em diversos momentos no processo do acervo do Banco Santos, que se encontra descrito na segunda parte do livro. Contudo, vamos apresentar esta obra e esperamos que o público especializado a acolha com respeito e possa nela vislumbrar um trabalho que busca alertar a todos como o patrimônio cultural pode ser utilizado e mal utilizado, inclusive na lavagem de capital, na produção da subcidadania cultural.

A autora, Anauene Dias Soares, a conheci nos idos de 2011, como aluna especial no curso de mestrado em Mudança Social e Participação Política na Universidade de São Paulo (USP), onde proferi palestra no seu curso sobre a proteção do patrimônio cultural. De lá para cá, tenho acompanhado com alegria sua dedicação a proteção do patrimônio cultural que acredito ter, naquele instante na USP, despertado na autora. Recentemente, (2015) participei da sua banca de mestrado sobre o assunto, um trabalho de folego muito bem conduzido e sobretudo irradiador. O seu trabalho que hora apresento parte daí e se solidifica com outros exemplos muito bem explorados no texto. Se eu tivesse que definir em uma só palavra a os atributos da autora, eu diria: corajosa.

Não poderia deixar de relatar que no nosso primeiro encontro no curso de belas artes, na USP, seu interesse pelo acervo de bens culturais do Banco Santos foi imediato e desde então dedicou parte de sua produção acadêmica para entender como funciona o intrincado mundo das artes e sua comercialização, como também do tráfico ilícito de bens culturais no Brasil.

Desta forma, se debruçou em cima de uma documentação dispersa em diversos locais, IPHAN, Museu de Arqueologia Etnologia (MAE/USP), Vara da fazenda, Vara federal criminal para então produzir este documento que agora vem recheado de informações, indagações e muitas considerações do que é o Direito, o patrimônio, os bens culturais e os diversos agentes que lidam e atuam com o acervo constituído pelos bens culturais protegidos, inventariados, tombados e acautelados.

A discussão que a autora traz vem da elucidação tanto histórica como filosófica da concepção dos bens culturais e do patrimônio cultural. Introduz com rigor a discussão da propriedade cultural versus a propriedade individual. Sobretudo, à tona a discussão da *commom law* e *civil law*, enriquecendo o debate sobre o assunto.

O trabalho passeia pelas normativas nacionais e internacionais que versam de alguma forma sobre a proteção e o tráfico ilícito de bens culturais e do patrimônio cultural e arqueológico. Mostra com isso vigor, sobre- tudo na avaliação dos diplomas infraconstitucionais que afetam de forma decisiva ou tangente a esfera dos bens culturais e do patrimônio cultural brasileiro. O mergulho neste trabalho leva o leitor a muitas reflexões, entre elas, algumas de ordem legal, outras de ordem filosófica e outas ainda na esfera da cultural, se desdobrando na concepção de identidade cultural, pertencimento e nação. Dentro disto, no aspecto legal, o texto conduz a identificação da necessidade de aprimoramento da legislação nacional sobre o tráfico ilícito de bens culturais.

Por outro lado, chama atenção para a riqueza cultural, arqueológica, artística e etnográfica fazendo crer que este segmento constituído por estes bens culturais de alcance social merecem uma atenção qualificada, socialmente includente, que possa se constituir em objeto de alfabetização cultural. Oportuno dizer, que doravante o tema em debate, ou seja, o tráfico ilícito de bens culturais, não poderá se realizar sem as considerações reunidas neste trabalho. Assim, explorou ainda, argumentos como o princípio da boa-fé e os elementos de conexão da *lex origins* e da *lex situs,* que estão intimamente ligados ao tráfico ilícito de bens culturais e a suas devidas restituições e retornos para o suposto país expropriado ou de origem.

Diante do que pude argumentar espero que todos que se debruçarem sobre este tema possa ter aqui uma contribuição das mais frutuosas para o entendimento e interpretação do tráfico ilícito de bens culturais no Brasil.

Verão de 2018

ROSSANO LOPES BASTOS
Arqueólogo do IPHAN

PREFÁCIO

É sempre um prazer dialogar com um livro novo, que traz à tona conhecimento importante sobre uma área pouco explorada na academia brasileira. E foi essa a minha experiência com esta obra. Ao redescobrir e apresentar ao público casos pouco conhecidos e posicionar o Brasil com relação a debates internacionais nessa área de crescimento do Direito, Anauene Dias Soares faz uma grande contribuição ao entendimento do Direito do Patrimônio Cultural.

O livro trata da posição brasileira com relação à proteção do seu patrimônio cultural móvel, em particular de artefatos arqueológicos. Esta obra é importante não somente para especialistas nas áreas de patrimônio cultural, arqueologia, e a disciplina jurídica desses temas, mas também para juristas de todas as áreas, ao demonstrar a importância da interação entre áreas jurídicas distintas, e as tensões que existem quando uma situação é tratada como um crime, como um ato administrativo, ou como um processo corporativo. Para o público em geral, esse livro conta uma história importante sobre a construção de identidade histórica e nacional através de artefatos arqueológicos, os atores envolvidos, a corrupção que existe nesse meio, e, ao fim de tudo, os chamados irresistíveis da história que nos define e dos artefatos que contam essa história.

É importante ressaltar a habilidade com que o livro situa o Brasil em debates internacionais sobre o tema. O patrimônio cultural está cada vez mais presente no *zeitgeist* mundial através de eventos como a destruição de monumentos no Oriente Médio durante conflitos, a degradação de sítios como a nossa Amazônia e a grande barreira de corais na Austrália (ambos na lista do patrimônio mundial da UNESCO), e o furto e a circulação ilícita de objetos culturais, como os mármores do Partenon. Sobre esse último tema – referente ao tráfico ilícito de bens culturais – trata o livro.

Contextualizando o Brasil no mundo, histórica e atualmente, o livro causa dois efeitos. Em primeiro lugar, entendemos o Brasil como herdeiro e parte de debates internacionais correntes. Situamos o Brasil como parte de um movimento que usa o patrimônio cultural para construir sua identidade nacional e valorizar o sentimento de pertencer ao Brasil.

Esse sentimento e o uso do patrimônio cultural são especialmente importantes em tempos de crise nacional. Durante a crise financeira global de 2008, por exemplo, a Grécia, um país à beira da falência, usou a causa do retorno dos mármores do Partenon, localizados no Museu Britânico, como uma forma de tentar reunificar a nação grega. Da mesma forma, no Brasil, a construção da identidade nacional através de artefatos culturais pode lembrar-nos de que, apesar de todas as diferenças, há muito o que nos une e nos dá orgulho de pertencer a essa nação.

Em segundo lugar, e sob uma perspectiva mais técnica, balizar o debate no Brasil sobre o Direito Internacional tem o efeito de dar maior repercussão ao livro. O Direito Internacional do Patrimônio Cultural, desenvolvido nos últimos sessenta e poucos anos por organizações internacionais como a UNESCO, alcançou o grande objetivo de apresentar ao mundo um idioma uniforme para o tratamento do tema. Embora exista uma quantidade crescente de estudos que tratam da perspectiva jurídica internacional, existem poucos estudos que analisam as práticas domésticas, e particularmente de forma que possam ser facilmente comparadas com outros países (usando a linguagem comum do Direito Internacional). O fato de que a prática brasileira é ancorada no Direito Internacional ajuda na tradução desse conhecimento em outros contextos. O livro oferece importantes exemplos para o mundo, que são pouco conhecidos mesmo dentro do Brasil, mas principalmente fora. Portanto, o estudo dessa obra é uma grande contribuição também ao campo de estudo jurídico, no Brasil e além.

No entanto, o estudo não se restringe às perspectivas global e doméstica. O livro também dedica certa energia à perspectiva regional que afeta o Brasil, principalmente através do MERCOSUL e da UNASUL, e também na análise do Direito interno de alguns dos países membros. Ao fazer isso, essa obra também contribui para a maior comunicação entre países fronteiriços que compartilham interesses nessa área.

A autora contribui também por conta de suas perspectivas únicas. Sob um ponto de vista disciplinar, ela é treinada como jurista e restauradora de obras de arte, podendo, portanto, comunicar-se com audiências que, embora comprometidas com o mesmo objetivo (a salvaguarda do patrimônio cultural), frequentemente não encontram uma linguagem comum. Da mesma forma, a autora comunica-se tanto com a teoria quanto com a prática, através da sua atividade como Perita de Obras de Arte da Receita Federal.

O caso do Instituto Cultural Banco Santos é central para a relevância do livro. Trata-se da constituição de uma coleção privada, seguida pela sua legitimação por ação governamental. Ao contar essa história, o livro explora a fluidez das categorias de público e privado quando se trata de patrimônio cultural. Explora também o papel dos colecionadores – são eles heróis, que preservam o patrimônio cultural, ou vilões, que estimulam práticas ilícitas de apropriação e circulação de artefatos? No caso do Instituto Cultural Banco Santos, um pouco de cada.

Com relação aos aspectos negativos das práticas de colecionadores, o livro explora o uso de patrimônio cultural para lavagem de dinheiro, e as práticas de instituições públicas e privadas que facilitam a corrupção. Entre essas práticas está a legitimação de coleções privadas de procedência duvidosa através de exibições, bem como, no caso do Instituto Cultural Banco Santos, a compra de artefatos maias escavados ilicitamente para formar coleção pré-Colombiana de alta importância. Mostra-se como o Direito faz vista grossa com relação à formação desse tipo de coleções. Nesse sentido, a história que nos conta Anauene Dias Soares compara-se com a história da formação e práticas da coleção de antiguidades europeias do museu Getty, nos Estados Unidos, contados em um livro de grande renome.[1] O livro de Anauene Dias Soares lembra que essas histórias incríveis também acontecem em casa.

O livro finalmente realça a importância (e impossibilidade) do retorno de artefatos ao seu contexto original. O retorno é importante porque os objetos são sempre melhores entendidos no seu contexto. Mas o retorno é ao mesmo tempo, paradoxal e tragicamente, impossível, já que o objeto vira outra coisa, cria novas histórias, através do seu movimento.

Sob um ponto de vista técnico, o caso do Instituto Cultural Banco Santos também nos lembra dos riscos de uma coleção fragmentada por conta da aplicação do direito de falências sobre o direito penal (já que o direito penal poria os bens como coleção unitária sob custódia da União, enquanto o direito de falências põe os artefatos individualmente ao dispor de credores e, portanto, fragmenta uma coleção de importância histórica e arqueológica). Nesse sentido, esse caso dá vida à necessidade de maior especialização no tratamento de casos envolvendo artefatos históricos e arqueológicos do que atualmente existe no Brasil (e na maior parte dos países do mundo).

---

[1] FELCH, Jason; e FRAMMOLINO, Ralph. *Chasing Aphrodite: The Hunt for Looted Antiquities at the World's Richest Museum*. Los Angeles: Houghton Mifflin Harcourt, 2011.

O livro é uma coleção preciosa da prática brasileira nessa área, tanto doméstica (situações puramente internas) quanto internacionalmente (com relação a outros países). Coleciona também importante prática intra-regional, que é pouco discutida, já que os casos normalmente discutidos por juristas nessa área envolvendo países da região compreendem países desenvolvidos, reforçando a dinâmica norte-sul. A exploração da dinâmica sul-sul, e como os problemas de exploração também ocorrem entre países que deveriam ser parceiros, é uma confrontação importante.

Um exemplo dessa dinâmica é o caso do canhão *El Cristiano*, da Guerra do Paraguai, discutido no livro. Nesse caso, existe um conflito entre Direito e ética. A partir da perspectiva do Direito, o fato de que esse canhão, tomado do Paraguai pelo exército brasileiro, foi subsequentemente tombado como patrimônio cultural brasileiro, impede o seu retorno ao Paraguai. O conflito jurídico também nos lembra da impossibilidade de restaurar plenamente o contexto, a que aludi acima. Eticamente, no entanto, o retorno seria esperado, e necessário, para a construção de relações mais harmoniosas entre países vizinhos, e principalmente como reparação pelos danos históricos que o Brasil causou ao Paraguai durante essa guerra, que ainda são sentidos no Paraguai atual.

Retorna-se, portanto, ao tema da importância da tradução do internacional para o doméstico, habilidosamente tratada no livro. É essencial lembrar sempre dos efeitos dessa tradução, e como diferentes "tipos" de Direito olham para o tema com perspectivas e prioridades distintas. No caso de patrimônio cultural, e nessa obra, abordam-se esses efeitos de perspectiva através do Direito Internacional Público; do Direito Tributário; do Direito Penal; do Direito Ambiental; do Direito Administrativo; e até do Direito Militar. Tensões de Direito Constitucional relacionadas a federalismo também afetam as possibilidades de tratamento jurídico do tema. Uma das lições dessa fragmentação é a importância, para juristas nessa e em todas as áreas, de entender os efeitos das normas de fundo (*background norms*) sobre as possibilidades de compreensão e solução de problemas jurídicos.

Além disso, essa fragmentação mostra a necessidade de legislação brasileira específica sobre tráfico de objetos culturais, e mesmo a codificação do Direito do Patrimônio Cultural em geral. O livro de Anauene Dias Soares, em sua ambição e simplicidade, dá muitas lições dentro e fora da área do Direito do Patrimônio Cultural, para juristas, arqueólogos, historiadores da arte, e mesmo para o público em geral. Central para o livro é o desafio de salvaguardar e regular um tema que é tão importante, e ao mesmo tempo frágil e mutável, como a nossa identidade nacional, o nosso passado, e, particularmente, as escolhas que, através do patrimônio cultural, nós fazemos sobre o nosso passado, para contar no presente e no futuro. O patrimônio cultural é como nos definimos, e, por isso, merece ser entendido, apreciado e defendido. Anauene Dias Soares contribui para esse importante entendimento, embora frequentemente negligenciada, luta, e espero que outros leitores, como eu, encontrem nesse livro a energia necessária para levar essa causa adiante.

LUCAS LIXINSKI[2]
Associate Professor, Faculdade de Direito, UNSW Sydney

---

2 Doutor em Direito Internacional, Instituto Universitário Europeu; Membro do Comitê Executivo, Association of ,Critical Heritage Studies; Rapporteur, Committee on Participation in Global Cultural Heritage Governance, International Law Association (ILA).

PRÓLOGO

> *E me faz sorrir no meu mistério. O meu mistério é que eu ser apenas um meio, e não um fim, tem-me dado a mais maliciosa das liberdades: não sou boba e aproveito. Inclusive, faço um mal aos outros que, francamente. O falso emprego que me deram para disfarçar a minha verdadeira função, pois aproveito o falso emprego e dele faço o meu verdadeiro; inclusive o dinheiro que me dão como diária para facilitar minha vida de modo a que o ovo se faça, pois esse dinheiro eu tenho usado para outros fins, desvio de verba, ultimamente comprei ações da Brahma e estou rica. A isso tudo ainda chamo ter a necessária modéstia de viver. E também o tempo que me deram, e que nos dão apenas para que no ócio honrado o ovo se faça, pois tenho usado esse tempo para prazeres ilícitos e dores ilícitas, inteiramente esquecida do ovo. Esta é minha simplicidade.*
>
> O ovo e a galinha, Clarice Lispector

Este livro é uma versão atualizada e ampliada da dissertação de mestrado intitulada em "A normativa de proteção ao tráfico ilícito do patrimônio cultural: o acervo arqueológico do Instituto Cultural Banco Santos", apresentada e defendida, em meados de 2015, para a obtenção do título de Mestre em Ciências pela Escola de Artes, Ciências e Humanidades da Universidade de São Paulo (EACH/USP).

O livro analisa a normativa internacional e nacional sobre o tráfico ilícito do patrimônio cultural móvel e sua aplicação à luz do que se refere ao acervo do Instituto Cultural Banco Santos (ICBS), de São Paulo, capital.

A ausência de leis específicas para reprimir e combater essa atividade ilícita, como no ordenamento jurídico brasileiro, possibilita a formação ilegal de acervos, tal como parte da formação do Instituto Cultural Banco Santos. Tal acervo favorece a compreensão de parte do processo jurídico que levou ao sequestro de bens, entregues à Universidade de São Paulo, como sua depositária fiel, até o início do leilão das obras em 2015.

O tráfico ilícito de bens culturais, seja por furto, roubo ou qualquer outro meio de extravio, continua a ser um problema, conforme informações da INTERPOL e do IPHAN, dados os inúmeros limites do direito interno e de casos de não aplicabilidade das convenções internacionais sobre o assunto.

Para lidar com o tráfico ilícito de bens culturais, em tempos de paz, foram criadas, no século passado, em nível internacional, a Convenção sobre Medidas a serem Adotadas para Proibir e Impedir a Importação, Exportação e Transportação e Transferência de Propriedades Ilícitas dos Bens Culturais da UNESCO, de 1970, e a Convenção da Unidroit sobre Bens Culturais Furtados ou Ilicitamente Exportados, de 1995; e, para tempos de guerra, a Convenção para a Proteção dos Bens Culturais em Caso de Conflito Armado, de Haia, de 1954, e algumas Resoluções do Conselho de Segurança da Organização das Nações Unidas (SC/ONU).

No entanto, mais que isso, é importante o entendimento acerca do bem cultural como identificação cultural e memória dos povos e como forma de transmissão do conhecimento para as presentes e futuras gerações, no Direito Internacional de Cooperação para proteger essa gama de bens.

Ademais, quando se transpõe, dos dispositivos legais, tanto internacionais quanto nacionais, a importância da proteção do patrimônio cultural, faz-se necessário, para sua concretização, reconhecimento e identificação do indivíduo e de certas populações com os bens culturais, por meio de uma abordagem que permita entender o porquê da responsabilidade das gerações atuais de conservar tais bens. Mais ainda, que viabilize a possibilidade de acesso a esses bens.

Diante do abordado, o objetivo do livro é analisar a normativa internacional e nacional sobre o tráfico ilícito do patrimônio cultural móvel tangível e sua aplicação, à luz do que se refere ao acervo arqueológico do ICBS.

Na Parte I, são discutidos os procedimentos de análise, de natureza essencialmente qualitativa, realizada a partir das normativas internacionais e nacionais sobre o tráfico ilícito do patrimônio cultural, e de estudos de especialistas sobre o tema. Nesta parte encontram-se os Capítulos 1 ao 6. A Parte II é aquela desenvolvida com a análise específica do acervo arqueológico do ICBS em relação aos ditames legais estabelecidos.

No Capítulo 1 é analisada a construção de alguns conceitos do patrimônio cultural para as normativas internacionais e nacionais de combate ao tráfico ilícito de bens culturais. Já o Capítulo 2 é focado na prevenção e no combate ao tráfico ilícito do patrimônio cultural, bem como na narrativa histórica da positivação de ditames legais para realização de tais atividades.

Nos Capítulos 3 e 4, com base no Direito Internacional, é analisada a Convenção de Haia de 1954 para tempos de guerra e o caráter humanitário da proteção do patrimônio cultural; a Convenção da UNESCO de 1970 e a Convenção da Unidroit de 1995, estas duas aplicadas em tempos de paz, e outros ditames internacionais concernentes ao tema e casos de aplicação de tais Convenções.

No Capítulo 5, é abordada a prevenção e o combate ao tráfico ilícito de bens culturais na Integração Regional da América do Sul, voltados para o Mercosul e a Unasul; assim como estudo de casos e a apresentação dos respectivos comitês. No Capítulo 6, já em âmbito nacional, é sopesada a normativa constitucional e infraconstitucional do combate ao tráfico ilícito do patrimônio cultural, sobretudo no que se refere aos bens arqueológicos que recebem um tratamento diferenciado pela Constituição Federal.

Na Parte II, foi feita uma análise descritiva e quantitativa da formação do acervo arqueológico do ICBS. São peças de cunho arqueológico, grande parte delas marajoara, da região amazônica. Nesse momento, é apresentado o acervo, discutida sua aquisição e composição, identificada sua localização atual, seus vínculos com o processo legal do Banco Santos ajuizados na 6ª Vara Criminal da Justiça Federal e na 2ª Vara de Falências de São Paulo, bem como os relatórios e pareceres dos peritos legais, da equipe do ICBS, do Instituto do Patrimônio Histórico e Artístico Nacional (IPHAN) e do Museu de Arqueologia e Etnologia da Universidade de São Paulo (MAE/USP), além do que foi noticiado pela imprensa, como irregularidades na formação do acervo, tudo à luz do disposto nas normativas internacionais e nacionais sobre o tráfico ilícito de bens culturais arqueológicos.

Nas considerações finais, são apresentadas algumas conclusões que dizem respeito à relação da normativa internacional e nacional do tráfico ilícito do patrimônio cultural com a formação do acervo arqueológico do ICBS, além de seus desdobramentos, a partir dos autos do processo federal e estadual de São Paulo, no que diz respeito à proteção dessa gama de bens, enquanto identificação cultural e memória.

Ademais, a descumprimento das medidas normativas e a carência de fiscalização, dificultam o retorno ou a restituição do patrimônio cultural a seu local de origem, prevalecendo sobre este o local de situação do bem, se ele ali foi inventariado ou tombado, salvo o caso da aquisição de boa-fé e dos bens públicos. Tudo de acordo com o direito interno do Brasil ou de qualquer outro Estado-parte, em respeito aos ditames legais internacionais firmados.

Apesar de toda normativa existente em âmbito internacional e das legislações nacionais para a proteção do patrimônio cultural, não há norma específica que trate do tráfico ilícito de bens culturais no Brasil e as que estão em vigor, podendo ser relacionados a tal prática, demonstram ser insuficientes e carecedoras de incremento e de maior aplicação e fiscalização pelas autoridades competentes nacionais, principalmente com uma atuação mais significativa das instituições públicas envolvidas no tema.

O patrimônio cultural não é bem renovável, uma vez deteriorado ou perdido, ele se extinguirá. Esse patrimônio tem uma história, uma origem e um conhecimento para ser interpretado, apreendido e apreciado. O patrimônio cultural arqueológico, com características especiais, tem proteção constitucional específica.

Para a proteção dos bens culturais é necessário haver maior significação e importância, principalmente com o reconhecimento de pertencimento e participação das comunidades. O patrimônio cultural é parte de uma cultura, repletos de conhecimentos e informações, a serem transmitidos para as gerações presentes e futuras a fim de proporcionar enriquecimento intelectual.

PARTE I

CAPÍTULO 1.
O PATRIMÔNIO CULTURAL[3]

> *O que tento lhe traduzir é mais misterioso, se enreda nas raízes mesmas do ser, na fonte impalpável das sensações.*
>
> Paul Cézanne

MÚLTIPLAS FACES DO PATRIMÔNIO CULTURAL

Os conceitos contemporâneos acerca do patrimônio cultural em normativas e em políticas culturais não se exaurem. No entanto, em uma abordagem jurídica-legal internacional, de acordo com Francioni (2012), a abordagem sobre o tema se concentra fundamentalmente em três dicotomias. A primeira se apresenta por uma perspectiva nacionalista em oposição à uma noção de pertencimento à toda humanidade. A segunda é voltada à uma concepção utilitarista do patrimônio cultural, seja atribuindo distintos valores a ele, seja pela existência de um valor intrínseco aos próprios bens culturais. Já na terceira abordagem, tem-se a concepção de patrimônio cultural (*cultural heritage*), de um lado, e a de bens culturais (*cultural property*), de outro.

A abordagem nacionalista e aquela cosmopolita do patrimônio cultural, foi tradicionalmente consagrada na doutrina do direito internacional e comparado, bem como na diplomacia cultural (FRANCIONI, 2012). O entendimento nacionalista compreende os bens culturais pertencentes à nação em que estão inseridos e, portanto, justificaria a retenção destes dentro do território correspondente, inclusive por

---

[3] Excertos desse capítulo já foram publicados em: SOARES, Anauene Dias; PIAGENTINI, L. G. S. *O Desafio das políticas internacionais de preservação do patrimônio cultural: a proposta da Declaração de Abu Dhabi (2016) diante dos conflitos no Oriente Médio.* In: Wagner Menezes. (Org.). Direito Internacional em Expansão. 1ed.Belo Horizonte: Arraes, 2017, v. 10, p. 393-411

meio de controles de exportação e da limitação do direito privado de propriedade em prol do interesse público.

Perspectiva esta adotada principalmente por países originários de importantes acervos de bens culturais – artísticos, históricos, científicos etc. De outra parte, a concepção cosmopolita enfatiza que os bens culturais são, primordialmente, patrimônio da humanidade, defendendo o acesso mais amplo possível ao patrimônio cultural, tutelando a promoção da sua circulação internacional. Trata-se da perspectiva adotada por museus, colecionadores e agentes políticos, notadamente de países importadores de bens culturais (FRANCIONI, 2012).

É notória a influência em discursos nacionais e internacionais, das concepções nacionalistas e cosmopolitas, na medida em que determinam definições acerca do patrimônio cultural, por distintos países, especialmente, no que concerne a titularidade dos respectivos bens culturais. Instrumentos internacionais, como a Convenção da Haia de 1954, parece adotar uma posição mais voltada à concepção cosmopolita, na medida em que se preceitua, a relevância universal do patrimônio cultural de cada nação e o paradigma de cooperação entre os Estados para salvaguardá-lo.

Entretanto, no atual estágio de desenvolvimento do direito e das relações internacionais, essa dicotomia entre uma abordagem nacionalista e uma perspectiva cosmopolita se torna simples e não é suficiente para perscrutar todas as possíveis noções acerca do patrimônio cultural. O surgimento de novos conceitos sobre o tema, bem como de derivações dentro da categoria do patrimônio cultural, remonta a apreciação das outras duas dicotomias mencionadas.

No que diz respeito aos valores utilitaristas, o patrimônio cultural é considerado um meio para satisfação de interesses humanos, tais como o acesso à cultura, a viabilização do conhecimento, a valorização econômica, dentre outros, de forma que a proteção dos bens culturais seria apenas subsidiária. Já a perspectiva oposta de valor intrínseco dos bens culturais, abarca a sua importância inerente, seja histórica, seja artística, seja arqueológica, seja arquitetônica etc., o que justifica sua preservação por só manifestar esses valores em si, independentemente de qualquer utilidade humana.

Nesse sentido, conforme assevera Frulli (2011, P. 204), essa dicotomia pauta as disposições legais internacionais voltadas à criminalização dos atos contra o patrimônio:

Existem duas principais formas de ação que têm sido adotadas para penalizar atos contra a propriedade cultural cometidos em tempos de guerra: o primeiro é caracterização pela orientação tradicional do direito internacional humanitário – refira-se à abordagem da *utilidade civil* – enquanto o segundo caminho possível é mais recente e reflete o que chamaríamos de abordagem do *valor cultural*, cujo objetivo direto é criminalizar atos contra a propriedade cultural com um grau muito maior de especificidade e diferenciação.[4] (Tradução livre)

Acrescenta Frulli (2011) que, tradicionalmente, os tratados de direito internacional direcionados ao direito internacional humanitário, como a Convenção da Haia de 1907 e as Convenções de Genebra de 1949, adotam a perspectiva do *civilian use*, isto é, da concepção utilitarista acerca dos bens culturais, protegendo-os na medida em que necessários à proteção do indivíduo. Nesse sentido, essa abordagem retrógrada, na perspectiva da autora, refletiu-se também no Estatuto do Tribunal Penal Internacional. Conclui, Frulli (2011, P. 207):

> Portanto, essa abordagem tradicional do Direito Internacional Humanitário é falha ao endereçar a preocupação de que prédios históricos, monumentos e obras de arte merecem proteção acima e além de sua dimensão material, precisamente em virtude de seu valor cultural tanto para a comunidade local quanto para a humanidade como um todo.[5] (Tradução livre)

O embate entre o valor utilitarista e o valor intrínseco é constata- do com frequência nas concepções de patrimônio cultural. A abordagem segundo a qual os bens culturais são considerados como parte integrante da identidade nacional de um povo, especialmente nos contextos pós-colo- niais é um exemplo (FRANCIONI, 2012). Na medida em que a proteção é concedida pelo fato de os bens culturais consubstanciarem uma identidade nacional, vislumbra-se claramente um propósito de caráter antropocêntrico, uma utilidade humana, no caso a identidade nacional, que justifica a preservação do bem.

---

[4] Texto original: "There are two main courses of action which have been followed to penalize acts against cultural property committed in times of war: the first one is characterized by a traditional international humanitarian law orientation – I shall refer to it as the *civilian-use* rationale – whereas the second path was undertaken more recently and reflects what I would call a *cultural-value* approach, intended directly to criminalize acts against cultural property with a much higher degree of specificity and differentiation in gravity."

[5] Texto original: "Hence, this traditional IHL approach fails to address the concern that historic buildings, monuments, and works of art deserve protection above and beyond their material dimension, precisely because of their cultural value both for the local community and for humanity as a whole".

De outro lado, uma abordagem que primaria pela proteção de obras culturais pelo simples fato de engendrarem uma importância de *per se*, independentemente da sua relevância para qualquer ser ou comunidade humana, seria evidente exemplo do reconhecimento de um valor intrínseco, de uma dignidade cultural. (SOARES; MARTINS, 2014)

Contudo, consta-se que na grande maioria das concepções propostas, ambos os valores estão presentes, em caráter complementar – dependendo, portanto, de uma aplicação concreta para definir qual das duas perspectivas prevalece -, como o caso da identidade nacional, o princípio de preservação reconhece a existência de um valor próprio (intrínseco) ao bem cultural, o qual o torna relevante para a história de uma nação (aspecto antropocêntrico-utilitário).

Como terceira dicotomia e para melhor compreensão dentro do direito internacional privado, tem-se as definições de patrimônio cultural e bens culturais que demonstra dificuldades de conceituações que advêm de como é ponderada a relação de continência entre os conceitos.

O patrimônio cultural abrangeria uma realidade mais ampla, no qual os bens culturais são apenas uma parte (FRIGO, 2004). Todavia, conforme ressalta Frigo (2004, P. 375), não há definições universalmente aceitas para nenhum dos conceitos, visto que cada um dos tratados internacionais multilaterais acerca do tema traz suas próprias definições e critérios para delimitar o escopo das regras preservacionistas. Acrescenta, ainda, o autor (FRIGO, 2004, P. 376):

> Os conceitos de propriedade cultural e de patrimônio cultural – tanto em âmbito doméstico quanto internacional – podem ser considerados como equivalentes, ao menos tendo em vista que ambas as noções são incompletas e devem depender de outras disciplinas não jurídicas, como história, arte, arqueologia, etnografia, etc., para determinar de forma mais específica seus respectivos conteúdos.[6] (Tradução livre)

Nesse sentido, tendo em vista a insuficiência de critérios puramente jurídicos para a delimitação dos conceitos de patrimônio cultural e de bens culturais, resta irrefutável que as respectivas políticas de preservação deverão não apenas considerar as definições adotadas pelos instrumentos legais que as inspiram, mas principalmente promover um

---

[6] Texto original: "the concepts of cultural property and of cultural heritage – at either the domestic or international level – may be regarded as equivalent, at least considering that both notions are incomplete and must rely upon other non-legal disciplines, such as history, art, archaeology, ethnography, etc., in order to determine more specifically their respective content."

diálogo transdisciplinar, para suprir e preencher os espaços deixados à interpretação, quando da implementação.

Sob tal panorama, conclui-se que, em última análise, incumbe às políticas culturais estabelecer o diálogo entre as dicotomias essenciais apresentadas, de forma a definir os propósitos e os paradigmas da preservação que se procura estabelecer.

CONSTRUÇÃO DO PATRIMÔNIO CULTURAL COMO BEM JURÍDICO TUTELADO

O termo "patrimônio" vem do latim *patrimonium* e traz como significado primeiro "herança paterna", ligando-se a *pater* – pai -, e, de uma forma mais ampla, denomina "bem de família" ou "herança comum". No sentido jurídico, é ainda reconhecido, em sua maioria, por complexo de bens suscetível de apreciação econômica, de caráter utilitarista. Por outro lado, o termo pode também trazer referência à identidade e à memória dos povos, cujo interesse é da coletividade e a salvaguarda é de responsabilidade de todos. A conceituação de Patrimônio Cultural demonstra distintos entendimentos e não se esgota, como já demonstrado.

Foi com os movimentos europeus do século XIX que a memória coletiva teve destaque, deslocando o entendimento da excepcionalidade e da monumentalidade para os bens culturais usuais, permitindo a reconstrução e o entendimento de uma comunidade e de seu modo de vida, trazendo mudanças inclusive na área jurídica sobre a proteção do patrimônio cultural.

Para Inês Virgínia Prado Soares (2014), a tutela jurídica do patrimônio cultural é estabelecida no curso do século XIX, momento em que os interesses individuais predominam sobre os interesses coletivos, com objetivo de resguardar o direito de propriedade.

Em meados do século XX, na Europa e nas Américas, o patrimônio cultural já era tutelado legalmente, principalmente em âmbito constitucional, com a Constituição mexicana de 1917 e com a alemã de 1919. A Constituição da República de Weimar reconhece a titularidade pública do patrimônio cultural. Seu conteúdo influenciou muitas Cartas no entre Guerras Mundiais; entretanto, abrangiam-se apenas os bens móveis corpóreos.

A noção legislativa de patrimônio cultural data do início do século XX, principalmente das décadas de 1920-30, devido ao período do entre-Guerras. A abordagem dada nesse período, foi o de bens monumentais e de valor excepcional, a importância para a comunidade dos bens materiais e imateriais eram ainda pouco difundidos.

As manifestações culturais de natureza intangível não eram tidas como objeto de propriedade. Segundo Richard Pipes (apud FINCHAM, 2011, P. 646):

> Os direitos do proprietário, formalmente reconhecidos pela autoridade pública, eram voltados à exploração de ativos, como a venda ou outro meio de disposição do bem, a fim de excluir qualquer outro que não tivesse a propriedade do bem. (Tradução livre)

A propriedade é a relação de uma pessoa (o proprietário) com uma coisa (o objeto de propriedade). Ela abarca, entre outras faculdades, (como gozar e dispor), a possibilidade de o proprietário usar a coisa e de impedir o uso da mesma por outros. Conforme J. Madison (1981 apud FINCHAM, 2011, P. 646), o direito de propriedade é o domínio que cada homem tem de reivindicar e exercer seus direitos sobre as coisas externas do mundo, impedindo que todos os outros indivíduos o façam.

Então, vista por um prisma tradicional, a propriedade admite a utilização do seu objeto pelo proprietário da forma que a ele convém, o que inclui a possibilidade de não se preocupar com a proteção desse bem se assim entender, principalmente quanto aos valores culturais inerentes a eles ou a humanidade, ou com a possível destruição do patrimônio em detrimento das gerações futuras. Assim, trata-se da constituição de direitos reais e da transferência de propriedade no domínio das coisas móveis corpóreas (CORREIA, 1996).

Propriedade cultural tem, portanto, um alcance limitado, que pode revelar-se inadequado para a gama de questões abrangidas pelo conceito, mais amplo, de patrimônio cultural (CLÉMENT, 2007), bem como o de bem cultural. Esse subgrupo pode ser incorporado a uma coleção maior do patrimônio cultural que é capaz de englobar este (dentro de si) por conter uma gama muito mais ampla de possíveis elementos, inclusive os intangíveis (BLAKE, 2000).

Nesse sentido, ainda nos dizeres de Janet Blake (2000), tradicionalmente, propriedade cultural, tem sido empregado como um termo técnico para designar o objeto de proteção no Direito Internacional, isto é, um bem cultural.

O Direito do Patrimônio Cultural surgiu por meio de um conjunto disperso de doutrinas e políticas que orientam tribunais e legisladores. O entendimento acerca do que seja patrimônio cultural, logo bens culturais, é muito amplo e variado para o campo normativo. Nesse sentido, é difícil a formulação do conceito de patrimônio cultural, principalmente de maneira definitiva.

O patrimônio cultural, como interpretado pelo Direito do Patrimônio Cultural ou, ainda, pelo Direito Ambiental, em âmbito internacional, é multifacetado e pode trazer referência à identidade e à memória dos povos, bem como sendo de interesse da coletividade e salvaguarda de responsabilidade de todos (MIRANDA, 2006; SOARES, 2009)

O patrimônio cultural é compreendido como os elementos físicos e in- tangíveis associados a um grupo de indivíduos, que são criados e passados de geração a geração (CASTILLO RUIZ, 1996; GONZALEZ-VARAS, 2003; FINCHAM, 2011) e trazem muito mais relações entre objetos e grupos de pessoas que a propriedade cultural. Abarca valores distintos, como culturais, patrimoniais, sociais, econômicos, monetários e educacionais, etc.

Por exemplo, quando se tem a identificação de um grupo com certo bem, isso atribui direitos àquele grupo em relação a esse bem, tornando-o até inalienável, se previsto em lei, e a favor das presentes e futuras gerações, que dependem da conexão com esses bens culturais para construírem sua própria identidade (GERSTENBLITH, 1995).

PATRIMÔNIO CULTURAL BRASILEIRO

No Brasil, a primeira normativa que dispôs sobre a proteção do patrimônio cultural é a Constituição de 1934, influenciada pela normativa constitucional alemã de 1919, da República de Weimar, que prevê, em seu art. 148: "cabe à União, aos Estados e aos Municípios proteger os objetos de interesse histórico e o patrimônio artístico do País".

Manifestações do movimento modernista, que buscava a valorização da identidade brasileira, com a crise econômica mundial, com a mudança socioeconômica interna e com o fortalecimento da elite industrial e comercial, trazendo nova fase do capitalismo nacional, repercutem na revalorização dos elementos constitutivos da identidade cultural nacional nas décadas de 20 e 30.

Tais transformações influenciaram na elaboração normativa sobre a proteção do patrimônio cultural, traduzindo num convite do Ministro da Educação, Gustavo Capanema, a Mário de Andrade, para elaborar um anteprojeto de lei para a proteção do patrimônio nacional, que culminou no Decreto-lei 25/37 - Lei do Tombamento que organiza a proteção do patrimônio histórico e artístico nacional.

O art. 1º do Decreto-lei 25/37 dispõe que constitui o patrimônio histórico e artístico nacional o conjunto dos bens móveis e imóveis existentes no país e cuja conservação seja de interesse público, quer por sua vinculação a fatos memoráveis da história do Brasil, quer por seu excepcional valor arqueológico ou etnográfico, bibliográfico ou artístico. E ainda prevê que:

> § 1º Os bens a que se refere o presente artigo só serão considerados parte integrante do patrimônio histórico o artístico nacional, depois de inscritos separada ou agrupadamente num dos quatro Livros do Tombo, de que trata o art. 4º desta lei.
> § 2º Equiparam-se aos bens a que se refere o presente artigo e são também su- jeitos a tombamento os monumentos naturais, bem como os sítios e paisagens que importe conservar e proteger pela feição notável com que tenham sido dotados pela natureza ou agenciados pela indústria humana.

Além disso, institui o Serviço do Patrimônio Histórico e Artístico Nacional (SPHAN), hoje Instituto do Patrimônio Histórico e Artístico Nacional (IPHAN), e dá diretrizes para o tombamento e seus efeitos, dispõe sobre o direito de preferência de alienação dos bens.

Após a Segunda Guerra Mundial, houve um aprimoramento dos instrumentos efetivos para proteção do patrimônio cultural e de uma abrangência na definição jurídica do termo. Os bens culturais passaram a ser entendidos como conjunto de bens materiais e imateriais, acumulados durante o tempo ou produzidos na atualidade, os quais os homens valo- rizam como fundamentais para a fruição da vida no momento presente e que conservam para representar a transposição entre o passado e o futuro (SOARES, 2014).

A Lei de Política Nacional de Meio Ambiente (LPNMA) de 1981, influenciada pela Convenção de Estocolmo de 1972, traz uma concepção jurídica de meio ambiente como macrobem, constituído pela união dos aspectos naturais e culturais dos bens (SOARES, 2014) e previsões extrajudiciais para a proteção ambiental.

Na Constituição Federal de 1988, o entendimento de patrimônio cultural brasileiro adequa-se ao estipulado em normativas internacionais de proteção aos bens culturais tangíveis móveis, tais como a Convenção de 1970 da UNESCO e a Convenção de Unidroit de 1995.

Os bens culturais constituem um dos elementos básicos da civilização e da cultura dos povos, e seu verdadeiro valor só pode ser apreciado quando se conhecem, com maior precisão, sua origem, sua história e seu meio ambiente. Para tanto, o artigo constitucional 216 traz expressa uma definição multifacetária de patrimônio cultural, além de assegurar uma tutela específica a esses, discriminada em leis especiais.

Assim, prevê tal dispositivo legal:

> Constituem patrimônio cultural brasileiro os bens de natureza material e imaterial, tomados individualmente ou em conjunto, portadores de referência à identidade, à ação, à memória dos diferentes grupos formadores da socieda- de brasileira, nos quais se incluem:
> I - as formas de expressão;
> II - os modos de criar, fazer e viver;
> III - as criações científicas, artísticas e tecnológicas;
> IV - as obras, objetos, documentos, edificações e demais espaços destinados às manifestações artístico-culturais;
> V - os conjuntos urbanos e sítios de valor histórico, paisagístico, artístico, arqueológico, paleontológico, ecológico e científico.

Além disso, o poder público tem o dever de proteger o patrimônio constituído pelos bens culturais existentes em seu território contra os perigos de roubo, comércio ilegal, escavação clandestina e outras práticas ilícitas.

Tal dispositivo prevê também instrumentos de proteção com características preventivas, como tombamento, inventário, registros, desapropriação, vigilância e qualquer outro meio de salvaguarda.

Os bens citados no parágrafo 5º do artigo 216 da Constituição de 1988 ficam tombados por disposição expressa e, desde esse ato, são considerados bens públicos e, portanto, inalienáveis e indisponíveis.[7]

---

[7] Artigo 216. [...]

§ 1º - O Poder Público, com a colaboração da comunidade, promoverá e protegerá o patrimônio cultural brasileiro, por meio de inventários, registros, vigilância, tombamento e desapropriação, e de outras formas de acautelamento e preservação.

§ 2º - Cabem à administração pública, na forma da lei, a gestão da documentação governamental e as providências para franquear sua consulta a quantos dela necessitem.

§ 3º - A lei estabelecerá incentivos para a produção e o conhecimento de bens e valores culturais.

Tudo a ser conjugado com o disposto nas normativas de proteção ao patrimônio cultural, no que diz respeito ao tráfico ilícito desses bens, visto que, além das definições, conforme previsão constitucional no *caput* do artigo 216, esses constituem também "referência à identidade, à ação e à memória dos diferentes grupos formadores da sociedade brasileira" e, no mais, "o Poder Público, com a colaboração da comunidade, promoverá e protegerá o patrimônio cultural brasileiro" de acordo com o parágrafo 2º do mesmo artigo.

Dessa leitura podemos entender que o patrimônio cultural é constituindo por bens socioambientais, como os culturais, históricos, artísticos, arqueológicos, etnográficos, paisagísticos, bibliográficos dentre outros. Possuem distintos valores e podem ser portadores de referência à identidade, à ação, à memória dos diferentes grupos formadores da sociedade brasileira.

PATRIMÔNIO CULTURAL NAS CONVENÇÕES SOBRE TRÁFICO ILÍCITO DE BENS CULTURAIS

Para elucidar tais abordagens, podem ser verificados os conceitos de patrimônio cultural em instrumentos internacionais, abrangidas apenas naquelas normativas referentes ao tráfico de bens culturais.

A primeira vez que o termo propriedade cultural foi usado e interpretado como patrimônio cultural foi na Convenção de Haia para a Proteção da Propriedade Cultural em Conflitos Armados de 1954, definindo os bens culturais como:

> Artigo 1 - Definição de bens culturais: Para fins da presente Convenção são considerados como bens culturais, qualquer que seja a sua origem ou o seu proprietário:
> a) Os bens, móveis ou imóveis, que apresentem uma grande importância para o patrimônio cultural dos povos, tais como os monumentos de arquitetura, de arte ou de história, religiosos ou laicos, ou sítios arqueológicos, os conjuntos de construções que apresentem um interesse histórico ou artístico, as obras de arte, os manuscritos, livros e outros objetos de interesse artístico, histórico ou arqueológico, assim como as coleções científicas e as importantes coleções de livros, de arquivos ou de reprodução dos bens acima definidos;

---

§ 4º - Os danos e ameaças ao patrimônio cultural serão punidos, na forma da lei.

§ 5º - Ficam tombados todos os documentos e os sítios detentores de reminiscências históricas dos antigos quilombos. (Grifo autor)

b) Os edifícios cujo objetivo principal e efetivo seja, de conservar ou de expor os bens culturais móveis definidos na alínea a), como são os museus, as grandes bibliotecas, os depósitos de arquivos e ainda os refúgios destinados a abrigar os bens culturais móveis definidos na alínea a) em caso de conflito armado;

c) Os centros que compreendam um número considerável de bens culturais que são definidos nas alíneas a) e b), os chamados "centros monumentais".

(Convenção de Haia de 1954)

Dessa forma, à propriedade cultural foram atribuídas três definições: os bens móveis e imóveis, os edifícios e os centros. Apesar de haver alguns conflitos quanto ao termo empregado em relação ao patrimônio cultural, essa convenção, em âmbito internacional, agrega aos esforços normativos da esfera cultural um caráter humanitário, ao mitigar os excessos da guerra. Por isso que, ainda hoje, são discutidas e aplicadas nos casos de pilhagem. Tudo para prevenir a transferência ilegal de bens culturais durante conflitos armados, situações presentes constantemente em diferentes territórios em tempos atuais.

Conforme menciona Frulli (2011), essa concepção acerca da proteção de bens de inestimável valor, presente na abertura da Convenção da Haia de 1954, reflete a intenção das partes contratantes, que se verificou ao longo dos trabalhos preparatórios, de adotar disposições específicas à proteção desses bens, em virtude do seu valor intrínseco e de sua importância para a humanidade, e não mais voltadas exclusivamente à utilidade civil ordinária desses bens.

Em 1970, foi aprovada, pela UNESCO, a Convenção sobre as Medidas que Devem ser Adotadas para Impedir e Proibir a Importação, a Exportação e a Transferência de Propriedades Ilícitas de Bens Culturais, que estabelece uma definição bem ampla para o patrimônio cultural em seu artigo 1.[8]

Essa definição é ampliada ainda mais pela Convenção no artigo 4, prevendo situações em que, mesmo que esses bens não sejam produ-

---

[8] Convenção UNESCO de 1970:

Art. 1. Para os fins da presente Convenção, a expressão "bens culturais" significa quaisquer bens que, por motivos religiosos ou profanos, tenham sido expressamente designados por cada Estado como de impor- tância para a arqueologia, a pré-história, a história, a literatura, a arte ou a ciência e que pertençam às seguintes categorias:

a) as coleções e exemplares raros de zoologia, botânica, mineralogia e anatomia, e objetos de interesse paleontológico;

zidos por determinado Estado, poderão ser considerados como parte de seu patrimônio.

Outros instrumentos internacionais adotam outra denominação para o patrimônio cultural, como a Convenção de Unidroit sobre Objetos Culturais Furtados ou Ilicitamente Exportados de 1995, que o designa como 'objetos culturais' (bens culturais), de acordo com o artigo 2 e Anexo.[9]

---

b) os bens relacionados com a história, inclusive a história da ciência e da tecnologia, com a história militar e social, com a vida dos grandes estadistas, pensadores, cientistas e artistas nacionais e com os acontecimentos de importância nacional;

c) o produto de escavações arqueológicas (tanto as autoridades quanto as clandestinas) ou de descobertas arqueológicas;

d) elementos procedentes do desmembramento de monumentos artísticos ou históricos e de lugares inte- resse arqueológicos;

e) antiguidades de mais de cem anos, tais como inscrições, moedas e selos gravados;

f) objetos de interesse etnológico;

g) os bens de interesse artísticos, tais como:

(i) quadros, pinturas e desenhos feitos inteiramente à mão sobre qualquer suporte e em qualquer material (com exclusão dos desenhos industriais e dos artigos manufaturados a mão);

(ii) produções originais de arte estatuária e de cultura em qualquer material;

(iii) gravuras, estampas e litografias originais;

(iv) conjuntos e montagens artísticas em qualquer material;

h) manuscritos raros e incunábulos, livros, documentos e publicações antigos de interesse especial (histó- rico, artístico, científico, literário etc.), isolados ou em coleções;

i) selos postais, fiscais ou análogos, isolados ou em coleções;

j) arquivos, inclusive os fonográficos, fotográficos e cinematográficos;

k) peças de mobília de mais de cem anos e instrumentos musicais antigos.

[9] Convenção de Unidroit de 1995:
Art. 2 Entende-se como objetos culturais, para os efeitos da presente Convenção, aqueles objetos que, a título religioso ou profano, se revestem de uma importância para a arqueologia, a pré-história, a história, a literatura, a arte ou a ciência, e que pertencem a uma das categorias enumeradas no Anexo à presente Convenção.
Anexo:
a) Coleções e espécimes raros de zoologia, botânica, mineralogia, anatomia, objetos que tenham interesse paleontológico;
b) Os bens que digam respeito à história, inclusive à história das ciências e da técnica, à história militar e social, bem como à vida dos dirigentes, pensadores, sábios e artistas nacionais, e dos fatos de importância nacional;

Para efeitos da Convenção da UNESCO para a Proteção do patrimônio Cultural Subaquático, de 2001, os bens culturais subaquáticos remontam todos os vestígios da existência do homem de caráter cultural, histórico ou arqueológico que se encontrem parcial ou totalmente, periódico ou continuamente, submersos há, pelo menos, 100 anos (artigo 1).

Os bens culturais, portanto, são definidos em legislações internacionais com distintas denominações, todas de forma a elencar os que são reconhecidos por determinado ordenamento jurídico de proteção ao patrimônio cultural. Nesse sentido, serão apresentados três meios de classificação dos bens culturais, usados em normativas apresentadas até o presente momento, exemplificativas e não taxativas, pois cabe a cada Estado indicar os bens culturais que estão sob sua proteção contra o respectivo tráfico ilícito, como já abordado anteriormente.

A abordagem se dará por meio de uma classificação realizada por Pernille Askerud e Etienne Clément, para justificar as definições jurídicas construídas nas normativas internacionais e nas nacionais sobre

---

c) O produto de escavações arqueológicas (regulares e clandestinas), e de descobertas arqueológicas;

d) Os elementos provenientes do desmembramento de monumentos artísticos ou históricos e de sítios arqueológicos;

e) Objetos de antiguidade tendo mais de cem anos de idade, tais como inscrições, moedas e selos gravados;

f) O material etnológico;

g) Os bens de interesse artístico, tais como:

(i) Quadros, pinturas e desenhos feitos inteiramente à mão, sobre qualquer base e em todos os materiais (exceto os desenhos industriais e os artigos manufaturados à mão);

(ii) Produções originais da arte da estatuária e da escultura, em todos os materiais;

(iii) Gravuras, estampas e litografias originais;

(iv) Agrupamentos e montagens artísticas originais em todos os materiais;

h) Manuscritos raros e iconografia, livros antigos, documentos e publicações de interesse especial (históri- co, artístico, científico, literário, etc.), isolados ou em coleções;

i) Estampilhas postais, estampilhas fiscais e artigos análogos, isolados ou em coleções;

j) Arquivos, inclusive os arquivos fonográficos, fotográficos e cinematográficos;

k) Objetos de mobiliário com mais de cem anos de idade e instrumentos musicais antigos.

o tráfico ilícito do patrimônio cultural, pois, ao fim, a medida adotada pelos países acaba por influir diretamente na efetividade legal da circulação internacional dos bens culturais, pois a obra estará condicionada ao que cada Estado reconhece e discrimina como bem cultural em seu direito interno.

Ainda é relutante o reconhecimento de bens culturais como coisas móveis corpóreas: mercadorias que estão sujeitas à livre circulação – ao comércio. E, agregando uma categoria especial, por serem elementos integrantes do patrimônio cultural de um Estado, o qual é legítimo para regulamentar essa prática em seu território, com o fim de salvaguardar seu patrimônio cultural.

Askerud e Clément (1999) abordam três classificações de bens culturais: o *método de categoria* que consiste em uma descrição geral para estabelecer o que se deve proteger, abrangendo um campo mais amplo de obras a serem protegidas, o *método de enumeração* que descreve cada tipo de objeto incluído e protegido, sendo muito utilizado pela legislação de literatura inglesa e o *método de classificação* que aborda descrições ainda mais específicas, tal como uma obra só será protegida por meio de uma decisão administrativa de pessoa competente para exercer a proteção desse objeto específico, utilizado como base legislativa da literatura francesa. São classificações usadas normalmente pelos países como base para a elaboração de sua legislação.

Para Castillo Ruiz (1996), o patrimônio cultural abrange elementos materiais e imateriais, naturais ou culturais, herdados do passado ou cria- dos no presente, sejam manifestados por indivíduos, seja por um grupo de- terminado deles, por meio dos quais há reconhecimento de sua identidade.

Por fim, a definição jurídica atual usada em preceitos legais sobre patrimônio cultural foi atribuída à Recomendação relativa ao Intercâmbio Internacional de Bens Culturais (1976), definido como bens culturais os que sejam expressão e testemunho da criação humana e da evolução da natureza, que tenham ou possam ter valor e interesse histórico, artístico, científico ou técnico, segundo os organismos designados por Estados.

REGIME JURÍDICO ESPECIAL DOS SÍTIOS E BENS ARQUEOLÓGICOS

Não obstante, as normativas internacionais trazem, por vezes, tutela jurídica especial aos bens culturais arqueológicos. Apresentam um rol de elementos a serem protegidos, em que estão inseridos os sítios, os vestígios, os bens arqueológicos, dentre outros, cabendo aos Estados participantes a definição conforme o direito interno de cada país.

Na Carta de Nova Delhi de 1956, as recomendações acerca das definições, no item 1, abrangem sua aplicação a qualquer vestígio arqueológico cuja conservação apresente um interesse público do ponto de vista da história ou da arte, cabendo a determinação desse interesse público ao Estado Membro onde se encontrar tais vestígios. Recomendando que os monumentos, móveis ou imóveis, apresentam, do ponto de vista mais amplo da arqueologia, esse interesse.

Há outros ordenamentos jurídicos que preveem a proteção dos bens arqueológicos, tais como a Carta de Veneza de 1956 e a Convenção de Haia de 1954, a Convenção da UNESCO de 1970 e a Convenção de Unidroit de 1995, que serão abordadas nos itens seguintes.

O único ditame legal que aborda o patrimônio cultural arqueológico em escala internacional é a Carta de Lausanne de 1990, dispondo em seu art. 1:

> Compreende a porção do patrimônio material para qual os métodos da arqueologia fornecem os conhecimentos primários. Engloba todos os vestígios da existência humana e interessa todos os lugares onde há indícios de atividades humanas, não importando quais sejam elas; estruturas e vestígios abandonados de todo tipo, na superfície, no subsolo ou sob as águas, assim como o material a eles associado. (ICOMOS, Carta de Lausanne de 1990)

No Brasil, a Lei 3.924/61, em conformidade com a previsão do art. 175 da Constituição de 1946, dispõe sobre os monumentos arqueológicos e pré-históricos e define em seu art. 2°, o patrimônio cultural arqueológico: as jazidas de qualquer natureza, origem ou finalidade, que represente testemunhos de cultura dos paleoameríndios do Brasil, tais como sambaquis, montes artificiais ou tesos, poços sepulcrais, jazigos, aterrados, estearias e quaisquer outras não especificadas aqui, mas de significado idêntico a juízo da autoridade competente; os sítios nos quais se encontram vestígios positivos de ocupação pelos paleoameríndios tais como grutas, lapas e abrigos sob rocha; os sítios identificados como cemitérios, sepulturas ou locais de pouso prolongado ou de aldeamento, "estações" e "cerâmicos", nos quais se encontram vestígios humanos de interesse arqueológico ou paleoetnográfico; as inscrições rupestres ou locais como sulcos de polimentos de utensílios e outros vestígios de atividade de paleoameríndios.

No Brasil, os sítios e artefatos arqueológicos são reconhecidos legalmente como bens culturais de importância única, pois agregam informação e conhecimento dos modos de vida dos povos antepassados e são portadores de interesse de toda a humanidade, independente do Estado onde estejam localizados. Portanto, recebem tratamento diferenciado no sistema normativo pátrio atual, como nos dizeres de Inês Virgínia Soares (2009):

i. propriedade pública do bem arqueológico;
ii. proteção constitucional e infraconstitucional, sem a necessidade de submissão dos bens arqueológicos a um instrumento protetivo específico (tombamento, registro entre outros);
iii. necessidade de permissão ou autorização do IPHAN para realização de pesquisas e escavações arqueológicas, independentemente de se para particulares ou para o Poder Público;
iv. previsão de responsabilidade civil, administrativa e penal para causador de dano ao patrimônio arqueológico;
v. proibição de aproveitamento econômico, de destruição ou mutilação de sítio arqueológico antes de serem pesquisados;

Esses bens também são protegidos pela Constituição Federal de 1988, nos artigos 23 e 24 quanto a competência dos entes governamentais.[10] Conquanto, é com o artigo 216, inciso V, da Constituição de 1988 que os sítios arqueológicos são constituídos como patrimônio cultural brasileiro, a fim de efetivar sua proteção.

> Constituem patrimônio cultural brasileiro os bens de natureza material e imaterial, tomados individualmente ou em conjunto, portadores de refe-

---

10 Constituição Federal de 1988:

Art. 23. É competência comum da União, dos Estados, do Distrito Federal e dos Municípios:

III - proteger os documentos, as obras e outros bens de valor histórico, artístico e cultural, os monumentos, as paisagens naturais notáveis e os sítios arqueológicos;

Art. 24. Compete à União, aos Estados e ao Distrito Federal legislar concorrentemente sobre: VII - proteção ao patrimônio histórico, cultural, artístico, turístico e paisagístico;

VIII - responsabilidade por dano ao meio ambiente, ao consumidor, a bens e direitos de valor artístico, estético, histórico, turístico e paisagístico;

rência à identidade, à ação, à memória dos diferentes grupos formadores da sociedade brasileira, nos quais se incluem:
V - os conjuntos urbanos e sítios de valor histórico, paisagístico, artístico, arqueológico, paleontológico, ecológico e científico.

Tal proteção normativa aos bens arqueológicos é assegurada desde a Constituição de 1934, no que tange aos monumentos históricos, denominação usada no período que antecedeu a criação do SPHAN, em 1937. A normativa atribui, concorrentemente, à União e aos Estados a proteção dos monumentos de valor histórico ou artístico, podendo, inclusive, impedir a evasão de obras de arte.

Essa é a primeira previsão constitucional relacionada ao tráfico ilícito de bens culturais, ao atribuir ao Poder Público a competência para impedir a evasão de obras de arte.

Já sob a égide da Carta de 1946, edita-se a Lei Federal brasileira 3.924 de 1961, que dispõe sobre os monumentos arqueológicos e pré-históricos e disciplina os princípios jurídicos que ainda estão em vigor sobre a prática da arqueologia no Brasil, incluindo a guarda de acervos, seja a pública, seja a privada.

Esse foi o primeiro regimento legal de proteção aos bens arqueológicos que trouxe uma definição a eles. O artigo 2º elenca os bens pertencentes aos monumentos arqueológicos ou pré-históricos e a previsão legal não é exaustiva:

a) as jazidas de qualquer natureza, origem ou finalidade, que representem testemunhos de cultura dos paleoameríndios do Brasil, tais como sambaquis, montes artificiais ou tesos, poços sepulcrais, jazigos, aterrados, estearias e quaisquer outras não especificadas aqui, mas de significado idêntico a juízo da autoridade competente.
b) os sítios nos quais se encontram vestígios positivos de ocupação pelos paleoameríndios tais como grutas, lapas e abrigos sob rocha;
c) os sítios identificados como cemitérios, sepulturas ou locais de pouso prolongado ou de aldeamento, "estações" e "cerâmicos", nos quais se encontram vestígios humanos de interesse arqueológico ou paleoetnográfico;
d) as inscrições rupestres ou locais como sulcos de polimentos de utensílios e outros vestígios de atividade de paleoameríndios.

A Lei Federal nº 3.924/61 prevê, no artigo 1º, que os monumentos arqueológicos ou pré-históricos de qualquer natureza, existentes no território nacional, e todos os elementos que neles se encontrem ficam sob a guarda e a proteção do Poder Públicoe, consoante parágrafo único da referida lei:

A propriedade da superfície, regida pelo direito comum, não inclui a das jazi- das arqueológicas ou pré-históricas, nem a dos objetos nelas incorporados na forma do art. 152 da mesma Constituição.

O art. 1.230 do Código Civil, em conformidade com a Lei 3.924/61, também trata da propriedade de superfície, dispõe que a propriedade do solo não abrange os monumentos arqueológicos e outros bens referidos por leis especiais. O §1ª do art. 1.228 do mesmo dispositivo legal, estabelece que o direito de propriedade deve ser exercido em consonância com as finalidades econômicas e sociais e de modo a que sejam preservados.

Ainda a respeito da Lei 3.924/61, o artigo 7º prevê que os bens arqueológicos não manifestados também são públicos, pertencentes à União e protegidos por lei. O artigo17 prevê, para as descobertas fortuitas de bens arqueológicos e pré-históricos, a posse e a salvaguarda desses bens como direito imanente do Estado.

É na Constituição de 1967, com o art. 172, parágrafo único, que se introduz, na normativa constitucional, a expressão bens arqueológicos, entendidos como jazidas arqueológicas, que ficam sob a proteção exclusiva da União, ao dispor que "o amparo à cultura é dever do Estado, ficando sob a proteção especial do Poder Público as jazidas arqueológicas".

Estabelece o artigo 20, inciso X da Constituição Federal de 1988:

> Art. 20. São bens da União:
> X - as cavidades naturais subterrâneas e os sítios arqueológicos e pré-históricos;

De acordo com a atual Constituição, os sítios arqueológicos e pré-históricos são bens da União. Tal dispositivo faz mais que uma alusão expressa ao domínio da União em relação aos bens arqueológicos, confirmando o tratamento legislativo da matéria desde a década de sessenta. A titularidade da União sobre os bens arqueológicos torna-os bens públicos federais e de interesse público, cabendo sua gestão ao Poder Público e modificando a relação do Estado com o bem e com a sociedade (SOARES, 2014).

Os bens arqueológicos são bens públicos de domínio nacional pertencentes às pessoas jurídicas de direito público interno (art. 98, do Código Civil) e, mais, de uso especial (art. 99, inciso II, do Código Civil), afetados especificamente para servir de pesquisa e de produção de conhecimento dos modos de vida passados e de suas relações sociais.

Desse modo, nos dizeres de Inês Virgínia Soares (2014), a destinação do bem arqueológico às pesquisas e à produção de conhecimento é a regra, e a desafetação, é a exceção; sendo cabível, apenas, ao considerar a colisão entre o direito fundamental de propriedade da União e o direito fundamental ao acesso e à fruição do patrimônio cultural arqueológico pela sociedade.

Por último, o patrimônio cultural arqueológico, jamais será objeto de geração de recursos financeiros devido a sua natureza de bem público com afetação específica, mesmo que seja reconhecido como bem de valor econômico.

Conclui-se, portanto, que, para os bens arqueológicos, não há a necessidade de um instrumento jurídico específico de tutela, como o tombamento, o inventário ou a desapropriação pois, conforme determinação constitucional, constituem natureza de bens públicos e, desde sua origem, estão afetados pelo interesse público, imbuídos de inalienabilidade, indisponibilidade, impenhorabilidade e não-onerosidade, características específicas desse regime jurídico.

Os bens culturais arqueológicos seguem uma categoria especial, por serem elementos integrantes do patrimônio cultural de um Estado, o qual é legítimo para regulamentar o controle do tráfico ilícito do patrimônio cultural.

CAPÍTULO 2.
TRÁFICO ILÍCITO DE BENS CULTURAIS

> *As 'belas-letras', a saber, os textos que não são subordinados a nenhum outro contexto significativo ou junto aos quais podemos nos abstrair de todas as subordinações possíveis, por exemplo, da classificação relativa ao uso litúrgico, jurídico, científico e mesmo filosófico – [...] Desde sempre, esse foi o sentido do belo, do 'kalon': ser desejável em si mesmo, isto é, não ser elucidado em virtude de nenhuma outra coisa, mas somente com base em sua própria manifestação que exige aprovação de uma maneira óbvia. [...] Quem só tem em vista o conteúdo objetivo representado em um quadro perde manifestamente de vista aquilo que torna esse quadro uma obra de arte, e as obras de arte 'desprovidas de objeto' de hoje deixam isso claro para qualquer um.*
>
> Hermenêutica da obra de arte, Hans-Georg Gadamer

A proteção do patrimônio cultural é definida por normativas internacionais como uma forma de preservar a identidade nacional ou mundial e de assegurar o progresso social em longo prazo (ASKERUD; CLÉMENT, 1999).

São múltiplas as causas geradoras do tráfico ilícito[11] do patrimônio cultural, advindas de fatores jurídicos e variantes de acordo com a

---

11 Por exemplo: Furto/roubo de museus, monumentos, sítios arqueológicos e paleontológicos, locais religiosos e outros locais de conservação públicos ou privados, como galerias e casas de leilões; escavações ilícitas de objetos arqueológicos, incluindo escavações subaquáticas; remoção de bens culturais durante conflitos armados ou ocupação militar; exportação e importação ilícitas de bens culturais; transferência ILEGAL de propriedade de bens culturais (venda, compra, assunção de dívida hipotecária, troca, doação ou legado); produção, comércio e uso de documentação falsificada; tráfego de propriedades culturais falsas ou forjadas; conspiração/participação em um grupo criminoso organizado para o tráfico de bens culturais e infrações relacionadas; lavagem/branqueamento, conforme referido no artigo 6 da Convenção de Crime Organizado, de bens culturais traficados.

natureza do bem e das peculiaridades sociais, econômicas, culturais e jurídicas dos Estados. Algumas delas vinculam-se à valorização econômica do mercado de bens culturais e à segurança financeira atribuída a esses bens em períodos de inflação, evitando prejuízos patrimoniais (SILVA, 2003). Segundo Patrick O'Keefe (1997, p.1):

> Parece haver uma demanda crescente por antiguidades; não apenas por aquelas de qualidades destinadas a museus, mas em sentido mais amplo, por aquelas próprias para decoração. Sob as atuais condições, isso só pode levar ao roubo das coleções e, de maneira mais significante, ao agravamento de uma já ampla destruição de sítios e monumentos importantes para a história da humanidade[12]. (Tradução livre)

Podem-se identificar outros motivos que facilitariam essa prática, dentre eles os jurídicos, como a diversidade legislativa, gerando conflito entre leis de proteção, em que a transferência de uma obra de um determinado país sem controle de importação facilitaria aquisição e venda dessa, tal como o julgamento por tribunal estrangeiro de ação de reivindicação de bem cultural traficado ilicitamente sem considerar normas do país de origem, favorecendo o ato ilícito.

Além disso, há, com a falta de fiscalização, inclusive de turistas, uma facilitação aos traficantes para a aquisição de bens culturais de outros países, com o propósito de venda a museus e instituições culturais que promovem o acesso das obras à demanda interessada. Há, ainda, a deficiência das medidas protetivas de países em desenvolvimento, alvo de importações; descobertas científicas derivadas do patrimônio cultural que possibilitam estudos e difusão de modos de vida; e incentivos fiscais para colecionadores – como nos EUA, Japão e Reino Unido (SILVA, 2003).

A proteção do patrimônio cultural, por via do direito internacional e do direito interno, é entendida como um elemento estrutural da identidade dos povos, como instrumento de coesão social, conforme prevê a Constituição brasileira de 1988, em seu artigo 215, ao determinar que "o Estado garantirá a todos o pleno exercício dos direitos culturais" e ao determinar o direito à memória. Cabe ao Estado o dever de executar as medidas necessárias para que, efetivamente, seja vivido o direito à memória pela sociedade (DERANI, 2010).

---

[12] Texto original: "There seems to be a growing demand for antiques; not only by those of qualities intended for museums, but in a broader sense, by those for decoration. Under the present conditions, this can only lead to the theft of collections and, more significantly, to the aggravation of an already extensive destruction of sites and monuments important to the history of mankind."

No que diz respeito ao patrimônio cultural, faz-se necessário considerar determinados valores, tais como os que lhe darão significados intrínsecos ou utilitários. Para proteger esse patrimônio, principalmente a partir de bases normativas, é preciso ater-se ao fato de que o objetivo não pode simplesmente manter-se na dimensão material e econômica desses bens; deve residir, também, na salvaguarda dos valores culturais que a eles se agregam.

Para a preservação dos bens culturais, considerando seus valores próprios, deve ser ressaltada a importância de sua permanência no local de origem, tendo em vista a identidade do povo local. A possibilidade de deterioração e de perda dos objetos culturais evidencia a necessidade de sua proteção, pois a salvaguarda significa eleger pontos de contato com o passado, de modo a permitir à sociedade contemporânea identificar-se e estabelecer uma continuidade imaginária com o conjunto patrimonial da cultura de um determinado país (BO, 2003).

Eduardo Vera-Cruz Pinto (1996, p. 213) afirma:

> O patrimônio cultural existente numa comunidade integra não só a sua essência identitária, mas também o seu quotidiano desenvolvimento. Por isso, a sua desfiguração causa efeitos imediatos nas atividades sócio urbanas do espaço em que está inserido, ferindo mediatamente a memória histórica comum.

O reconhecimento de uma identidade por um Estado em relação a determinado bem cultural tem conexão direta com essa identificação, para saber a qual país esse bem pertence e em qual país deve permanecer. Por- tanto, para a devolução ou permanência de bens culturais, é necessário considerar a identidade e o fato de que a privação da posse desses bens significará uma perda para o patrimônio cultural, visto que a obra pertence culturalmente a esse Estado.

A identidade, como preceitua José Gonçalves (CASTILLO RUIZ, 1996; GONZALEZ-VARAS, 2003; MIRANDA, 2003; SOARES, 2009; CANCLINI, 2013), é o repertório de traços culturais, por meio dos quais os membros de uma nação se identificam. Não obstante, a concepção de uma consciência mais consolidada e a transformação de certos hábitos e atitudes diante dos bens culturais entendidos como identidade podem ser interpretadas como procedimentos lentos que possibilitam uma melhor compreensão acerca da importância da proteção do patrimônio cultural de uma nação contra o tráfico ilícito (ASKERUD; CLÉMENT, 1999).

Além do pertencimento à identidade cultural e à memória de uma nação, os bens culturais podem ser também patrimônio cultural da humanidade, havendo interesse da comunidade internacional na sua proteção. Atribui-se então ao Estado a obrigação de proteção dos bens culturais, cabendo à comunidade internacional a cooperação para prevenir e reprimir o tráfico ilícito, tudo para promover a restituição ou o retorno dos bens culturais ao seu território de origem ou ao território da situação do bem, e, com isso, assegurar a diversidade cultural e possibilitar o acesso e a difusão dos bens culturais.

O direito internacional de solidariedade, diferente da cooperação em associar-se com outros para dividir mutuamente o ônus e os benefícios, constitui-se por interesses, objetivos e padrões das comunidades e transpõe os interesses do indivíduo, visando a uma responsabilidade compartilhada dos Estados e, mais que isso, sendo um compromisso entre as gerações (AMARAL JR., 2011).

A Convenção para a Proteção do Patrimônio Mundial, Cultural e Natural da UNESCO, de 1972, determina que "determinados bens do patrimônio cultural e natural são detentores de excepcional interesse e exigem sua preservação como elemento do patrimônio de toda humanidade", cabendo à coletividade internacional participar da proteção desses.

Ademais, a Convenção da UNESCO de 1972 define o regime de registro e proteção internacional de bens culturais do patrimônio da humanidade e, devido à deficiência de algumas medidas de proteção adotadas nacionalmente, veio estabelecer alguns mecanismos de proteção ao patrimônio cultural e natural, impondo o dever de cooperação entre os signatários.

A Convenção sobre as Medidas a serem Adotadas para Proibir e Impedir a Importação, Exportação, Transportação e Transferência de Propriedade Ilícitas dos Bens Culturais considera os bens culturais um dos elementos básicos da civilização e da cultura dos povos, reconhecendo seu verdadeiro valor, por meio do conhecimento de sua origem, de sua história e de seu meio ambiente.

Nos dizeres da Convenção da UNESCO de 1970, ao Estado se faz necessária a consciência "de seu dever moral de respeitar seu próprio patrimônio cultural e o de todas as outras nações", ideia essa acrescida pela Convenção de Unidroit de 1995 "com o objetivo de favorecer a preservação e a proteção do patrimônio cultural no interesse de todos".

Sua proteção, principalmente quanto ao tráfico ilícito, é uma forma de garantir o testemunho e o referencial dos valores culturais e simbólicos, bem como de sua representatividade técnica e social. Sua proteção efetiva-se com o envolvimento das comunidades que os detém, com um processo de identificação, conservação, estudo e difusão dos bens patrimoniais (CANCLINI, 1999; ZANIRATO, 2009). Envolve características que abrangem desde a conservação a usos sociais desses, como a educação e a difusão patrimonial. O patrimônio cultural manifesta a solidariedade, unindo quem compartilha um bem cultural ou práticas, em que se identificam (CANCLINI, 1996).

Essa conservação "só pode ser assegurada se a necessidade de sua proteção for compreendida pela população" (Cartas Patrimoniais, 2004, p. 199). Dessa forma, ela deve ocorrer, também, por meio da participação dos grupos sociais pelo patrimônio, a partir de uma apropriação coletiva e democrática (CANCLINI, 1999).

A proteção do patrimônio efetiva-se mediante a mobilização social e não haverá uma política efetiva de preservação e desenvolvimento do patrimônio cultural se esse não for valorado adequadamente pelo público em geral, inclusive nos sítios arqueológicos, pelos habitantes de centros históricos, pelos receptores e difusores de programas educativos (CANCLI- NI,1999). Para isso, é necessário que a população se identifique com os elementos a serem conservados e que esses sejam representativos (ZANIRATO, 2011).

Quanto mais conhecido e significativo, mais protegido estará o patrimônio cultural. Por isso, a prevenção e o combate ao tráfico ilícito dos bens culturais são tão importantes.

DELINEAMENTOS HISTÓRICOS

A história do tráfico de bens culturais inicia-se na Antiguidade como saque e passa a ser identificado e tratado pelo Direito Internacional, em tempos atuais, como tráfico ilícito de bens culturais, acarretando alterações em sua conceituação e no tratamento normativo. A maior parte da construção da prática delitiva se deu em Tempo de Guerra, com o direito internacional público. A partir de 1995, com a Convenção de Unidroit, surgiu uma nova abordagem, a do comércio ilegal, tratado no direito internacional privado.

As medidas protetivas elaboradas pelos Estados em tempos de guerra ou em tempos de paz e, principalmente, as provenientes de leis papais – que mesmo com a extinção dos Estados papais, continuaram a ser aplicadas -, contribuíram para a elaboração de políticas contemporâneas de combate ao tráfico ilícito de bens culturais.

Da Antiguidade até o final da Idade Média, principalmente na Roma Antiga, o saque de bens culturais era uma prática considerada lícita durante as guerras. O vencedor, como era de costume, destruía propriedades de seus inimigos e saqueava e pilhava seus bens culturais, tal como ocorreu com o Partenon, em Atenas (480 a.C.), atacado pelos persas.

Não obstante, no Direito Romano, o saque se dava pelo princípio *si quid bello captum est, praeda est, non postliminio redit*. Assim, também se dera pela *publicatio*, bens considerados como *propriedade do povo*, declarados bens públicos, como exemplo rios e mares. (FRAOUA, 1985)

Ainda, outras medidas eram adotadas para a transferência dos bens culturais de acordo com Hugo Grotius (2006): o *butim*, entendido como uma prática em proveito da sociedade romana, realizado por meio do saque dos bens culturais como apropriação desses para venda e para distribuição de renda em benefício do tesouro público; a *pilhagem*, praticada em proveito das tropas que se apropriavam dos bens que conseguissem carregar após a conquista de um território. Tudo praticado como ato de cortejos triunfais pelas tropas como símbolo da conquista lograda em guerra.

Nas cruzadas da Idade Média, no período entre os séculos X a XIII, eram comuns os saques de bens culturais. Diante da benevolência da Igreja católica perante as cruzadas e com a promessa de isenções de indulgências e de punições no purgatório, o saque era ainda mais acentuado pelos vencedores dos conflitos de guerra.

Na Guerra dos Trinta Anos (1618-1648), as populações germânica e boêmia sofreram inúmeros saques e destruições de seus bens culturais decorrentes dos ataques militares, como, por exemplo, o saque da biblioteca Palatina de *Heidelberg,* em 1622, realizado pela coalizão católica, que ofereceu tais obras ao papa. Atualmente, tais bens integram o acervo da biblioteca do Vaticano. Outro exemplo se dá pela apropriação e pela transferência de obras culturais de Praga para a Suécia, somando 317 bens transferidos, entre estátuas, artefatos de bronze, pinturas e trabalhos literários (JOTE, 1994). Com o fim da guerra, foi assinado o primeiro tratado sobre a restituição de bens culturais advindos de saques provenientes de conflitos armados, manifestado pela celebração de paz na Conferência de *Westphália* (1648).

Ainda na Idade Média, à parte dos conflitos armados, os papas ora protegiam os bens culturais de uma maneira, ora de outra forma, com o fim de adequar Roma às demandas contemporâneas, ocorrendo a destruição e reutilização dos edifícios de forma diversa da sua função original. Segundo Françoise Choay (2006, p. 35) "os grandes edifícios da Antiguidade são transformados em pedreiras".

Ressalta-se a proteção dos bens tangíveis de adoração religiosa, usados para dar continuidade aos cultos religiosos. Tal sentimento de devoção originou a ideia de pertencimento desses a uma comunidade, ensejadores, portanto de algum tipo de tutela. (FONSECA, 1997). Essa reunião, então, dos bens culturais de valores religiosos e os da Roma Antiga, tornaram-se propensos a comercialização pelos antiquários da época (SILVA, 2003).

Já no intervalo entre séculos XVI e XVIII, principalmente com o Renascimento e, posteriormente, com o Iluminismo, surgiram as primeiras questões sobre a proteção contra os saques dos bens culturais durante as guerras, devido à valorização do caráter histórico e artístico, principal- mente com Alberico Gentili (1921), primeiro autor a mencionar *obras de arte* e a legitimar o *butim* dos bens inimigos por meio do *direito de postliminio_*, entende que:

> Não somente a causa de guerra deve ser justa e adequada, mas a Guerra deve também começar e ser conduzida com justiça, e que templos e objetos sagra- dos devem ser protegidos em territórios conquistados.

Emer de Vattel (2008), foi o primeiro autor a reconhecer os bens culturais como pertencentes à humanidade, em função de sua beleza, e a superioridade dos interesses em detrimento dos Estados beligerantes. Assim, segundo ele, qualquer um que praticasse de b*utim_*, seria inimigo declarado da 'raça humana' [...], privando os homens dos monumentos de arte e de arquitetura. Ainda, em seu entendimento sobre a proteção do patrimônio cultural, numa guerra justa, quem a mantém tem o direito de exigir do inimigo uma contribuição para as despesas dessa e para o apoio do exército.

Andres Bello (1946) defende a transferência do bem ao captor desde que conduzido a lugar seguro – regra da propriedade do bem, senão o direito de *postliminio* se manteria.

As transferências, já não são mais reconhecidas como saques ilegais pelo regime revolucionário da época, eram lícitas quando praticados com o fim de transferir os bens culturais como contribuição para a manutenção das guerras ou compensação pela conquista. Com isso, firmaram-se tratados no período das conquistas Napoleônicas, como o Tratado de Parma (1796), o Tratado de Modena (1796), o Tratado de Bolonha (1796) e o Tratado de Tolentino (1797), instituindo armistícios constituídos de cláusulas específicas voltadas à restituição de bens culturais, com o fim de legitimar e de dar legalidade às transferências no Direito Internacional.

Em 1802, Papa Pio VII, pelo édito *Doria Pamphili*, proibia a exportação de obras de arte de Roma dos Pontifícios da Antiguidade e da Renascença, atribuindo penalidades ao responsável por tal e a quem colaborasse para a exportação.

Ademais, os Tratados de Viena (1815) dificultavam a identificação dos bens culturais obtidos pelos saques e os provenientes dos tratados, por não dispor de nada a respeito da restituição ou certificação desses bens. Assim, nesse mesmo ano, uma nota circular_ do primeiro-ministro inglês, Visconde Castlereagh, fundamentando a restituição do patrimônio cultural aos Estados vencedores, gerou a retirada, em média, de cinco mil obras do Museu do *Louvre*, restituindo-as aos Estados de origem.

Já em 1817, houve a proibição de exportação de bens culturais preciosos de Veneza, exigindo-se autorização da Academia de Belas Artes para tal atividade. Em 1820, sob o pontificado do Pio VII, aprova-se o édito *Pacca*, autorizando a venda de bens culturais pertencentes a particulares. Assim, a exportação não era proibida, desde que autorizada pelo cardeal responsável, podendo ainda os objetos particulares de alto valor serem tombados.

O Código de Lieber (1864) foi a primeira codificação acerca dos saques e da destruição de bens culturais em conflitos armados, prevendo em seu artigo 35:

> As obras de arte clássicas, bibliotecas, coleções científicas, ou instrumentos preciosos, tais como, telescópios astronômicos, assim como, hospitais, devem ser protegidos contra todo dano evitável, mesmo quando eles estão situados em locais fortificados enquanto cercados ou bombardeados.

Em seguida, institui-se a Declaração de Bruxelas (1874) e o Manual de Oxford (1880); ambas traziam inúmeras normas sobre a transferência ilícita de bens culturais, principalmente proibindo o saque. No entanto, a Conferência de Paz de Haia de 1899 e, posteriormente, a de 1907 foram as iniciativas mais importantes de proteção do patrimônio cultural. Nelas, foram codificados_ costumes de guerras. Apesar de não referenciarem o termo *bem cultural*, traziam outras denominações sobre os bens: inimigos, privados, públicos, privilegiados entre outras. Previam normas restritivas à circulação dos bens culturais, proibindo a pilhagem, o confisco e a apropriação.

As medidas protetivas baseavam-se apenas na proteção material, na sua conservação diante de ataques e a bombardeios. Além disso, eram omissas em relação às sanções ao tráfico ilícito dos bens culturais. No artigo 3 da Convenção de 1907, havia previsão somente quanto à imputação de indenização por dano ou destruição de bens culturais.

Constatou-se a ineficácia desses documentos internacionais na Primeira Guerra Mundial, com o exemplo emblemático do incêndio da biblioteca de *Louvain* – Bélgica, que destruiu aproximadamente três mil obras, o que gerou a celebração de diversos tratados desde esse período, a maioria voltada para a restituição de bens culturais aos territórios de origem. O primeiro foi o Tratado de Versalhes (1919), obrigando a Alemanha a restituir, o Alcorão, originário da cidade de Medina, entre outras obras, cabendo reparação do dano se os bens houvessem sido destruídos.

No Anteprojeto da Convenção da Liga das Nações (1919), constavam políticas de proteção do patrimônio cultural, adotadas, atualmente, em tratados e convenções, com reconhecimento de ser esse um interesse de cooperação internacional, em virtude do empobrecimento intelectual causado pela perda de bens culturais, independentemente da nação a qual pertença.

Posteriormente, foram celebrados o Tratado de *Saint-Germain* (1919), o Tratado de Trianon (1920), o Tratado de Neuilly-sur-Seine (1919), o Tratado de Sèvres (1920) e o Tratado de Riga (1921), com os países que haviam perdido a Primeira Guerra Mundial. Todos esses tratados continham dispositivos relacionados à restituição de bens culturais a seus países de origem, após terem sido subtraídos durante o conflito armado.

O Pacto de Roerich (1935), foi o primeiro com características protetivas universais, para tempos de paz e de guerra, relacionado a "monumentos históricos, museus e instituições científicas, artísticas, educativas e culturais", reconhecendo, no artigo 1º, a neutralidade dos bens culturais e, em seu preâmbulo, dispondo que a proteção abarca "todos os monumentos e móveis de propriedade nacional e particular que formam o tesouro nacional dos povos".

Temas relativos a proteção do patrimônio cultural que foram designados de responsabilidade da UNESCO, que criou, em 1954, a Convenção de Haia para a Proteção dos Bens Culturais em Caso de Conflito Armado. Tal criação foi pressionada pelas pilhagens ocorridas durante a Segunda Guerra Mundial, principalmente pelos nazistas alemãs, pertencentes ao Eixo – com destaque para o próprio Hitler, diante do enriquecimento de seus acervos particulares – os quais foram obrigados a restituir alguns dos bens aos Estados ocupados.

Após a Segunda Guerra (1939-1945), estrutura-se a codificação acerca da normativa internacional em relação ao tráfico ilícito de bens culturais, outorgando-se à UNESCO a responsabilidade pela "preservação e proteção do patrimônio universal dos livros, obras de arte e monumentos de interesse histórico ou científico".

Algumas convenções, recomendações e muitas resoluções internacionais sobre o patrimônio cultural foram aprovadas, visando à conservação, à restituição, ao retorno e ao repatriamento de bens culturais, seja em tempo de guerras, seja em tempo de paz. Por exemplo, cita-se a elaboração pela UNESCO da Convenção relativa às medidas a serem adotadas para impedir a importação, exportação e transferência de propriedades ilícitas dos bens culturais, aprovada em 1970 e, de forma complementar a ela, a Convenção do Unidroit sobre Bens Culturais Furtados ou Ilicitamente Exportados, aprovada pelo Unidroit em 1995.

Portanto, o histórico da preocupação normativa com o tráfico ilícito de bens culturais demonstra a existência dessa prática desde a Antiguidade e as preocupações legais para coibir essa prática.

A PREVENÇÃO E O COMBATE AO TRÁFICO ILÍCITO DE BENS CULTURAIS

Há grande preocupação dos Estados, tanto dos receptores quanto dos destinatários, no combate ao tráfico ilícito de bens culturais, que consiste no ato de comerciar ou mercadejar bens provenientes de negócios ilícitos ou indecorosos, além de propiciar uma perda cultural para deter- minada nação.

O patrimônio cultural é objeto de tráfico em razão do seu valor, possibilitando a posse irregular por meio da comercialização ilegal, do furto, da falsificação e do extravio, por exemplo. Segundo Derek Fincham (2009), o roubo do patrimônio cultural tem por finalidade a revenda para colecionadores particulares confidenciais ou o resgate em operações bancárias internacionais, tal como ocorre no tráfico de drogas e de armas.

Por serem considerados bens não-renováveis - se forem deteriorados ou perdidos, não serão passíveis de substituição -, constituem investimento financeiro muito rentável a médio e a longo prazo. De acordo com o *Federal Bureau of Investigation* (FBI), o tráfico internacional de patrimônio cultural movimenta mais de US$ 6 bilhões por ano.

Além disso, há países com tributação favorecida, os chamados paraísos fiscais, que fazem utilização abusiva dos tratados e convenções internacionais, como mecanismos para lavagem de ativos relacionada aos bens culturais e para remessa ilegal de divisas.

A Instrução Normativa SRF nº 1037, de 04 de junho de 2010, do Brasil, atualizada pelas Instruções Normativas SRF nº 1658 e nº 1773, respectivamente, de 2016 e 2017, dispõe:

> Consideram-se países ou dependências que não tributam a renda ou que a tributam à alíquota inferior a 20% ou, ainda, cuja legislação interna oponha sigilo relativo à composição societária de pessoas jurídicas ou à sua titularidade as seguintes jurisdições: Andorra; Anguilla; Antígua e Barbuda; Aruba; Ilhas Ascensão; Comunidade das Bahamas; Bahrein; Barbados; Belize; Ilhas Bermudas; Brunei; Campione D'Italia; Ilhas do Canal (Alderney, Guernsey, Jersey e Sark); Ilhas Cayman; Chipre; Ilhas Cook; Djibouti; Dominica; Emirados Árabes Unidos; Gibraltar; Granada; Hong Kong; Kiribati; Lebuan; Lí- bano; Libéria; Liechtenstein; Macau; Maldivas; Ilha de Man; Ilhas Marshall; Ilhas Maurício; Mônaco; Ilhas Montserra; Ilha Niue; Ilha Norfolk; Panamá; Ilha Pitcaim, Polinésia Francesa; Ilha Queshm; Federação de São Cristóvão e Nevis; Samoa Americana; Samoa Ocidental; San Marino; Ilhas Santa Hele- na; São Vicente e Granadinas; Santa Lúcia; Ilha de São Pedro e Miguelão; Seychelles; Ilhas Solomon; Tonga; Tristão da Cunha; Ilhas Turks e Caicos; Vanuatu; Ilhas Virgens Americanas; Ilhas Virgens Britânicas; Curaçao; São Martinho; Irlanda."

No mais, não é incomum a tentativa de regularização dos valores arrecadados com o tráfico de bens culturais, podendo passar por tais paraísos fiscais isentos de tributação. O tráfico de bens culturais tornou-se uma maneira usual de lavagem de dinheiro para o tráfico de entorpecentes, de armas, de mulheres, de joias preciosas e para jogos ilícitos.[13]

---

[13] Nem todos os casos de lavagem de dinheiro por meio de obras de arte estão relacionados com o tráfico ilícito de bens culturais como ocorreu no caso do Banco Santos. Por exemplo, a operação Lava Jato realizada pela Polícia Federal desde março de 2014, que decorreu do uso de uma rede de postos de combustíveis e lavas a jato de automóveis para movimentar recursos ilícitos, atividades também praticadas na estatal Petrobrás. Desde o início das investigações, foram apreendidas cerca de 220 obras de arte usadas para branqueamento de ativos, as quais foram designadas ao Museu Oscar Niemeyer (MON), em Curitiba, seu depositário fiel. EM torno de 131 obras estavam sob a posse do ex-diretor de serviços da estatal petrolífera, Re-

A Interpol (2022) afirma que:

> O tráfico ilícito de bens culturais afeta tanto os países desenvolvidos como em vias de desenvolvimento, e traz perdas irreparáveis do patrimônio cultural. Se trata de um delito de alcance internacional, pois não respeita fronteiras, dado que com frequência as peças roubadas circulam de um país a outros. O motivo do tráfico ilícito é a demanda do mercado de arte, a melhoria dos transportes e a instabilidade política de determinados países. Por outro lado, oferece benefícios aos envolvidos nesta atividade que normalmente operam outras redes de atividades delitivas.

Segundo a Interpol, o baixo índice de resgate do patrimônio cultural se dá pelo deficitário sistema de inventários, pela pouca cooperação entre instituições competentes, pela falta de organização entre essas instituições de proteção ao patrimônio cultural e pela falta de sistemas de segurança adequados em instituições públicas.

A situação complica-se ainda mais em países, como a Itália, com atitudes reativas quanto à possibilidade de devolução de bens culturais aos países de onde foram ilicitamente retirados. Esses países invocam o princípio da boa-fé para justificar, juridicamente, a não devolução desses bens (BO, 2003).

Ademais, ocorre significativa importação de obras culturais, facilitada pela fragilidade dos controles alfandegários, o que propicia a inclusão, no mercado internacional, de objetos furtados. O tráfico promove a entrada clandestina de bens ilícitos para o comércio interno de um país e possibilita a exportação para outros mercados (COSTA; DA ROCHA, 2006).

A cooperação internacional também é analisada por intermédio dos organismos internacionais e nacionais de assistência administrativa, que dão suporte à atuação do poder judiciário na repatriação de ativos, como a Organização das Nações Unidas para a Educação, a Ciência e a Cultura (UNESCO) criada em 1946 (SILVA, 2000), principal organismo internacional de proteção do patrimônio cultural. A UNESCO entende que a destruição ou mutilação de bens culturais constitui um empobrecimento nefasto para todos os povos e, por essa razão, instituiu, no plano internacional, medidas destinadas à sua proteção.

---

nato Duque e, até o momento, de acordo com as investigações, não há indícios que alguma delas tenha sido objeto de tráfico ilícito de bens culturais. Ver: <http://www.mpf.mp.br/para-o-cidadao/caso-lava-jato/entenda-o-caso> Acesso em: Mar. 2023.; <https://jus.com.br/artigos/65920/anotacoes-sobre-a-lavagem-de-dinheiro-e-mercado-de-arte> Acesso em: Mar. 2023.

As medidas de proteção na escala internacional estabelecidas pela UNESCO podem se dar por meio de distintos instrumentos normativos, como as Convenções, as Recomendações, as Declarações e as Cartas, podendo ser gerais ou especiais, distinguindo o âmbito de sua aplicação e o espectro de suas obrigações.

As bases normativas de proteção ao tráfico ilegal de bens culturais foram verificadas na Convenção de Haia de 1954, na Convenção da UNESCO de 1970 e na Convenção de Unidroit de 1995.

Essas convenções preveem medidas de proteção ao tráfico ilícito, destacando a criação de legislação nacional apropriada a combater tal prática. Determinam o estabelecimento e implantação de um sistema de inventário nacional com a finalidade de listar todas as obras culturais, exigem certificados de exportação, bem como a criação de código de ética e plataforma de registro de bens culturais para colecionadores e comerciantes de obras de arte. Por fim, determinam a implementação de programas educativos para propiciar o respeito ao patrimônio cultural e regras para assegurar a qualquer interessado a possibilidade de denunciar o desaparecimento de bens culturais (COSTA; ROCHA, 2007).

CAPÍTULO 3.
O DIREITO INTERNACIONAL NO COMBATE AO TRÁFICO ILÍCITO DE BENS CULTURAIS EM TEMPOS DE GUERRA

> Ele zomba da Cultura e não acredita no Progresso, pelo menos não no Progresso nas Belas-Artes, não se considera mais 'avançado' que seus contemporâneos seletos, o homem de Eyzies, o homem de Altamira.
>
> Jean-Paul Sartre

A CONVENÇÃO DE HAIA DE 1954 PARA A PROTEÇÃO DA PROPRIEDADE CULTURAL EM CASO DE CONFLITOS ARMADOS E SEUS PROTOCOLOS DE 1954 E 1997

A Convenção de Haia de 1954 estabeleceu, aos Estados partes, o respeito e a abstenção de hostilidade quanto aos bens culturais por meio de medidas que proíbam e previnam atos de roubo, pilhagem, desvio, vandalismo ou qualquer outra atividade praticada contra o patrimônio cultural, atribuindo a esses bens um caráter humanitário em escala internacional, dentro do Direito Humanitário.

Pela primeira vez foi introduzido no Direito Internacional, o conceito de patrimônio cultural de toda a humanidade, voltada para a proteção internacional dos bens culturais, móveis e imóveis, segundo o preâmbulo da Convenção de Haia de 1954:

Convencidos de que os atentados perpetrados contra os bens culturais, qual- quer que seja o povo a quem eles pertençam, constituem atentados contra o patrimônio cultural de toda a humanidade, sendo certo que cada povo dá a sua contribuição para a cultura mundial.

Isso insere o patrimônio cultural nos Direitos Humanos, consolidando-o como um bem de interesse da coletividade e de salvaguarda de responsabilidade_ da humanidade em proteger os bens culturais, visando à sadia qualidade de vida para as gerações futuras, pois um desequilíbrio do meio ambiente cultural afetaria a dignidade humana, bem como a dignidade cultural (MARTINS; SOARES, 2014).

A responsabilidade comum internacional será solidária, se fundamentada em textos convencionais, como determinado na Convenção de Haia de 1954, em respeito à proteção do patrimônio cultural contra a hostilidade de atos lesivos contra os bens culturais, por eles terem caráter humanitário internacionalmente. Assim, no Direito Internacional da Solidariedade, nos dizeres de Alberto do Amaral Jr. (2011), o princípio da solidariedade está atrelado ao equilíbrio substancial nas trocas visando a um fortalecimento do interesse comunitário.

A Convenção tem 40 artigos, divididos em sete capítulos. No artigo 1, define a propriedade cultural, tema já abordado no item 1.1. Nela, a proteção do patrimônio cultural, comporta a salvaguarda e o respeito a esses bens (artigo 2), comprometendo-se as Altas Partes Contratantes a respeitar os bens culturais situados no seu próprio território e os do território de outras Altas Partes Contratantes, não permitindo a destruição ou deterioração em caso de conflito armado, conforme o artigo 4.[14]

---

[14] Convenção de Haia de 1954:

Artigo 4 - Respeito pelos bens culturais

§1 - As Altas Partes Contratantes comprometem-se a respeitar os bens culturais situados quer no seu próprio território quer no território das outras Altas Partes Contratantes, não se permitindo a utilização desses bens, dos seus dispositivos de proteção e dos acessos imediatos para fins que poderiam expor esses bens a uma possível destruição ou deterioração em caso de conflito armado, devendo também abster-se de qualquer ato de hostilidade em relação a esses bens.

§2 - As obrigações definidas no primeiro parágrafo do presente artigo não poderão sofrer derrogações, exceto no caso em que uma necessidade militar exija de uma maneira imperativa uma tal derrogação.

§3 - As Altas Partes Contratantes comprometem-se ainda a proibir, a prevenir e, caso seja necessário, a fazer cessar todo o ato de roubo, de pilhagem ou de desvio de bens culturais, qualquer que seja a sua forma, bem como todo o ato de vandalismo

Ainda no mesmo artigo, há a proibição de qualquer ação de represália que atinja os bens culturais, bem como o roubo, a pilhagem, o desvio ou o vandalismo em relação a esses bens, impedindo, inclusive, a requisição dos bens culturais móveis situados no território de uma outra Alta Parte Contratante.

Com isso, as Altas Partes Contratantes estão sujeitas à proteção dos bens culturais localizados em seu território, por meio de medidas que considerarem apropriadas, em tempos de paz, contra eventuais conflitos que possam ocorrer (artigo 3). Assim como, por meio de abrigos temporários durante os conflitos ou durante os transportes dos bens culturais em proteção especial em meio a hostilidade, conforme o Capítulo III da Convenção de Haia. Igualmente, a parte contratante da Convenção assume a obrigação de proteger o patrimônio do Estado ocupado, a fim de evitar a destruição do patrimônio, como a transferência ilícita.

No Capítulo II, da mesma Convenção, conceitua-se a proteção especial, caracterizada pela imunidade assegurada aos bens, desde que inscritos no Registro Internacional, pelo qual um Estado pode solicitar à UNESCO, uma lista temporária de refúgios para o depósito de bens culturais após uma consulta às Altas Partes Contratantes, cuja localização das Altas-Partes Contratantes o solicitante compromete-se a desmilitarizar (BO, 2003).

O artigo 19 trata da aplicação da Convenção em conflitos de caráter não internacional que surjam dentro do território das Altas Partes Contratantes, podendo a UNESCO, ainda, oferecer seus serviços.

Assim, a Convenção de Haia de 1954 é aplicada em tempos de paz e de guerra, tanto em conflitos armados internacionais quanto em conflitos de caráter não internacional, cabendo ao Estados participantes a elaboração de normas protetivas ao patrimônio cultural em consonância com o especificado na Convenção.

Na mesma data, em 1954, foi celebrado o Regulamento de Execução da Convenção de Haia de 1954. Ele prevê, no art. 18, o transporte de

---

em relação aos referidos bens. As Partes impedem a requisição dos bens culturais móveis que se situem no território de uma outra Alta Parte Contratante.

§4 - As Partes proíbem qualquer ação de represália que atinja os bens culturais.

§5 - Uma Alta Parte Contratante não se pode desvincular das obrigações estipuladas no presente artigo em relação a uma outra Alta Parte Contratante com fundamento na não adoção das medidas de salvaguarda prescritas no artigo 3.o por parte desta última.

bens culturais situados em territórios com conflitos armados para outro Estado, que será o depositário, e que promoverá a restituição dos bens depois de terminado o conflito, em até seis meses, após a solicitação do Estado depositante.

Foi celebrado também, em 1954, o Protocolo para a Proteção de Propriedade Cultural em caso de Conflito Armado, denominado Protocolo I, baseado em dois propósitos: prevenir a exportação ilegal de bens culturais em período de conflitos armados e instar os Estados-membros a preservar bens culturais apreendidos durante as hostilidades (BO, 2003).

De acordo com o Protocolo I, há a obrigação de reter a importação, de impedir a exportação e de restituir os bens culturais exportados em desconformidade com as normas da Convenção, pelas Altas Partes Contratantes. Não obstante, atribui indenização aos possuidores de boa-fé dos bens culturais que devem ser restituídos. (Art. 1, do Protocolo I)

Um segundo Protocolo, de 1999, alterou alguns pontos da Convenção, de forma a torná-la mais aplicável, mantendo sua aplicação para conflitos armados internacionais e não-internacionais. Dispõe sobre a proteção de bens culturais móveis de três formas: precauções contra ataques (art.7), precauções contra efeito das hostilidades (art. 8) e proteção no território ocupado (art. 9), introduzindo obrigações aos Estados, como inventários, planos de emergência contra fogo e colapsos estruturais, remoção de bens culturais móveis para locais adequados, entre outros.

Em relação à proteção no território ocupado, de acordo com o art. 9 §1º, alínea 'a', o Estado contratante que ocupa parcial ou totalmente o território de outro, está obrigado a prevenir e proibir qualquer exportação, remoção ou transferência ilícita da propriedade de bens culturais. No mais, o Segundo Protocolo adotou de forma permanente a restituição, instituto exercido através dos tratados de paz, com origem na Conferência de *Westphália* (1648).

Quanto às disposições de responsabilização criminal do Segundo Protocolo, demonstram-se igualmente compatíveis com o contexto contemporâneo do direito internacional, tendo em vista que consideram a existência e relevância de um valor intrínseco aos bens culturais, o qual legitima a penalização dos atos de violação perpetrados contra o patrimônio. De acordo com Frulli (2011), diferentemente do Estatuto do Tribunal Penal Internacional – o qual adota um posicionamento bem mais conservador, concedendo proteção ao patrimônio cultural apenas na medida de sua utilidade humana –, o Segundo Protocolo reconhece essa importância intrínseca dos bens culturais – o que alça o regime a um patamar muito mais avançado e coerente com a realidade atual.

Há, até hoje, limitações e dificuldades em sua aplicação, ao adotar apenas restituição de bens culturais contra roubo, pilhagem, apropriação ilícita de bens culturais e atos de vandalismo (Art. 4, § 3º, Convenção de Haia 1954), durante conflitos armados internacionais. No mais, tais medidas de proteção estão submetidas às normativas de direito interno dos Estados-Parte, sendo também difícil a identificação da origem de tais bens para fins de restituição, sobretudo se ainda se considera o princípio da boa-fé nas normativas dos referidos países. Além de tudo, as categorias de bens culturais definidos e tutelados por Estado-membros são divergentes.

A convenção já foi utilizada algumas vezes para condenar pilhagens e saques. No entanto, para ser caracterizado como crime de pilhagem, são necessários os seguintes elementos, de acordo com o Estatuto de Roma do Tribunal Penal Internacional: a aquisição de uma propriedade, com o intuito de privar o proprietário de seu uso, para fins pessoais ou privados, sem a autorização da pessoa legalmente legitimada para dispor do bem e o ato deve ser praticado em um contexto de conflito armado.[15]

Por fim, a Convenção de Haia de 1954 foi fundamento jurídico para a condenação de Rosenberg, Goering e Heydrich, por crime de guerra, em virtude da pilhagem de bens culturais cometida na Polônia e Eslovênia. Além disso, o Tribunal Penal Internacional, para a Ex-Iugoslávia, baseando-se em tal preceito legal, também indiciou e condenou por pilhagens, por meio desse crime, tais como o caso da Promotoria vs. Dario Kordić e Mario Čerkez e o caso da Promotoria vs. Hadžihasanović e Kubura.[16]

---

[15] TRIBUNAL PENAL INTERNACIONAL. *Elements of Crimes for the ICC, Pillage as a war crime (ICC Statute, Article 8(2)(b)(xvi) and (e) (v))*. Disponível em: <http://www.icc-cpi. int/en_menus/icc/legal%20 texts%20and%20tools/official%20journal/Pages/elements%20of%20crimes.aspx.> Acesso em: Abr. 2023.

[16] Ver os julgados do Tribunal Penal Internacional para a antiga Iugoslávia: Case the Prosecutor v. Dario Kordić and Mario Čerkez, Câmara de Julgamento I, Processo No. IT-95-14/2, 17.12.2004; Case the Prosecutor v. Hadžihasanović & Kubura, Câmara de Julgamento I, Processo No. ICTY-01-47, 15 de março de 2006; Case the Prosecutor v. Miodrag Jokić, Câmara de Julgamento I, Processo No. IT-01-42/1, 18 de março de 2004; Case the Prosecutor v. Pavle Strugar, Câmara de Julgamento II, Processo No. IT-01-42, 31 de janeiro de 2005; Case the Prosecutor v. Radoslav

CASO "EL CRISTIANO", BRASIL VS. PARAGUAY[1]

O vice-presidente paraguaio Federico Franco, no dia 1º de março de 2010, no 140º aniversário do fim da Guerra da Tríplice Aliança ou, simplesmente, Guerra do Paraguai (1864-1870), solicitou, em visita ao Brasil, o retorno de bens culturais paraguaios pilhados pelo exército brasileiro durante o conflito, tal como o "El Cristiano", canhão de 12 toneladas, que hoje se encontra exposto no Museu Histórico Nacional no Rio de Janeiro.

No entanto, anos após o fim da guerra, algumas medidas de boa vontade entre os países foram tomadas, tal como o retorno de bens culturais pilhados do Paraguai que estavam preservados em museus e bibliotecas brasileiras. Por exemplo, bandeiras, a espada de Solano Lopez, e os documentos do arquivo Paraguaio Biblioteca Nacional, sendo o canhão "El Cristiano", um dos poucos bens cultuais que ficaram no Brasil.

O canhão "El Cristiano" foi construído com metal de sinos de várias igrejas paraguaias e recebeu uma placa do governo paraguaio escrito "La Religión al Estado", por causa de sua origem religiosa. De acordo com o governo paraguaio, é um bem cultural de identidade nacional para o povo paraguaio e foi uma parte da artilharia do país retirada pelas Forças Ar- madas brasileiras durante o conflito.

Ressalta-se que a pilhagem e o saque eram proibidos desde meados do século XX, com a Convenção de Haia de 1899 (Art. 28) e 1907, mesmo que estes fossem autorizados pelo direito humanitário da época. Proibição legitimada pela Convenção de Haia de 1954 e seus Protocolos.

Ademais, está vedada a transformação de bens culturais de notável valor cultural a comunidade, no caso os sinos, em objetos militares, como prevê a Regra 8[18] do Comitê Internacional da Cruz Vermelho.

Brđanin, Câmara de Julgamento II, Processo No.IT-99-36, 1º de setembro de 2004; Case the Prosecutor v. Zoran Kupreškić, Câmara de Julgamento I, Processo No. ICTY-95-16, 14 de janeiro de 2000.

[17] Ver em: FOLHA DE SÃO PAULO. *Paraguai exige do Brasil a volta do "Cristao", trazido como trofeu de Guerra*. São Paulo, 13 de abril de 2013. Disponível em: <http://www1.folha.uol.com.br/mundo/2013/04/ 1264506-paraguai-exige-dobrasil-a-volta-do-cristao-trazido-como-trofeu-de-guerra.shtml> Acesso em: Mar. 2023.

[18] "No que diz respeito aos bens, os objetivos militares limitam-se àqueles bens que pela sua natureza, localização, finalidade ou utilização contribuam eficazmente para a ação militar e cuja destruição total ou parcial, captura ou neutralização ofereça, dependendo das circunstâncias do caso, uma vantagem militar precisa."

Além de ser entendimento majoritário no Tribunal de Nuremberg, reconhecido como crime de guerra.

Nesse sentido, não houve nenhuma afronta ao direito internacional vigente da época, já que as convenções atuais não retroagem, e não podem ser aplicadas ao caso concreto - Convenção de Haia de 1954, Convenção da UNESCO de 1970 e Convenção de Unidroit de 1995.

Apesar de o presidente do Brasil à época, Luiz Inácio Lula da Silva, concordar com a restituição do bem cultural, a legislação brasileira não se coadunava com a normativa internacional para a devolução do canhão, pois o canhão foi tombado em 1998 pelo IPHAN, tornando a restituição do bem ilegal.

A Constituição brasileira estabelece ainda que as entidades federais devem proteger os bens culturais do país, evitando que bens culturais com identidade nacional, como o canhão, saiam do Brasil permanentemente.

No entanto, a proteção constitucional que impede a remoção de bens culturais do território brasileiro pode ser alterada por Decreto presidencial caso haja interesse público e social maior do que a preservação para o destombamento, de acordo com o Decreto-Lei nº 25/37. O último destombamento ocorreu em 1961, decreto motivado por Jânio Quadros designando a retirada de proteção de uma casa e de uma igreja em Campos (RJ), para construir uma escola, que, no fim, virou um estacionamento.

Alguns estudiosos se opõem a restituição do canhão ao Paraguai, argumentando que este é patrimônio cultural brasileiro e que a constituição atual não recepcionou o Decreto-Lei nº25/37.[19]

O CARÁTER HUMANITÁRIO DA PROTEÇÃO AO PATRIMÔNIO CULTURAL

As guerras arruínam Estados. Isso inclui a destruição, a pilhagem e o saque do patrimônio cultural. A destruição de um bem cultural pode constituir uma forma de genocídio cultural ou de desmoralizar povos beligerantes opostos; o lucro da pilhagem e do saque são utilizados para financiar o terrorismo (FORREST, 2011), com isso o patrimônio cultural tem sido mais uma vítima da guerra. A destruição do patrimônio cultural acarreta uma perda para toda a humanidade.

---

[19] Ver em: FOLHA DE SÃO PAULO. A honra por um canhão. São Paulo, 18 de abril de 2013. Disponível em: <http://www1.folha.uol.com.br/fsp/mundo/104452-a--honra-por-um-canhao.shtml>Acesso: Mar. 2023.

Precedentes históricos da guerra e da proteção do patrimônio cultural são remontados pela proteção desses bens culturais e esta não pode se vincular às necessidades militares de atingir um resultado vitorioso, que está subjacente a todo o direito internacional humanitário.

A destruição direta de bens culturais em conflitos armados tem se intensificado. Há atentados praticados por grupos extremistas no Afeganistão, Iraque, Líbia, Mali, Síria, Iêmen entre outros.

Dentre esses atentados, o grupo extremista Talibã destruiu duas esculturas do Buda, datadas do século V e classificadas como Patrimônio da Humanidade, na cidade de Bamyan, no Afeganistão, em 2001. Os extremistas alegaram que as esculturas eram ofensivas a um preceito muçulmano contrário a adoração de imagens. Na época, a Resolução 1267 de 1999 do Conselho de Segurança já previa a respeito do patrimônio histórico e cultural do país. E em 2003, foi adotada à "Declaração da UNESCO sobre a Destruição Intencional do Patrimônio Cultural".

O Iraque também atenta contra o patrimônio cultural nacional. O grupo extremista autodenominado "Estado Islâmico do Iraque e do Levante" (EIIL) destruiu um sítio arqueológico no norte do Iraque, bem como as ruínas da cidade de Nimrud, artefatos assírios do museu em Mossul e mais de 8 mil manuscritos da biblioteca da mesma cidade. Além disso, o EIIL comercializa bens culturais no mercado negro, transformando antiguidades em uma importante fonte de renda para financiar o terrorismo.

O grupo extremista Estado Islâmico do Iraque e da Síria (EIIS) destruiu, vandalizou e saqueou bens históricos e culturais na cidade de Palmira, centro da Síria, considerada Patrimônio Mundial pela UNESCO, bem como a cidade de Allepo, hoje em ruínas. Cerca de 300 locais de interesse histórico, cultural e religioso já foram danificados, saqueados ou totalmente destruídos na guerra civil da Síria.

Esses ataques violam as resoluções do Conselho de Segurança, tal como a Resolução 2199 que condena a destruição do patrimônio cultural e adota medidas legais para conter o tráfico ilícito de antiguidades e objetos culturais do Iraque e Síria.

Para colaborar com a proteção do patrimônio cultural, o Conselho de Segurança da ONU aprovou algumas Resoluções, a fim de coibir a destruição, o saque, a pilhagem e o comércio de bens culturais voltados para o financiamento do terrorismo[20]. Essas resoluções salientam a necessidade

---

20 Entre elas estão: a Resolução 1483/2003, a Resolução 1546/2004, a Resolução 2139/2014, a Resolução 2170/2014, a Resolução 2199/2015, a Resolução 2253/2015 e a Resolução 2322/2016.

de respeitar os interesses do patrimônio arqueológico, histórico, cultural e religioso do Iraque e da Síria, e de continuar protegendo bens culturais, bem como os museus, bibliotecas e monumentos nessa região.

No entanto, a Resolução 2347 do Conselho de Segurança, aprovada em 24 de março de 2017 é a primeira resolução voltada única e exclusivamente para a proteção do patrimônio cultural em caso de conflito armado. Todas as resoluções citadas acima e aprovadas pelo Conselho de Segurança, ressaltam o fim do terrorismo e a busca pela segurança e paz internacionais, trazendo apenas tópicos de proteção do patrimônio cultural.

A resolução condena a destruição do patrimônio cultural e o roubo e contrabando de bens culturais, em caso de conflitos armados. A aprovação da resolução, sublinha que esses ataques são uma tática de guerra com o objetivo de desintegração das sociedades, trazendo uma preocupação para além dos aspectos materiais.

Durante muito tempo a discussão se voltava apenas para os aspectos materiais dos bens culturais, como a destruição de monumentos e o roubo de obras de arte durante a Segunda Guerra Mundial. Atualmente, a UNESCO e a comunidade internacional têm destacado também a importância das características imateriais do patrimônio cultural, legitimado pela Convenção para a Salvaguarda do Patrimônio Cultural Imaterial de 2003.

O termo genocídio cultural, utilizado por Irina Bokova, ex-Direitora-Geral da UNESCO, demonstra que não há apenas perda física de um bem, mas também uma perda cultural. É uma forma de agredir o inimigo, aniquilando sua cultura e tudo que ela possa representar. Foi o caso de Timbuktu, em que Al-Mahdi cometeu crimes de guerra ao destruir monumentos históricos de valor cultural e religioso, incluindo nove mausoléus e uma mesquita na cidade de Timbuktu, na região central do Mali, entre 30 de junho e 10 de julho de 2012.

A RESOLUÇÃO 2347 DO CONSELHO DE SEGURANÇA DAS NAÇÕES UNIDAS

Raras foram as guerras nas quais a tragédia humanitária fora acompanhada de um cenário de devastação cultural e histórica tão significativo como os conflitos na Síria, Iraque e Mali nos últimos anos. Embora sejam cotidianas as notícias sobre danos, saques e destruição intencional do patrimônio cultural, as informações sobre as dimensões dessas perdas ainda são imensuráveis. As armas não são suficientes para derrotar o extremismo violento. Construir a paz também requer cultura, requer educação, prevenção e transmissão do patrimônio cultural.

O Conselho de Segurança da ONU acirrou sua produção de normas que visam ao combate ao terrorismo desde 2001, assumindo, então, o interesse geral da humanidade na proteção e na salvaguarda do patrimônio cultural. O capítulo VII – artigos 39 a 51 – da Carta das Nações Unidas, autoriza a tomada de medidas coercitivas, no âmbito da manutenção da paz e da segurança internacionais. Sob o fundamento do artigo 39, o Conselho de Segurança pode constatar "a existência de qualquer ameaça à paz, ruptura da paz ou ato de agressão" e, seguido a tal contestação e qualificação dos fatos, fazer recomendações (art. 40) ou recorrer a medidas não militares (art. 41) ou militares (art. 42) necessárias para a "manutenção ou restabelecimento da paz e da segurança internacionais".

Nesse sentido, estabelece-se a dicotomia do patrimônio cultural (a) de um lado, como continuidade de uma ação normativa da UNESCO dedicada à proteção do patrimônio cultural; (b) de outro lado, na esteira das resoluções precedentes do Conselho de Segurança que visam à luta contra o terrorismo.

Assim, o Conselho de Segurança da ONU aprovou, por unanimidade, a Resolução 2347, em 24 de março de 2017, que exige aos Estados-Membros medidas de proteção do patrimônio cultural face a atos e ameaças de extremistas, colaborando com a UNESCO para a proteção dos bens culturais. A resolução é a primeira que o Conselho de Segurança aprova especificamente sobre destruição de patrimônio por ataques extremistas, como os ataques no Afeganistão, Iraque, Síria e, principalmente, no caso de Timbuktu em Mali. A recente decisão do Tribunal Penal Internacional, que, pela primeira vez, condenou um acusado de crime de guerra por atacar intencionalmente edifícios religiosos e monumentos e edifícios históricos.

A resolução prevê aos Estados-Membros a adoção de estratégia para o fortalecimento da proteção da cultura e da promoção do pluralismo cultural em conflitos armados colaborando com o trabalho desenvolvido pela UNESCO.

De acordo com o preâmbulo da resolução, a destruição ilícita do patrimônio cultural, assim como o saque e o contrabando de bens culturais em caso de conflito armado, em particular por parte dos grupos terroristas, e a tentativa de negar raízes históricas e a diversidade cultural neste contexto podem alimentar e exacerbar os conflitos e impedir a reconciliação nacional após o conflito, comprometendo assim a segurança, a estabilidade, a governança e o desenvolvimento social, econômico e cultural dos Estados afetados.

Os vínculos entre as atividades terroristas e o crime organizado, em alguns casos, facilitam as atividades delitivas, incluindo o tráfico de bens culturais, a renda e os fluxos financeiros, tal como a lavagem de ativos, suborno e corrupção, designados, também, para financiar o terrorismo.

Já no Artigo 1, a resolução lamenta e condena a destruição ilícita do patrimônio cultural, entre outras coisas, a destruição de lugares e objetos religiosos, bem como o saque e contrabando de bens culturais provenientes de sítios arqueológicos, museus, bibliotecas, arquivos e outros, em caso de conflito armado, em particular por parte de grupos terroristas.

Condena também o comércio direto e indireto de bens culturais que esteja relacionado a grupos terroristas, empresas ou entidades associadas, facilitando o financiamento do terrorismo.[21]

O artigo 4 afirma:

> que dirigir ataques ilícitos contra lugares e edifícios dedicados a religião, a educação, as artes, as ciências ou caridade, ou contra monumentos históricos, pode constituir crime de guerra, em determinadas circunstancias e sob a lei internacional, e que os autores destes ataques devem ser levados à justiça.

Esse é um dos artigos mais importantes da resolução, pois até o recente julgamento do Tribunal Penal Internacional do caso de Timbuktu, nunca se havia condenado um acusado por crime de guerra por destruir intencionalmente o patrimônio cultural em conflito armado. Esse artigo positivou a destruição intencional do patrimônio cultural como crime de guerra, sendo reconhecido no direito humanitário.

Ressalta ainda a importância da Convenção para a Proteção de Bens Culturais em Caso de Conflito Armado, de 1954, e seus protocolos no artigo 7, da Resolução 2347.[22] No artigo 8, solicita aos Estados-Membros

---

21 Texto original:
Resolução 2347:
2. Recalls its condemnation of any engagement in direct or indirect trade involving ISIL, Al-Nusra Front (ANF) and all other individuals, groups, undertakings and entities associated with Al-Qaida, and reiterates that such engagement could constitute financial support for entities designated by the 1267/1989/2253 ISIL (Da'esh) and Al-Qaida Sanctions Committee and may lead to further listings by the Committee;

22 Texto original:
Resolução 2347:
7. Encourages all Member States that have not yet done so to consider ratifying the Convention for the Protection of Cultural Property in the Event of Armed Conflict of 14 May 1954 and its Protocols, as well as other relevant international conventions;

que adotem medidas apropriadas para prevenir o comércio e o tráfico ilícito de bens culturais e outros bens de valor científico ou importância arqueológica, histórica, cultural ou religiosa provenientes de Estados beligerantes, em particular de grupos terroristas, proibindo o comércio transfronteiriço de bens culturais quando há suspeita de originarem de conflito armado e sua procedência não esteja documentada nem certificada, retornando esses bens ao seu lugar de origem, principalmente se retirados do Iraque ou da Síria durante o período de guerra.[23]

A Resolução ainda insta os Estados-Membros a colaborar e dar assistência a UNODC, em cooperação com a UNESCO e INTERPOL, por meio de cooperação policial e judicial a fim de coibir toda forma de tráfico de bens culturais e crimes conexos que possam beneficiar o crime organizado e os grupos terroristas.

No artigo 19, a resolução salienta que as operações de manutenção da paz das Nações Unidas, quando especificamente instruído pelo Conselho de Segurança e de acordo com as regras de intervenção para tais operações podem abranger, conforme o caso, apoio as autoridades competentes quando solicitem proteção do patrimônio cultural contra sua destruição, exumação ilegal, saques e contrabando em caso de conflito armado, em colaboração com a UNESCO, e que essas operações devem agir com cautela quando estão em estreita proximidade com locais culturais e histórico.[24]

---

[23] Texto original:

Resolução 2347:

8. Requests Member States to take appropriate steps to prevent and counter the illicit trade and trafficking in cultural property and other items of archaeological, historical, cultural, rare scientific, and religious importance originating from a context of armed conflict, notably from terrorist groups, including by prohibiting cross-border trade in such illicit items where States have a reasonable suspicion that the items originate from a context of armed conflict, notably from terrorist groups, and which lack clearly documented and certified provenance, thereby allowing for their eventual safe return, in particular items llegally removed from Iraq since 6 August 1990 and from Syria since 15 March 2011, and recalls in this regard that States shall ensure that no funds, other financial assets or other economic resources are made available, directly or indirectly, by their nationals or persons within their territory for the benefit of ISIL and individuals, groups, entities or undertakings associated with ISIL or Al-Qaida in accordance with relevant resolutions;

[24] Texto original:

Resolução 2347:

19. Affirms that the mandate of United Nations peacekeeping operations, when specifically mandated by the Security Council and in accordance with their rules of engagement,

Portanto, a destruição deliberada do patrimônio cultural é um crime de guerra e tornou-se uma tática de guerra para prejudicar as sociedades a longo prazo, não bastasse o saque e a pilhagem, numa estratégia de genocídio cultural. É por isso que a defesa do patrimônio cultural é mais do que uma questão cultural, é um imperativo de segurança, inseparável da defesa da vida humana.

CASO TIMBUKTU, MALI[25]

O Tribunal Penal Internacional proferiu em 26 de setembro de 2016 a primeira condenação por crimes cometidos contra o patrimônio cultural e religioso numa situação de conflito armado.

Ahmad al-Faqi al-Mahdi, capturado em setembro de 2015, cumprirá 9 anos de prisão por ter destruído nove mausoléus do século 16 e parte de uma mesquita do século 15 na cidade de Timbuktu, na região central do Mali, na África. O acusado era responsável por vigiar o "respeito à moral pública" e por "prevenir o vício" na cidade, em nome do grupo radical islâmico ao qual pertencia, o Ansar Eddine (defensores da fé).

Al Mahdi, nascido em Agoune, a 100 quilômetros a oeste de Timbuktu, Mali, era uma personalidade ativa no contexto da ocupação de Timbuk- tu. Ele supostamente era um membro do Ansar Eddine, um movimento Tuareg associado à Al Qaeda no Magrebe Islâmico ("AQIM"), trabalhando em estreita colaboração com os líderes dos dois grupos armados. Alega-se que, até setembro de 2012, ele era o chefe do "Hisbah, criado em abril de 2012. Ele também foi associado ao trabalho do Tribunal de Timbuktu islâ- mico e participou na execução de suas decisões.

---

may encompass, as appropriate, assisting relevant authorities, upon their request, in the protection of cultural heritage from destruction, illicit excavation, looting and smuggling in the context of armed conflicts, in collaboration with UNESCO, and that such operations should operate carefully when in the vicinity of cultural and historical sites.

25 Ver em: Tribunal Penal Internacional. ICC-01/12-01/15. The Prosecutor v. Ahmad Al Faqi Al Mahdi.. Disponível em: < https://www.icc-cpi.int/mali/al-mahdi> Acesso em: Mar. 2023.

Al Mahdi é acusado, nos termos do artigo 25[26] (3) (a) (perpetração e co-perpetração); artigo 25 (3) (b) (indução); artigo 25 (3) (c) (a ajuda, a cumplicidade ou a outras formas de assistência) ou artigo 25 (3) (d) (a contribuir de qualquer outra forma) do Estatuto de Roma, da prática de crime de guerra: dirigir intencionalmente ataques contra os seguintes edifícios:

1) o mausoléu de Sidi Mahamoud Ben Omar Mohamed Aquit;
2) o mausoléu Sheikh Mohamed Mahmoud Al Arawani;
3) o mausoléu Sheikh Sidi Mokhtar Ben Sidi Muhammad Ben Sheikh Alka- bir;
4) o mausoléu Alpha Moya, 5) o mausoléu Sheikh Sidi Ahmed Ben Amar Ar- ragadi;
6) o mausoléu Sheikh Muhammad El Mikki;
7) o mausoléu Sheikh Abdoul Kassim Attouaty
8) o mausoléu Ahmed Fulane;
9) o mausoléu Bahaber Babadié e;
10) Sidi Yahia mesquita (a porta)

A acusação dizia respeito a um crime cometido em Timbuktu entre 30 junho de 2012 e 11 de julho de 2012. A Câmara indicou que os edifícios alvejados eram protegidos e considerados parte significativa do patrimônio cultural de Timbuktu e do Mali e, ainda, não constituíam objetivos militares. Eles foram escolhidos especificamente por causa de seu caráter religioso e histórico, a fim de agredir a oposição beligerante. Como consequência do ataque, eles ficaram totalmente destruídos ou gravemente danificados. A sua destruição foi considerada como um assunto sério pela população local.

---

[26] Artigo 25, Estatuto de Roma Responsabilidade Criminal Individual

3. Nos termos do presente Estatuto, será considerado criminalmente responsável e poderá ser punido pela prática de um crime da competência do Tribunal quem:

Cometer esse crime individualmente ou em conjunto ou por intermédio de outrem, quer essa pessoa seja, ou não, criminalmente responsável;

Ordenar, solicitar ou instigar à prática desse crime, sob forma consumada ou sob a forma de tentativa;

Com o propósito de facilitar a prática desse crime, for cúmplice ou encobridor, ou colaborar de algum modo na prática ou na tentativa de prática do crime, nomeadamente pelo fornecimento dos meios para a sua prática;

Contribuir de alguma outra forma para a prática ou tentativa de prática do crime por um grupo de pessoas que tenha um objetivo comum. Esta contribuição deverá ser intencional e ocorrer, conforme o caso.

A proteção especial do patrimônio cultural no Direito Internacional pode ser identificada nos artigos 27[27] e 56[28] na Convenção de Haia de 1907 e na Comissão sobre a Responsabilidade de 1919, que reconhece a "destruição arbitrária de edifícios e monumentos religiosos, beneficentes, educacionais e histórico" como crime de guerra. As Convenções de Genebra também reconheceram a necessidade de uma proteção especial de alguns objetos civis. Subsequentes instrumentos internacionais abordam uma maior proteção dos bens culturais, incluindo os Protocolos Adicionais I e II da Convenção de Genebra sobre a Reafirmação e o Desenvolvimento do Direito Internacional Humanitário aplicável aos Conflitos Armados e o Segundo Protocolo da Convenção de Haia de 1954 para a Proteção dos Bens Culturais em caso de conflito armado.

---

[27] Texto original: Art. 27. In sieges and bombardments all necessary steps must be taken to spare, as
far as possible, buildings dedicated to religion, art, science, or charitable purposes, historic monuments, hospitals, and places where the sick and wounded are collected, provided they are not being used at the time for military purposes. It is the duty of the besieged to indicate the presence of such buildings or places by distinctive and visible signs, which shall be notified to the enemy beforehand.

[28] Texto original: Art. 56. The property of municipalities, that of institutions dedicated to religion, cha- rity and education, the arts and sciences, even when State property, shall be treated as private property. All seizure of, destruction or wilful damage done to institutions of this character, historic monuments, works of art and science, is forbidden, and should be made the subject of legal proceedings.

CAPÍTULO 4.
O DIREITO INTERNACIONAL NO COMBATE AO TRÁFICO ILÍCITO DE BENS CULTURAIS EM TEMPOS DE PAZ[29]

> *As obras tornam-se acessíveis ao gozo artístico público e priva- do. As autoridades oficiais tomam a cargo o cuidado e a conservação das obras. Críticos e conhecedores de arte ocupam-se delas. O comércio de arte zela pelo mercado. [...] Mas, no meio de toda esta diversa manipulação, vêm as próprias obras ainda ao nosso encontro?*
>
> *As esculturas de Égira, no museu de Munique, a Antígona de Sófocles, na melhor edição crítica, enquanto obras que estão, são arrancadas ao seu espaço essencial. Por maior que seja o seu nível e o seu poder de impressionar, por boa que seja a sua conservação, por mais seguramente que estejam interpretadas, a transferência para uma coleção retirou-as do seu mundo. Mas mesmo que nos esforcemos por suprimir tais transferências das obras, indo, por exemplo, procurar no seu local o tempo de Paestum, ou a catedral de Bamberg, o mundo destas obras que aí estão ruiu.*
>
> A origem da obra de arte, Martin Heidegger

---

[29] Excertos desse capítulo já foram publicados em: SOARES, Anauene Dias. *Boa-fé, Lex Origins e Lex Situs no tráfico ilícito de bens culturais*. In: Florisbal de Souza Del Olmo; Valesca Raizer Borges Moschen. (Org.) 1ed. Florianópolis: CONPEDI, 2015, v. 24, p. 293-313; e em: SOARES, Anauene Dias. *A normativa internacional para combate ao tráfico ilícito do patrimônio cultural*. In: 13° Congresso Brasileiro de Direito Internacional – Comércio, Globalização e Formação do capital social, 2015, Fortaleza. Congresso Brasilei- ro de Direito Internacional - Anais 2015. Fortaleza: ABDI e UNIFOR, 2015.

A CONVENÇÃO SOBRE AS MEDIDAS A SEREM ADOTADAS PARA PROIBIR E IMPEDIR A IMPORTAÇÃO, EXPORTAÇÃO E TRANSPORTAÇÃO E TRANSFERÊNCIA DE PROPRIEDADES ILÍCITAS DOS BENS CULTURAIS, DE 1970

Criada pela UNESCO como instrumento de direito público internacional, a Convenção de 1970 é um acordo internacional, composto por 26 artigos, que dispõem sobre o comércio do patrimônio cultural, apresentando inúmeras medidas aos signatários, com o fim de esses implementarem e controlarem o mercado interno de exportação de bens culturais e de eliminar o tráfico ilícito desses bens. Entende-se por controle interno o "estabelecimento de legislação adequada, penalidades a roubos e saque a sítios arqueológicos e promoção internacional para intercâmbio de informações" (BO, 2003, p. 51).

Já em seu preâmbulo, a convenção prevê que cada Estado deve proteger o patrimônio constituído pelos bens culturais em seu território contra os perigos de roubo, escavações clandestinas e exportação ilícita, tendo consciência de seu dever moral de respeitar seu próprio patrimônio cultural e o de todas as outras nações.

Portanto, cada país deve adotar legislação nacional coerente com a Convenção, devendo respeitar a soberania, por via da adoção de medidas no sistema legal interno que sejam compatíveis com a convenção.

A Convenção traz em seu artigo 1 um rol exemplificativo de bem cultural, contemplando uma definição ampla, aumentando assim o escopo de proteção, gerando controvérsias acerca da prevenção do tráfico ilícito, pois há países, os importadores de bens culturais, que entendem ser esse um critério muito amplo e impreciso, devido à multiplicidade dos bens, impedindo uma diretriz precisa de proteção; e países, os exportadores, acreditando ser tal abrangência importante para aumentar a aplicação da Convenção e ser acrescidos mais bens nessa interpretação.

Independente disso, cabe a cada Estado delimitar essa definição, estabelecendo quais são os bens culturais pertencentes à proteção de cada país, o que proporciona distintos conflitos entre os países no momento de identificar se tal bem pertence ou não a determinado país e se são constituidores de identidade dessa nação, para se ter a devolução do objeto ao país de origem.

O artigo 4 amplia ainda mais essa definição, regulando os casos em que um Estado considera um bem como parte de seu patrimônio, ainda que não seja produzido nele.

> Artigo 4. Os Estados-Partes na presente Convenção reconhecem que, para os efeitos desta, fazem parte do patrimônio cultural de cada Estado os bens pertencentes a cada uma das seguintes categorias:
> a) os bens culturais criados pelo gênio individual ou coletivo de nacionais do Estado em questão, e bens culturais de importância para o referido Estado criados, em seu território, por nacionais de outros Estados ou por apátridas residentes em seu território;
> b) bens culturais achados no território nacional;
> c) bens culturais adquiridos por missão arqueológica, etnológica ou de ciências naturais com o consentimento das autoridades competentes do país de origem dos referidos bens;
> d) bens culturais que hajam sido objeto de um intercâmbio livremente acordado;
> e) bens culturais recebidos a título gratuito ou comprados legalmente com o consentimento das autoridades competentes do país de origem dos referidos bens."

Dois são os aspectos sobre essa determinação: um em relação à identidade territorial, aos bens criados e produzidos no território do Estado e aos apátridas achados em tal localidade; e outra, relativa à identidade cultural de um grupo por ter sido por ele criado. Aqueles adquiridos licitamente por meio de intercâmbio, doação ou compra, desde que autorizados por autoridade competente, pertencerão ao patrimônio do Estado adquirente, para aumento de acervo de instituições culturais, para fins de pesquisas, principalmente se tiverem relação com sua identidade cultural (SILVA, 2003).

A Convenção identifica como o "país de origem" aquele em que a cultura tradicional a ele está ligada ou, ainda, aquele Estado onde se encontrava tal bem, desde que o país faça parte da Convenção e esta esteja em vigor, para indicar o território de restituição ou retorno do bem.

As medidas de restituição estão discriminadas em seu artigo 7 e fundamentam-se em duas obrigações: a primeira_ é a de o Estado "proibir a importação de bens culturais roubados de um museu, de um monumento público civil ou religioso, ou de uma instituição similar no território de outro Estado-Parte" e a segunda é a de reparação do Estado, vale dizer, a de restituição ao seu legítimo titular os bens culturais que entraram ilicitamente em seu território (SILVA, 2003).

Ressalta-se que tal dispositivo contempla somente os bens culturais roubados, não compreendendo os sob posse de pessoas físicas. Equipara, ainda, o roubo a furto ou a qualquer outro meio de extravio. No entanto, não haverá a obrigação do Estado de proibir a importação ou a restituição do bem, pois outros atos ilícitos geradores da exportação ilícita não foram previstos. Ainda, se esse bem cultural não constar em inventário ou instituto semelhante e se também for exportado, o Estado não está obrigado a restituí-lo. Além disso, para que ocorra a restituição de bens culturais exportados ilicitamente, os Estados devem ser parte da convenção, e essa deve estar em vigor para eles na data do fato.

Em decorrência do exposto anteriormente, aquele que solicita tal restituição pelo roubo e exportação ilícita do bem cultural deve pagar uma justa compensação para o adquirente de boa-fé ou outrem que detenha a propriedade legal desse com infundada crença de ter obtido o bem licitamente. Entretanto, para corroborar tal alegação, faz-se necessário a apresentação de documentos ou certificados que noticiem a origem do bem cultural, como a solicitação de informações ao Estado de origem conforme artigo 7º, alínea "b" da Convenção da UNESCO de 1970.

Por conseguinte, cumulativamente com o princípio da boa-fé, a identificação do "país de origem" torna-se constantemente inviável, principalmente pela definição ampla de bem cultural prevista pela Convenção, ao designar tal complementação do rol pelos Estados-Partes, bem como ao considerar outros meios de integração ao patrimônio cultural de um país.

De acordo com o preâmbulo da Convenção da UNESCO de 1970, o intercâmbio de bens culturais entre as nações para fins científicos, culturais e educativos aumenta o conhecimento da civilização humana, enriquece a vida cultural de todos os povos e inspira o respeito mútuo e a estima entre as nações. Esse é um preceito que decorre do princípio do patrimônio da humanidade, possibilitando o acesso do patrimônio cultural pela comunidade internacional interessada. É um meio lícito de aquisição de bens culturais, normalmente utilizado pelas instituições culturais, sem supostamente causar danos ao patrimônio cultural de um Estado, por ser um tráfico lícito, salvo se houver algum extravio ou negação de retorno dos bens, cabendo então, o retorno do bem ou reparação desses.

No artigo 6 da Convenção, há a instituição do certificado apropriado de exportação, exigido pela Convenção, visto que esse revela a autenticidade do bem cultural quando expedido pela autoridade competente, funcionando como um "instrumento de estabilidade e segurança nas relações de intercâmbio e comércio de bens culturais" (SILVA, 2003, p. 221). Isso nada mais é que um controle de importação, sobretudo como identificador do "país de origem" para que, em caso de exportação ilícita, o bem possa ser apreendido e devolvido ao Estado de origem. Entretanto, não foram estipuladas regras para sua elaboração, gerando um desequilíbrio de obrigações entre os países, em virtude da disparidade de critérios dos certificados, ora rigorosos, ora brandos.

Como a aplicabilidade da Convenção está condicionada ao momento da adesão dos países, seu artigo 15 preceituou a possibilidade de celebração de acordos de restituição e retornos dos bens culturais exportados ilicitamente, já que essa normativa não permite retroatividade de seus dispositivos, devendo os atos ilícitos praticados contra os Estados que ainda não eram membros da convenção ser reparados e sancionados por outros meios legais. Esse é um dos fatores que acarretam a ausência de efetividade do ditame legal, pois só os países signatários serão amparados. Dessa forma, se, porventura, ocorrer uma exportação ilícita entre um membro e um não membro, nada poderá ser feito por meio da Convenção.

Por fim, está prevista a elaboração de inventários detalhados dos bens culturais pertencentes aos países, com o fim de divulgação e cooperação internacional entre instituições de proteção ao patrimônio cultural, para coibir a exportação ilícita ou ainda localizar e restituir uma obra ao seu país de origem, podendo ser usados para manter uma base de dados de bens culturais públicos e privados sobre a produção, possessão e uso específico desses objetos (ASKERUD; CLÉMENT, 1999), como disposto no artigo 5, alínea "b" da Convenção.

Por exemplo, a Interpol, responsável por combater o crime em escala internacional, criou um banco de dados chamado *Origen Art Forms,* que orienta os departamentos de polícia nacionais dos países, ao descrever os bens culturais roubados, funcionando como um banco de informação para 177 países membros, publicando em torno de 3.000 comunicados por ano sobre bens roubados ou sobre circunstâncias suspeitas.

Para o controle de bens culturais de acervos privados, a britânica Scotland Yard - polícia metropolitana de Londres - aconselha os colecionadores acerca das medidas de proteção por meio de seu esquadrão especializado.

O controle aduaneiro é um meio também importante de evitar o tráfico ilícito de bens culturais e, para isso ser efetivo, são necessários previ- são legal e treinamento de encarregados para tal atuação, porém esse meio não foi previsto pela Convenção.

A Convenção da UNESCO de 1970, mesmo tratando da prevenção e repressão ao tráfico ilícito de bens culturais em *tempos de paz*, traz em seu bojo uma referência indireta à Convenção de Haia de 1954, entendendo que tal ordenamento jurídico pode ser adotado subsidiariamente nas relações de transferências ilícitas dos bens culturais.[30]

CASO EQUADOR VS. ITÁLIA[31]

O primeiro caso em que foi aplicada a Convenção da UNESCO de 1970 concernente a um país da América do Sul, e único com atuação do Comitê Intergovernamental da UNESCO (ICPRCP), remonta ao caso do retorno de mais de 12 mil bens culturais do período pré-colombiano da Itália ao Equador, em 1983.

Litígio este que se postergou por sete anos e o apoio do Comitê Inter- governamental (ICPRCP) foi reconhecido pelas autoridades equatorianas como um fator significativo no sucesso deste caso.

O ICPRCP, procura for- mas e meios de facilitar as negociações bilaterais, promovendo a coopera- ção bilateral e multilateral, com vistas à restituição ou retorno dos bens culturais, bem como a promoção de campanhas de informação pública so- bre o tema e a promoção do intercâmbio de bens culturais.

---

[30] Artigo 11. A exportação e a transferência compulsórias de propriedade de bens culturais, que resultem direta ou indiretamente da ocupação de um país por uma potência estrangeira, serão consideradas ilícitas.

[31] Casos de retorno ou restituição da UNESCO. Disponível em: <http://www.unesco.org/new/en/culture/themes/restitution-of-culturalproperty/ e em <https://www.unesco.org/en/articles/germany-peru>return-or-restitution-cases/> Acesso em: Mar. 2023.

Ver também: Caso Machu Picchu Collection 506 – Peru and Yale University.. Disponível em: <http://unige.ch/art-adr> Acesso em: Jan. 2015 e o Caso Boğa- zköy Sphinx – Turkey and Germany. Disponível em: <http://unige.ch/art-adr> Acesso em: Mar. 2023.

CASO PERU VS. ALEMANHA

Apenas em 2015, se voltou a ter devolução de bem cultural para um país de origem pertencente à América do Sul com aplicação da Convenção da UNESCO de 1970.

Foi em 20 de março de 2015, durante a visita ao Peru do Sr. Joachim Gauck, Presidente da República Federal da Alemanha, que uma faca do ritual "Tumi" foi devolvida ao governo peruano.

Essa faca, que tem aproximadamente 800 anos de idade, faz parte do importante patrimônio cultural do Peru. Ela provavelmente vem de escavações ilícitas na região de Lambayeque e foi apreendida em Berlim pelas autoridades alemãs em 2013, em um leilão. Nesse caso, mais recente, não houve participação do ICPRCP.

A CONVENÇÃO DE UNIDROIT SOBRE BENS CULTURAIS FURTADOS OU ILICITAMENTE EXPORTADOS DE 1995

A Convenção de Unidroit de 1995 foi elaborada pelo Instituto Internacional para a Unificação do Direito Privado (Unidroit) de forma a complementar a Convenção da UNESCO de 1970, já que esta, de forma in- suficiente, não abrangia todos os casos de furto, roubo ou exportação ilícita de bens culturais. E, por isso, foi instituída a Convenção, para estruturar as transações privadas de arte, com o fim de coibir o comércio ilícito do patrimônio cultural dentro do Direito Internacional Privado, pautando-se em 21 artigos.

Foi o primeiro instrumento jurídico internacional a contemplar o furto, aqui interpretado como gênero, representando bens ilicitamente apropriados por outras formas de delitos que tenham os mesmos efeitos dessa prática.

Em seu artigo 1, alínea "a", traz previsão para a restituição de bens furtados, entendendo-se que o furto possa ser praticado em Estado não contratante, mas que a exportação do objeto furtado se dê *para* ou *de* um país signatário, mas, em situação adversa, não estará protegido pela Convenção. Na alínea "b", ao contrário, só serão abrangidos os bens exportados do território de um Estado contratante, bem como "em razão de seu interesse cultural", excluindo regras do direito tributário, aduaneiro dentre outros que incidam sobre as exportações de quaisquer outros bens que não sejam culturais (SANTOS, 1996). Contudo, esse reducionismo ao interesse cultural nas exportações, acaba por limitar as medidas protetivas direcionadas ao patrimônio cultural, que poderiam contribuir de forma significativa para a captura de bens culturais transacionados ilegalmente.

A definição de bens culturais prevista no artigo 2 e no Anexo da Convenção é tão ampla quanto a apresentada na Convenção da UNESCO de 1970, pois abarca um caráter genérico - o qual pode causar incerteza e insegurança sobre a definição - e apresenta um rol exemplificativo dos bens culturais, já que ainda pode esse ser complementado por indicação de bens de um Estado por meio de um método de categoria (ASKERUD; CLÉMENT, 1999). Essa definição pode gerar conflitos diante do reconheci- mento de uma proteção internacional por um determinado Estado em não aceitar um objeto como bem cultural, dificultando ainda a identificação do "país de origem" para a devolução das obras.

No Capítulo II, o artigo 3 elucida situações de restituição de bens culturais furtados_ e, no parágrafo 1, prevê o dever de restituição, independentemente se o adquirente agiu de boa-fé, não importando seu conheci- mento a respeito do furto, tampouco se esse é possuidor em nome próprio, agindo como proprietário, ou simplesmente o detentor, possuidor em nome alheio, considerando apenas que o adquirente tenha entrado em posse de coisa alheia, devido à ausência de definição de possuidor no ditame legal.

No caso do adquirente de boa-fé, há uma falha legislativa, pois ele não terá a reparação do bem cultural restituído de acordo com o valor econômico correspondente ao bem, se considerar as condições do país de origem da peça com as do seu. Não obstante, a ausência de definição de possuidor dificulta o discernimento de quem realmente é o proprietário do bem e não passa de mero possuidor em nome de outrem, possibilitando uma restituição em injusta pessoa.

Ainda no artigo 3, parágrafo 1, há uma omissão voluntária na normativa em relação a quem - "possuidor"- o bem cultural deve ser restituí- do, sendo interpretado que a restituição será feita ao proprietário esbulha- do e, mais que isso, a quem seja possuidor de título adequado para que o bem seja a ele confiado. (SANTOS, 1996)

O princípio da boa-fé é amparado no artigo 4, em que o possuidor do bem restituído tem o direito a pagamento de uma indenização equitativa, sendo essa não equivalente ao valor do bem, mas a um montante fixado judicialmente de acordo com as condições econômicas do país de restituição do bem, se de coleção pública, ou respeitando, se de coleção particular, os recursos de que dispõe tal adquirente. Nesse instante, os possuidores responsabilizados pela restituição poderiam enfrentar prejuízos imensuráveis e de valores díspares se comparados aos valores pagos pelos adquirentes dos bens e aos das restituições feitas.

Tudo só ocorrerá caso o possuidor "não tenha sabido, ou devido razoavelmente saber, que o bem era furtado, desde que de acordo com a legislação do Estado no qual a solicitação for apresentada".

Existem controvérsias sobre a boa-fé discriminada no trecho acima, pois há contratantes que o reconhecem em seu direito interno, como a Itália, e outros que não, como a Inglaterra. Normalmente, estão tais controvérsias relacionadas aos interesses dos países exportadores e dos países importadores.

Geralmente, se os países exportadores possuem rico patrimônio cultural e são declinados à supervalorização da proteção e devolução de seus bens, não protegem os adquirentes de boa-fé; e os importadores, por sua vez, se constitutivos de um carente patrimônio cultural e possuidores de significativos recursos financeiros, preocupam-se em reforçar a liberdade do comércio internacional e a proteção dos adquirentes de boa-fé – aqueles que adquirem um bem, ignorando sua procedência ilícita.

Ademais, com o intuito de aclarar as diligências referentes ao "devido razoavelmente saber", o parágrafo 4 do artigo 4, tratou de prever tais condições:

> Para determinar se o possuidor procedeu às diligências cabíveis, levar-se-ão em conta todas as circunstâncias da aquisição, em especial a qualificação das Partes, o preço pago, a consulta por parte do possuidor a todos os registros relativos a bens culturais furtados de acesso razoável, e qualquer outra in- formação ou documentação pertinentes que ele pudesse ter razoavelmente obtido, e a consulta a organismos aos quais ele poderia ter tido acesso, bem como qualquer outra providência que uma pessoa razoável teria tomado nas mesmas circunstâncias.

O Capítulo III, relativo ao retorno, à devolução ou ao regresso de bens culturais ilicitamente exportados, parte de um regime mais brando, já que nem todos os Estados contratantes têm previsão para esse delito em seus ordenamentos jurídicos internos, como as delimitadas em relação ao furto.

Os contratantes podem reconhecer e até solicitar a aplicação de normas de direito público estrangeiro sobre a exportação ilícita de bens culturais, já que, conforme o parágrafo 1 do artigo 5 da Convenção do Unidroit, os Estados podem requerer ao tribunal ou a qualquer outra autoridade competente de outros contratantes, o retorno do bem exportado ilicitamente do requerente.

O entendimento de exportação ilícita está prevista no parágrafo 2 do artigo 5:

> Um bem cultural exportado temporariamente do território do Estado requerente, principalmente para fins de exposição, de pesquisa ou de restauração, em virtude de uma autorização exarada segundo a sua legislação relativa às exportações de bens culturais, com vistas a proteger o seu patrimônio cultural, e que não foi retornado em conformidade com os termos daquela autorização, reputa-se ter sido ilicitamente exportado.

Essa aceitação ao uso de normas de direito interno de um Estado contratante deve respeitar certos limites de aplicação, a fim de evitar uma aplicação indiscriminada, aproximando-se de um universalismo ou de uma abdicação de soberania nacional (SANTOS, 1996).

Além disso, há uma limitação quanto ao interesse que a exportação pode representar ao Estado requerente, tendo um rol taxativo: a conservação material do bem ou do seu contexto; a integridade de um bem complexo; a conservação da informação, principalmente de natureza científica ou histórica, relativa ao bem; o uso tradicional ou ritual do bem por parte de uma comunidade autóctone ou tribal que faz com que o bem se revista de uma importância cultural significativa_. Esse dispositivo acaba por restringir a aplicação do artigo 5, ao condicionar a devolução de bens provenientes de exportação ilícita à demonstração de tais interesses pelos requerentes, não abrangendo todos os bens exportados, apenas aqueles que forem abarcados pelas circunstâncias do parágrafo 2 do artigo 5.

O artigo 6 dessa Convenção e respectivos parágrafos sobre retorno assemelham-se ao artigo 4 da mesma Convenção, no que diz respeito a restituição, quanto à boa-fé do adquirente e à indenização devida ao possuidor pelo bem restituído, que já foram abordados anteriormente. Diferencia-se apenas quanto ao conhecimento ou não da aquisição de bem proveniente de exportação ilícita, ao levar em conta, para as circunstâncias da aquisição, a falta de certificado de exportação previsto na legislação do Estado requerente, e quanto ao modo de indenização, sendo uma exceção, que, por meio de acordo, o possuidor responsável pelo retorno do bem pode decidir se permanece como proprietário do bem ou se transfere a propriedade do bem a pessoa de sua escolha residente no Estado requerente, a título oneroso ou gratuito, e que apresente as necessárias garantias de conservação do bem cultural.

De forma complementar ao Capítulo II, o artigo 10 discorre que a aplicação só se dará a um bem furtado após a entrada em vigor da Convenção para o Estado requerente, sendo ainda necessário que o bem furtado seja proveniente de um território contratante e, se não bastasse, o lugar onde se encontra o bem também precisa ser de um Estado contratante. Tudo depois da entrada em vigor da normativa, ou seja, qualquer transação ilegal realizada antes da vigência dessa não será amparada legalmente, sobretudo se não partir de ou chegar em Estados contratantes.

Por fim, tanto no Capítulo II quanto no Capítulo III, no que concerne à prescrição para solicitação de restituição ou retorno do bem cultural furtado ou exportado ilicitamente, requer-se a cumulação do conhecimento do lugar onde se encontrava o bem cultural – *lex situs* - com a identidade do possuidor para começar a contagem do tempo da referida prescrição. Condições de improvável descoberta, pois "a maior parte das leis nacionais existentes, não obrigam os comerciantes de bens culturais a revelar os proprietários anteriores de um objeto antes de vendê-lo" (ASKERUD; CLÉMENT, 1999, p. 51), sendo quase impossível recuperar os bens culturais roubados, uma vez vendidos a terceiros, já que quase não se encontram documentações dos respectivos bens.

A eficácia dessas normativas é ainda bastante limitada, cabendo aos tribunais recorrerem aos elementos de conexão do Direito Internacional Privado. Dessa forma, o tribunal deve primeiro resolver a questão da de- terminação da lei aplicável que rege a controvérsia antes de decidir sobre a legalidade da sua circulação.

O princípio da boa-fé e os elementos de conexão da *lex origins* e da *lex situs,* estão intimamente ligados ao tráfico ilícito de bens culturais e a suas devidas restituições e retornos para o suposto país "dono" desses bens, seja por ocasião de furto, roubo, exportação ilícita seja por qualquer outra prática ilegal de transferência de propriedade. Essas questões serão abordadas a seguir.

BOA-FÉ, LEX ORIGINS E LEX SITUS NAS TRANSAÇÕES INTERNACIONAIS DE BENS CULTURAIS

A boa-fé está presente quando um adquirente acredita na aquisição lícita de uma determinada mercadoria, e o agente, utilizando de todos os meios suficientes para conhecer tal legalidade do feito, não constata nada de anormal ou de ilegal. Como o velho princípio *en fait de meubles posses- sion vaut titre* – em matéria de bens móveis, a aquisição da posse de boa-fé atribui um direito de propriedade, preceito utilizado por países civilistas como o Brasil. Entretanto, os países anglo-saxões, adeptos da *common law*, seguem preceito antagônico, em que ninguém transfere o que não é seu – *nemo dat quod non habet*.

A Convenção da UNESCO de 1970, traz uma discussão específica sobre a boa-fé em seu artigo 7 (b) (ii), ao dispor que o Estado solicitante pague justa compensação a qualquer comprador de boa-fé quando feita a devolução de bem cultural roubado ou exportado ilicitamente. A Convenção traz uma proibição importante na aquisição de objetos ilícitos que não podem ser impedidos pela legislação nacional relevante.

No mesmo sentido, a Convenção da Unidroit de 1995 aborda a boa-fé em dois artigos, especificamente, segundo os quais adquirentes de boa-fé de bens culturais roubados ou exportados ilegalmente têm direito a uma indenização justa e razoável, se perderem o título para o proprietário original, conforme abaixo no artigo 4 (1):

> O possuidor de um bem cultural furtado, que deve restituí-lo, tem direito ao pagamento, no momento de sua restituição, de uma indenização equitativa, desde que não tenha sabido, ou devido razoavelmente saber, que o bem era furtado, e que possa provar ter procedido às diligências cabíveis no momento da aquisição.

O artigo 6 (1) tem o mesmo teor, mas trata de casos de exportação ilícita. Segundo Derek Fincham (2011), atribuir ao comprador de boa-fé ou ao proprietário original a propriedade do bem cultural é um meio legal inseguro, especialmente ao se considerar as supostas décadas de disputas, exigindo provas e testemunhos que são difíceis e onerosos, implicando, sobretudo, na relação de uma série de sistemas jurídicos distintos.

Para dar um norte a respeito das possíveis diligências a serem feitas pelo adquirente de boa-fé, como prova do seu desconhecimento de prática ilícita anterior à aquisição, a Convenção de Unidroit de 1995 fornece, no artigo 4 (4), condições que poderiam ocorrer antes de se declarar a boa-fé. Contudo, ainda assim, as convenções deixam essas especificidades serem determinadas pelo direito interno dos Estados contratantes, ocasionando muita insegurança e incerteza nas transações de patrimônio cultural.

Na Constituição Federal de 1988, o preceito vem consignado no artigo 1º, inciso III, que proclama como um dos fundamentos do Estado brasileiro a dignidade, refletido na exigência de um tratamento digno para com terceiros, ou seja, na exigência de se agir com boa-fé. Ainda, no artigo 3º, inciso II e no artigo 5º, *caput* e inciso III, os princípios da igualdade e solidariedade social consagram que outros se tratem com boa-fé, já que todos são iguais em deveres e obrigações.

Assim, a boa-fé é adotada como uma forma de preservação da segurança jurídica nas relações, independentemente se por sujeitos privados, ou privados e públicos, ou somente públicos, sendo pautada na equidade, na razoabilidade e na cooperação, inclusive internacional.

O Código Civil do Brasil de 2002 preceitua, em seu artigo 113, que "os negócios jurídicos devem ser interpretados conforme a boa-fé e os usos do lugar de sua celebração". Os contratantes são obrigados a guardar os princípios da probidade e da boa-fé, de acordo com artigo 422 do mesmo ditame legal, tanto na celebração quanto na execução do contrato.

Resulta de tais preceitos legais que o adquirente nacional de bem cultural deve averiguar de forma rígida a procedência da obra, exigindo comprovação da boa procedência do bem, por qualquer meio idôneo, para que fique evidente ser ele adquirente de boa-fé, para não ter que restituir ou retornar o objeto ao seu país de origem.

A lei de origem – *lex originis* – é a do Estado a que pertence o bem cultural originalmente, seja quanto à identidade cultural, seja quanto à identidade territorial. Em princípio, se, em determinado país, há normas vigentes sobre a proibição de exportação de bens culturais, de forma lícita ou de forma ilícita, como ocorre quando proveniente de furto. Tal como previsto, no Brasil, na Constituição Federal de 1988 e na Lei Federal nº 3.924/61, em referência aos bens culturais arqueológicos, que são bens da União, portanto, públicos, inalienáveis, indisponíveis, de direito (ou uso) comum.

Se um Estado propõe ação de restituição ou retorno de um objeto exportado ilegalmente de seu país de origem, a lei aplicável a tal transferência de propriedade deveria ser a *lex originis*, isto é, a do país de origem do bem cultural. Contudo, não poderia o vendedor intermediário do bem cultural, isto é, aquele que o adquire e revende, reclamar do comprador a restituição do bem por força da *lex originis*, já que a venda partiu dele, ato que configuraria *venire contra factum próprio* (CORREIA, 1996).

No entanto, para se averiguar qual normativa regerá a transação, considera-se também a localização do bem, visto que terá a preferência a lei do país da situação do bem. Sendo assim, prevalecerá a lei do país onde se encontra o bem, para efeitos de segurança jurídica perpetuada em transações dentro do Direito Internacional Privado_.

Assim, se a transferência se deu de forma ilícita, e novos atos de disposição foram praticados após a chegada ao país importador, sendo o bem cultural vendido neste a um terceiro de boa-fé, deverá ser resolvido o litígio entre o Estado de origem e o novo adquirente pela *lex situs* atual, ou seja, pela legislação do país onde esse bem se encontra, pertencendo o dirimir da questão ao direito material do Estado da situação da coisa no momento de sua transferência de propriedade (CORREIA, 1996).

Nesse momento, será concretizado um conflito entre a aplicação da restituição ou retorno do bem cultural ao país de origem do requerente, ou a permanência do bem sob o domínio do adquirente de boa-fé. Tudo dependerá, portanto, da legislação vigente no país onde se localiza o bem.

A incidência do critério da *lex situs* sobre a circulação internacional de bens culturais pode ser compreendida por meio de duas variáveis fundamentais: a disciplina da posse e os limites estabelecidos pelo direito público ao comércio de tais bens (FAVERO, 2012).

Com referência à posse, as legislações dos Estados preceituam muito distintamente o instituto de posse como meio de proteção. Os países de *common law* aplicam o princípio *nemo plus iuris transferre potest quam ipse habet*, permitindo que o proprietário originário, superadas as limita- das exceções, possa reivindicar o bem ao possuidor de boa-fé. Já os países signatários do *civil law*, que se baseiam no princípio *en fait de meubles la possession vaut titre*, permitem a aquisição de um *non domino*.

Esse é um preceito elencado no artigo 8 (1) da Convenção do Unidroit de 1995, que possibilita solicitação fundada nos Capítulos II e III perante os tribunais ou quaisquer outras autoridades competentes do Estado contratante onde se encontre o bem, para solucionar o presente conflito, o que pode incluir a arbitragem. Essa é considerada uma grande inovação normativa no Direito Internacional.

Portanto, os Estados não solucionam uniformemente a lei aplicável em situações que são apresentadas um elemento de conexão entre os vários sistemas jurídicos como no passado. A maioria dos sistemas jurídicos de hoje é de *civil law*, e sua representante legal é a aplicação do princípio da *lex situs*. No próximo capítulo, se verá como tal tema é abordado no Brasil.

CASO WINKWORTH V. CHRISTIE, MANSON & WOODS LTD[32]

O emblemático caso *Winkworth v. Christie, Manson & Woods Ltd.*[33] teve o princípio da *lex situs* aplicado como critério de conexão da controvérsia sobre a propriedade de uma coleção japonesa de *netsuke*, roubada e vendida para um colecionador inglês e, em seguida, transferida para a Itália.

Durante seu período na Itália, a coleção foi vendida para terceiro, o Dr. P. Dal Pozzo D'Annone, que, por sua vez, trouxe de volta a Londres para vendê-la em leilão na Christie's. O Sr. Winkworth, reconheceu a coleção, atuou em tribunal contra a casa de leilões e o colecionador italiano para recuperá-la.

O Tribunal constatou que, pelo menos até a venda na Itália, não havia nada que extinguisse o direito do Sr. Winkworth e analisou se o efeito da venda foi para transferir ao Dr. P. Dal Pozzo D'Annone uma propriedade de direito oponível ao requerente. O conflito se baseou em estabelecer qual a lei em vigor, se a italiana ou a inglesa.

Se a escolha recaísse na lei italiana, as regras aplicáveis seriam as dos artigos 1.153 e 1.154 do Código Civil, a aquisição de boa-fé das peças, legitimaria sua posse. Se, pelo contrário, a Corte resolvesse o litígio em conformidade com a lei britânica, o réu seria vencido, pois o proprietário originário, superadas as limitadas exceções, poderia reivindicar o bem ao possuidor de boa-fé.

Ademais, a compra não se deu *in market overt*, de acordo com a Seção 22 do *Sale of Goods Acts* de 1893, não reconhecendo a aquisição das obras de proveniência furtiva.

A preferência de aplicação da lei do lugar da situação dos bens no momento da compra, em conformidade com o ordenamento jurídico italiano, se destacou em relação ao ordenamento jurídico britânico do *Sale of Goods Act* de 1893. Nem a existência de duas das cinco exce-

---

[32] Ver: Affaire Collection japonaise de Netsuke – Winkworth c. Christie's. Disponível em: <http://unige.ch/art-adr> Acesso em: Mar. 2023.

[33] Winkworth v. Christie Manson & Woods Ltd., 1980. Ch. 496.

ções da *lex situs,* maculou tal escolha, a saber, as duas apresentadas: ligações culturais com o país de origem e o retorno voluntário das obras ao país de onde foram roubadas.

Tais exceções alegadas na defesa do autor, não foram suficientes para aplicar a lei desse Estado e decidir se o proprietário original perdeu o título de propriedade dos seus bens culturais.

Por sua vez, a Corte inglesa afirmou que, consoante aos artigos 1.153 e 1.154 do Código Civil italiano, a aplicação da *lex situs* pode, por vezes, revelar-se perniciosa para os interesses do proprietário original. No entanto, o pedido do autor não era aceitável, seria introduzir variáveis na identificação de lei que rege a validade dos atos de aquisição de bens móveis e, o resultado seria a introdução de uma incerteza no âmbito do comércio.

Portanto, a Corte inglesa entendeu que o caso concreto não se encaixava em nenhuma das exceções e rejeitou a petição, porque nos termos da legislação italiana, da *lex situs*, o réu tinha, realmente, adquirido os bens culturais de boa-fé.

Esse é um caso emblemático quanto aos problemas causados pela heterogenia das instituições reguladoras e da importância da escolha da aplicação da lei em alguns países, sobretudo no que tange ao patrimônio cultural, que na maioria dos casos, as questões jurídicas são muito mais complexas se considerar a ordem pública dos Estados envolvidos.

CONVENÇÃO DA UNESCO PARA A PROTEÇÃO DO PATRIMÔNIO CULTURAL SUBAQUÁTICO, DE 2001[34]

O patrimônio cultural subaquático também se reveste de grande importância histórica e cultural. No entanto, nem as legislações nacionais nem o direito internacional abarcava a proteção jurídica adequada para os casos de pilhagem, dano ou destruição desses bens culturais, atividades estas intensificadas pelos avanços tecnológicos. A Convenção sobre Proteção do Patrimônio Subaquático, de 2001, veio para proteger esses bens culturais e os prevenir dessas práticas delitivas.

---

[34] Ver kit informativo preparado com o objetivo de promover a Convenção da UNESCO sobre a Proteção do Patrimoônio Cultural Subaquático (adotada em 2001 pela Conferência Geral, 31ª sessão). Disponí- vel em: <http://www.unesco.org/fileadmin/MULTIMEDIA/HQ/CLT/UNDERWATER/pdf/Info_kit/Info%20Kit%20Portuguese.pdf> Acesso em: Mar. 2023.

Ainda hoje, há países sem proteção específica para o patrimônio cultural subaquático, enquanto em outros países, a legislação prevê preceitos básicos ou muito elevados. A variedade de legislações nacionais materiais, formais e de aplicabilidade, ocasionam lacunas legais, promovendo as atividades comerciais dos caçadores de tesouro.

Em âmbito internacional, há a Convenção das Nações Unidas sobre o Direito do Mar (UNCLOS), que estabelece normas gerias marítimas. Os artigos 149 e 303[35] fazem menção específica a objetos históricos e arqueológicos e impõem aos Estados Partes o dever de proteger os bens culturais subaquáticos, diferenciando-os dos bens comuns. Entretanto estes dois artigos não se relacionam e não garantem a devida proteção.

Já o artigo 303, §4, da UNCLOS, preceitua uma regulamentação mais específica do patrimônio cultural subaquático. Mas a Convenção da UNESCO de 2001, normativa *lex specialis*, reconhece a importância do patrimônio cultural subaquático como parte integrante do patrimônio cultural da humanidade, garantindo a sua preservação por meio de um regime de proteção específico e de mecanismos de cooperação entre os Estados Partes.

No mais, a convenção da UNESCO de 2001 não afeta[36] os direitos, a jurisdição e os deveres dos Estados decorrentes do direito internacional, incluindo a Convenção das Nações Unidas sobre o Direito do Mar (UNCLOS).

A preservação *in situ* do patrimônio cultural subaquático é considerada prioridade antes de autorizada ou iniciada qualquer intervenção sobre o patrimônio (Art. 2, §5). No entanto, tais intervenções poderão ser autorizadas se contribuírem igualmente, de forma significativa, para a proteção, o conhecimento ou a valorização desse patrimônio (Regra 1 do Anexo) a fim de preservar o contexto histórico do bem cultural e sua importância científica. Além do baixo nível de oxigênio debaixo d'água que colabora para a preservação do bem.

De acordo com o artigo 2º, § 3 e 4, os Estados Partes preservarão o patrimônio cultural subaquático em benefício da humanidade, e adotarão individual ou conjuntamente medidas apropriadas para esse fim. Estes também não serão objeto de exploração comercial (Art. 2, §7) com finalidade de lucro ou especulação, bem como não serão objeto de dispersão irreversível.

---

35 Art. 149: "Todos os objetos de caráter arqueológico e histórico achados na área serão conservados ou deles se disporá em benefício da humanidade em geral, tendo particularmente em conta os direitos preferenciais do Estado ou país de origem, do Estado de origem cultural ou do Estado de origem histórica e arqueológica."

36 Ver artigo 3º da Convenção da UNESCO de 2001.

Por outro lado, não estão impossibilitadas a arqueologia profissional ou o depósito do bem cultural recuperado no decurso de um projeto científico. (Regra 2 do Anexo). Nem das atividades de recuperação ou de outras ações por parte dos achados (Art. 4).

CASO FAROL DE ALEXANDRIA, ALEXANDRIA, EGITO[37]

Arrastado para o mar por uma série de terremotos ocorridos no século XIV, os vestígios do Farol de Alexandria, a sétima maravilha do mundo antigo, estão hoje a uma profundidade de seis a oito metros nas águas fronteiras à cidade de Alexandria, no Egito. Uma missão arqueológica destinada a salvaguardar as ruínas, iniciada em 1994 sob a égide do Centre d'Etudes Alexandrines (CEAlex), já classificou até hoje mais de 3.000 objetos (estátuas, esfinges, colunas e blocos) sobrepostos pertencentes a períodos diversos – faraônico, ptolomaico e romano. A localização e o estado dos blocos de granito mais pesados convenceram a equipe de cientistas de que se tratava dos restos do mundialmente famoso Farol de Alexandria. Vários desses blocos foram retirados e restaurados para exposição pública num teatro ao ar livre de Alexandria. Pensa-se agora deixar os outros no local onde se encontram, para ser estudada a possibilidade de criar um parque arqueológico subaquático para preservar *in situ* as relíquias.[38]

CASO O TEK SING, NO MAR DA CHINA MERIDIONAL[39]

Enormes quantidades de porcelana foram recuperadas em 1999 de um dos últimos juncos chineses, o Tek Sing. O navio, com 60 metros de comprimento e mais de 10 metros de largura, foi descoberto por uma em- presa privada no Mar da China Meridional. Foram recuperadas mais de 300.000 peças de porcelana, vendidas em leilão

---

[37] Disponível em: <http://www.unesco.org/fileadmin/MULTIMEDIA/HQ/CLT/UNDERWATER/pdf/Info_kit/Info%20Kit%20Portuguese.pdf> Acesso em: Abr. 2023.

[38] Ver o site oficial do Centre d'Etudes Alexandrines (CEAlex). Disponível em: www.cealex.org; ver também o Arabic News de 10/10/2002.

[39] Disponível em: <http://www.unesco.org/fileadmin/MULTIMEDIA/HQ/CLT/UNDERWATER/pdf/ Info_kit/Info%20Kit%20Portuguese.pdf> Acesso em: Out. 2022.

em Stutgart, Alemanha[40]. O casco da embarcação foi destruído e sua carga dispersada pelo mundo in- teiro. A equipe de resgate deu pouca importância ao navio naufragado ser testemunho de uma das maiores catástrofes marítimas – o navio afundou com 1.500 pessoas, mais do que as que morreram no naufrágio do Titanic.

CASO ELIZABETH AND MARY (NAVIO DA FROTA DE PHIPS), BAIE-TINITÉ, CANADÁ[41]

Descoberto em 1994 a menos de três metros de profundidade, o mais antigo navio naufragado encontrado até hoje no Quebeque é o *Elizabeth and Mary*, um dos mais importantes achados arqueológicos do século

XVII. Os serviços de arqueologia subaquática da agência *Parks Canada* levaram a cabo a prospecção, proteção e escavação do achado ao longo de três verões. Guardado dia e noite para evitar possíveis danos provocados por tempestades e por caçadores de tesouros, esta presença constante per- mitiu também a rápida recolha dos objetos que emergiam à superfície. Do local foram retiradas cerca de 400 concreções contendo uma espantosa profusão de objetos.

---

[40] Disponível em: < http://www.worldcollectorsnet.com/magazine/issue18/issl8p4.html > Acesso em: Mar. 2023.

[41] Disponível em: <http://www.unesco.org/fileadmin/MULTIMEDIA/HQ/CLT/UNDERWATER/pdf/> Acessdo em: Mai. 2023.

CAPÍTULO 5.
INTEGRAÇÃO REGIONAL NA AMÉRICA DO SUL E O COMBATE AO TRÁFICO ILÍCITO DE BENS CULTURAIS

> *A palavra imagem é mal reputada porque inconsideradamente se acreditou que um desenho era um decalque, uma cópia, uma segunda coisa, e a imagem mental era um desenho desse gênero no nosso bricabraque privado. Mas, se, com efeito, ela não é nada semelhante, o desenho e o quadro, da mesma maneira que ela, não pertencem ao em-si. São o interior do exterior e o exterior do interior, que a duplicidade do sentir torna possíveis, e sem os quais nunca se compreenderão a quase-presença e visibilidade iminente que constituem todo o problema do imaginário.*
>
> O olho e o espírito, Merleau-Ponty

O tráfico ilícito de bens culturais é uma realidade preocupante na América do Sul. A história demonstra que ao longo dos séculos, a partir do período colonial da região, os bens culturais pertencentes às comunidades nativas que viviam no território foram destruídos ou saqueados e comercializados no mercado internacional (ENDERE, 2016). Até a primeira metade do século XX, os artefatos saqueados foram adquiridos principalmente por diplomatas e agentes comerciais estrangeiros localizados nos países de origem dos bens. No entanto, o problema evoluiu para uma dimensão crítica, desde que um mercado internacional real para antiguidades nativas americanas foi estabelecido (YATES, 2015).

Apesar de a segunda metade do século XX ter inaugurado uma nova perspectiva em relação à proteção do patrimônio cultural, com o surgimento de convenções e acordos internacionais sobre o assunto - notada- mente a Convenção de Haia de 1954, a Convenção da UNESCO de 1970 e a Convenção de Unidroit de 1995-, nenhum impacto significativo parece ter sido observado na pilhagem e práticas comerciais ilícitas na América do Sul (YATES, 2015). Nesse sentido, o mercado internacional de bens culturais sul-americanos continuou se intensificando, abrangendo não só os chamados bens culturais pré-colombianos, mas também os objetos sagrados e religiosos do período colonial da região, bem como a arte moderna e contemporânea.

Novas questões, portanto, começaram a surgir, como as práticas de lavagem de dinheiro, especialmente no contexto do comércio ilegal de obras de arte, representando importantes repercussões a nível internacional, principalmente em países integrantes do MERCOSUL e da UNASUL.

Considerando essa realidade e as questões jurídicas internacionais que dela decorrem, o objetivo principal do capítulo é apresentar e analisar as medidas legais que foram tomadas no contexto sul-americano para com- bater o tráfico ilícito de bens culturais. Nesse sentido, ressalta-se a recente iniciativa multilateral sobre o assunto no MERCOSUL e na UNASUL, com a criação, em março de 2017, de um comitê técnico especializado para lidar com o tráfico ilícito de bens culturais.

MERCOSUL

O Mercado Comum do Sul (MERCOSUL) é um processo de integração regional conformado inicialmente pela Argentina, Brasil, Paraguai e Uruguai ao qual recentemente incorporaram-se a Venezuela (suspensa) e a Bolívia, que está em processo de adesão desde 2012. O Mercosul resultou de esforços, a priori, para integrar as economias da América Latina, no contexto da Associação Latino-Americana de Integração (ALADI), sendo criado em 1991, pelo Tratado de Assunção, assinado pelos Chefes de Estado da Argentina, Brasil, Paraguai e Uruguai.

O Protocolo de Ouro Preto (1994) estabeleceu a estrutura organizacional do Mercosul e conferiu-lhe personalidade jurídica ao abrigo do direito internacional, permitindo-lhe negociar acordos com outros estados e organizações internacionais, inclusive em âmbito cultural.

Os objetivos do Mercosul incluem a harmonização das políticas econômicas de seus membros e a promoção do desenvolvimento econômico (CABALLERO, 2012). Atualmente, o Mercosul inclui todos os estados da América do Sul – que também são membros da Unasul – seja como estados partes, seja como estados associados.

Neste contexto, destacam-se as ações ligadas à Cooperação Sul-Sul, de forma tal a revalorizar este tipo de cooperação no bloco regional, com destaque para a prevenção e o combate ao tráfico ilícito de bens culturais.

As instituições do Mercosul são compostas pelo Conselho do Mercado Comum (órgão de decisão da organização); o Grupo do Mercado Comum (órgão executivo que implementa políticas); a Comissão de Comércio (que supervisiona a política comercial e pode resolver disputas comerciais); o Fórum Consultivo Econômico e Social (através do qual empresas e sindicatos podem expressar seus pontos de vista); o Parlamento do Mercosul (que contribui para a harmonização legislativa e para a maior celeridade na incorporação da normativa Mercosul nos estados partes); o Tribunal Permanente de Revisão, no âmbito do sistema de solução de controvérsias; e a Secretaria Administrativa. Apenas os três primeiros órgãos são decisórios e criam normativas regionais por meio de decisões, resoluções e diretrizes, respectivamente.

O Conselho do Mercado Comum (CMC), criou, em agosto de 1995 e, por meio da Decisão nº 02/95, a Reunião de Ministros de Cultura do Mercosul (RMC)[42], responsável pela difusão de conhecimento dos valores e tradições culturais dos Estados Parte e pela representação do CMC

---

42 Decisão CMC nº 15/12:
SEÇÃO II - REUNIÃO DE MINISTROS DA CULTURA (RMC)
Art. 3º – A RMC é o órgão superior do MERCOSUL Cultural, cuja função é promover a difusão e conhecimento dos valores e tradições culturais dos Estados Partes, bem como apresentar ao Conselho do Mercado Comum (CMC) propostas de cooperação e coordenação no campo da cultura.
Art. 4º – A RMC está composta pelos Ministros e Autoridades da Cultura dos Estados Partes do MERCOSUL.
Art. 5º – A RMC terá as seguintes funções:
I- estabelecer políticas de fomento à integração regional que se apoiem na cultura como estratégia, promovendo iniciativas destinadas a fortalecer ações de criação, produção, circulação, reconhecimento, proteção, promoção, difusão e universalização do acesso a bens e serviços culturais da região;
II – aprovar os programas e projetos que receberão recursos financeiros do Fundo MERCOSUL Cultural;

no âmbito cultural. Em 1996, foi assinado o Protocolo de Integração Cultural do Mercosul e em 2008 foi aprovada a Declaração de Integração Cultural, institucionalizando o compromisso dos Estados Parte de assumir a cultura como elemento primordial da integração regional.

À medida que houve um maior reconhecimento pelos Estados Parte da necessidade de proteção e valorização do patrimônio cultural, a fim de salvaguardar a identidade cultural regional compartilhada, institui-se o Mercosul Cultural (Art. 1, 2 e 3, da Decisão CMC nº 15/12)[43] e a Comissão do Patrimônio Cultural do Mercosul (CPC), por meio da Decisão CMC nº 15 de 2012. Entre as ações do Mercosul Cultural está a reabilitação de áreas históricas da cidade boliviana de Potosí (declarada Patrimônio Mundial pela Unesco, em 1987) e de Colônia do Sacramento, no Uruguai (incluída na Lista do Mundial da Unesco, em 1995).

A CPC é um órgão de assistência permanente à RMC para a proteção do patrimônio cultural, apresentando o desenvolvimento e os resultados das ações apoiadas e executadas no âmbito do Mercosul Cultural, reunindo-se uma vez por semestre ou realizando reuniões extraordinárias convocadas pelo Estados Parte do Mercosul (Art. 12 a 16, da Seção V, da Decisão CMC nº 15/12).[44]

III- elevar à consideração do CMC ou do GMC, quando couber, propostas de acordos internacionais, projetos de norma, projetos de recomendações e outros instrumentos. Deverá ainda, elevar ao CMC, apenas para fins informativos, os acordos interinstitucionais adotados em seu âmbito;

IV – articular-se com os demais órgãos da estrutura institucional do MERCOSUL por meio do CMC ou GMC, conforme o caso, para garantir maior inserção da cultura no processo de integração regional;

V – aprovar os planos de trabalho apresentados pela Secretaria do MERCOSUL Cultural; e

VI– resolver, em última instância, situações relativas à estrutura orgânica e funcionamento do MERCOSUL Cultural não contempladas neste Regulamento.

Disponível em: <http://portal.iphan.gov.br/uploads/ckfinder/arquivos/Decisao_mercosul_15_12.pdf> Acesso em: Abr. 2022.

[43] Disponível em: <http://portal.iphan.gov.br/uploads/ckfinder/arquivos/Decisao_mercosul_15_12.pdf> Acesso em: Set. 2022.

[44] Decisão CMC nº 15/12:
SEÇÃO V - COMISSÃO DE PATRIMÔNIO CULTURAL (CPC)
Art. 12 – A Comissão de Patrimônio Cultural (CPC) é o órgão permanente de assistência à RMC para o tema do patrimônio cultural.
Art. 13 – A CPC está composta pelos funcionários e/ou representantes designados pelos Ministros e Autoridades da Cultura dos Estados Partes.

Uma das medidas mais relevantes para a proteção dos bens culturais, adotada pela RMC foi a criação da categoria de Patrimônio Cultural do Mercosul, por meio da Decisão CMC nº 21/14[45]. Esta categoria de patrimônio estabelece critérios de reconhecimento dos bens culturais de interesse da região e que sejam fator importante da integração cultural. São considerados Patrimônio Cultural do Mercosul aqueles bens detentores de valoração da identidade cultural regional, medida esta

---

Art. 14 – A CPC reunir-se-á pelo menos uma vez por semestre de forma ordinária e poderá realizar reuniões extraordinárias por solicitação dos Estados Partes.

Art. 15 – A CPC contará com uma Coordenação Executiva que exercerá funções administrativas e de apoio às reuniões e demais atividades desenvolvidas nesse âmbito. Corresponderá aos Ministros e Autoridades da Cultura definir o Estado Parte responsável pela referida Coordenação.

Art. 16 – A CPC terá as seguintes funções:

I – organizar e realizar suas reuniões;

II – estabelecer as orientações de atuação e supervisionar o desenvolvimento das atividades de sua Coordenação Executiva;

III – propor à RMC, por meio do CCR, políticas, programas e projetos regionais na área do patrimônio cultural; e

IV – informar à RMC, por meio do CCR, sobre o desenvolvimento e os resultados das ações apoiadas e executadas no âmbito do MERCOSUL Cultural para a área de patrimônio cultural.

Disponível em :http://portal.iphan.gov.br/uploads/ckfinder/arquivos/Decisao_mercosul_15_12.pdf Acesso em: Set. 2022.

[45] Decisão CMC nº 21 de 2014.

O CONSELHO DO MERCADO COMUM DECIDE:

Art. 1º – Criar a categoria de Patrimônio Cultural do MERCOSUL (PCM). Art. 2º – Aprovar o "Regulamento para o Reconhecimento do Patrimônio Cultural do MERCOSUL", que estabelece os critérios para o reconhecimento de bens culturais de interesse regional como Patrimônio Cultural do MERCOSUL, que consta como Anexo e faz parte da presente Decisão.

Art. 3º – A aplicação dos procedimentos previstos no Regulamento anexo será de competência da Comissão de Patrimônio Cultural (CPC) e estará sujeita à homologação da Reunião de Ministros da Cultura (RMC).

Art. 4º – Os bens culturais reconhecidos deverão ser inscritos na "Lista do Patrimônio Cultural do MERCOSUL (LPCM)".

Art. 5º – Esta Decisão não necessita ser incorporada ao ordenamento jurídico dos Estados Partes, por regulamentar aspectos da organização ou funcionamento do MERCOSUL.

Disponível em: http://portal.iphan.gov.br/uploads/ckfinder/arquivos/Decis%-C3%A3o%20MERCOSUL.pdf Acesso em: Nov. 2022.

voltada para evitar o comércio ilegal de bens culturais móveis. Entre os bens culturais classificados estão: a Ponte Internacional Barão de Mauá (06/2013); La Payada/La Paya (06/2015); Itinerário das Missões Jesuítas Guaraníes, Moxos e Chiquitos (06/2015); Edifício do MERCOSUL-Montevideo, Uruguai (06/2016); Chamamé (06/2017) e Senderos del Cimarronaje: Quilombos, Cumbes y Palenques (06/2017).

Não bastando o reconhecimento de certos bens culturais como Patrimônio Cultural do Mercosul, institui-se também o Selo do Mercosul Cultural. Este Selo é outra iniciativa, empregada, de forma complementar, para a preservação e segurança do patrimônio cultural, principalmente quanto às estratégias de combate ao tráfico ilícito de bens culturais entre os países da região. A utilização do selo tem apoio da Agência Brasileira de Cooperação (ABC), do Ministério de Relações Exteriores.

Por fim, a partir da necessidade de se coibir o comércio ilegal e o tráfico ilícito de bens culturais em virtude do grande fluxo irregular desses bens nos países do MERCOSUL, institui-sepela Comissão do Patrimônio Cultural, o Comitê Técnico de Prevenção e Combate ao Tráfico Ilícito de Bens Culturais[46] (Decisão CMC n° 22/14). O Comitêê responsável por desenvolver medidas, em cooperação com os países do Mercosul e Associados, para coibir tal prática delitiva, tal como um banco de dados internacional de bens culturais desaparecidos nos Estados Parte do MERCOSUL.

UNASUL[47]

A Comunidade Sul-Americana de Nações (CASA), atual União das Nações Sul-Americanas (UNASUL), foi criada em 8 de dezembro de 2004, a fim de integrar processos regionais de desenvolvimento para o Mercado Comum do Sul (MERCOSUL) e a Comunidade Andina.

O Tratado Constitutivo da UNASUL foi assinado em Brasília, em 2008, tendo-se designado Quito como sede da Secretaria Geral da organização. Tratado de Brasília, que engloba todos os Estados do continente, prevê, já em seu primeiro artigo, a personalidade jurídica internacional da UNASUL, e entrou em vigor em 11 de março de 2011.

---

46 Disponível em: <http://mercosurcultural.org/index.php/2015-10-06-13-01-45/comisiones-tecnicas/comision-de-patrimonio-cultural/ct-prevencion-y-combate-al-trafico-ilicito-de-bienes-culturales> Acesso em: Mar. 2023.

47 No início de 2019, surgiu um movimento para a criação de um novo bloco Sul-Americano, o PROSUL (Foro para o Progresso da América do Sul) que é um fórum regional de diálogo com intenções de substituição do atual UNASUL.

O objetivo da UNASUL é construir uma integração cultural, econômica, social e política, resguardando as peculiaridades de cada nação, conforme elucida o preâmbulo de seu tratado constitutivo. Além disso, a UNASUL também visa a reduzir as desigualdades socioeconômicas, promover a inclusão social, aumentar a participação dos cidadãos e fortalecer a democracia.

Na VI Reunião de Chefes de Estado e Governo da UNASUL, em novembro de 2012, foi criado o Conselho Sul-Americano de Cultura, responsável por promover e fortalecer a cooperação cultural na região; reconhecer e promover o valor central da cultura como base indispensável para o desenvolvimento e superação da pobreza e desigualdade; e promover a redução de assimetrias regionais e sub-regionais em matéria de promoção e acesso a cultura.

O Conselho Sul-Americano de Cultura destaca o patrimônio cultural como condição criadora da identidade regional e de resistência de práticas hegemônicas. Além disso, os bens culturais da região da UNASUL necessitam de um mercado de circulação regulamentado, para evitar seu comércio ilegal.

Para elaborar estratégias de prevenção e combate ao tráfico ilícito de bens culturais, foi criado o Grupo de Trabalho contra o tráfico Ilícito de Bens Culturais da UNASUL, com o objetivo de fortalecer a cooperação internacional por meio de retorno, restituição e repatriação de bens culturais exportados ilegalmente ou que tenham sofrido qualquer forma de extravio, via roubo ou lavagem de dinheiro por organizações criminosas.

COOPERAÇÃO MERCOSUL-UNASUL NA PREVENÇÃO E NO COMBATE AO TRÁFICO ILÍCITO DE BENS CULTURAIS

O Conselho Sul-Americano de Cultura aprovou a criação do Comitê Técnico de Prevenção e Combate ao Tráfico Ilícito de Bens Culturais, cujo objetivo é a cooperação de trabalho entre o Comitê Técnico de Prevenção e Combate ao Tráfico Ilícito de Bens Culturais do MERCOSUL e o Grupo de Trabalho contra o Tráfico Ilícito de Bens Culturais Patrimoniais da UNASUL.[48]

---

[48] Oficina da UNESCO de Montevideu, *Uruguay crea Comité Nacional de Prevención y Lucha contra el Tráfico Ilícito de Bienes Culturales*, 03.05.2017. Disponível em: http://www.unesco.org/new/es/office-in-montevideo/about-this-office/single-view/news/uruguay_initiates_process_to_regulate_the_protection_ and_tra/ Acesso em: Abr. 2023.

A criação do comitê se deu durante a IV Reunião do Conselho Sul-Americano de Cultura, realizada em março de 2017, com a participação de representantes de 8 (oito) países da região.

Na ata da reunião, ministros e ministras ressaltaram que a cultura constitui um pilar fundamental para a construção de um mundo plural e que a diversidade e a valorização do patrimônio cultural constituem elemento comum da humanidade e deve ser preservado em benefício de todos.[49]

O Comitê de Prevenção e Combate ao Tráfico Ilícito de Bens Culturais, portanto, representa um espaço de trabalho único a fim de elaborar estratégias e promover a proteção dos bens culturais da região, contando com formação e qualificação de técnicos especializados. A primeira reunião aconteceu em no final de 2017 e segunda era para ter sido realizada presencialmente pelos representantes estatais em 05 de junho de 2018, em Assunção, Paraguai, mas foi cancelada em função do baixo quórum, conforme justificativa do país anfitrião. No entanto, acredita-se que tal cancelamento esteja relacionado com a suspensão da Venezuela da UNASUL.

Dessa maneira, o Comitê trabalha na concepção e implementação de estratégias de capacitação de funcionários, gestão de um registro de bens culturais roubados e/ou traficados (*Red List*)[50] e elaboração de protocolos de prevenção, identificação, recuperação e restituição deles. O trabalho de coordenação é central a nível nacional e com governos e instituições estrangeiras e organizações internacionais.

Na I Reunião do Comitê Técnico MERCOSUL-UNASUL de Prevenção e Combate ao Tráfico Ilícito de Bens Culturais interplataformas (videoconferência), realizada em 25 de outubro de 2017[51], em que participaram os representantes da Argentina, Bolívia, Brasil, Colômbia, Equador, Paraguai, Peru e Uruguai, além da Secretaria do MERCOSUL

---

[49] IV Reunião do Conselho Sul-Americano de Cultura (31.03.2017). *Declaração dos Ministros e das Ministras de Cultura dos Estados Membros da UNASUL*. Disponível em: http://www.iri.edu.ar/wp-content/ uploads/2017/08/a-2017-alatina-unasur-consejo-sudamericano-de-cultura.pdf Acesso em: Mar. 2023.

[50] As *Red List* classificam as categorias ameaçadas de bens culturais arqueológicos ou obras de arte nas regiões mais vulneráveis do mundo, a fim de evitar que sejam vendidas ou exportadas ilegalmente. Ver modelo de *Red List* do ICOM: Disponível em: http://icom.museum/programmes/fighting-illicit-traffic/red-list/ Acesso em: Mai. 2023.

[51] Conforme reunião confirmada no calendário de agenda do MERCOSUL. Disponível em: http://www. mercosul.gov.br/images/pdf/2023.04.21---Calendrio-SITE.pdf Acesso em: Mai. 2023.

Cultural, de acordo com o Ministério da Cultura do Brasil, um dos tópicos de discussão foi a implementação do Plano de Ação 2017-2018.

Os participantes concordaram na necessidade de avançar com ferramentas de trabalho para permitir a mais rápida articulação entre as instituições competentes sobre o combate ao tráfico ilícito de bens culturais. Por exemplo, ferramentas de informáticas, sistemas de alerta, e compartilhamento de informações em tempo real, e a necessidade de articular ações conjuntas de prevenção e combate ao tráfico ilícito com instituições nacionais e internacionais.

Além disso, haverá um curso de capacitação no Peru, em 2018, com apoio do FBI, para legitimar o apoio entre Peru e Estados Unidos. A Argentina disponibilizou aos países membros a ferramenta utilizada na base de dados de bens culturais subtraídos, de forma a também inscrever estas informações na base de dados da Interpol.

Ademais, acerca das considerações sobre propostas de atividades para o Comitê, registrou-se a demanda por melhor comunicação e articulação entre os países membros e organismos voltados a coibir o tráfico ilícito de bens culturais. Para tanto, o Brasil está consolidando dados sobre os principais crimes em curso contra o patrimônio cultural no país e solicitou, por meio da Interpol, informações complementares a respeito dos delitos que está envolvido aos demais países do MERCOSUL e UNASUL.

Os bens culturais provenientes de delitos de tráfico ilícito geralmente são evadidos das fronteiras dos países e se faz necessário um sistema de alerta e intercâmbio de informações para uma atuação mais rápida e eficaz no retorno ou restituição do bem cultural. Além de estabelecimento de comunicação dos delitos e intercâmbio de informações sobre os bens desaparecidos ou em risco.

Por fim, propostas ao Comitê a fim de prevenir e combater o tráfico ilícito de bens culturais foram elencadas:

1. Aprimorar os procedimentos internos de comunicação, entre os órgãos nacionais responsáveis pela prevenção e combate ao tráfico ilícito de bens culturais, de modo a tornar mais eficientes as ações adotadas nacionalmente, de modo a minimizar, o máximo possível, o tráfico ilícito de bens culturais para fora de suas fronteiras;
2. Reafirmar seu interesse em aprimorar a comunicação e intercâmbio de informações entre os países da América do Sul, com foco no desenvolvimento de metodologias e sistemas mais ágeis de troca de informação, a fim de que sua atuação conjunta seja mais efetiva;

3. Peru se dispõe a facilitar, por via eletrônica, algumas informações sobre as fichas de identificação de bens roubados e os sistemas de alerta utilizados pelo país, atendendo ao interesse dos participantes de conhecer melhor estes sistemas. Além disso, a representante do IPHAN se colocou à disposição para transmitir mais informações sobre o Banco de Bens Procurados e o Cadastro Nacional de Negociantes de Obras de Arte (CNART)[52].

Os bens culturais são um dos elementos fundamentais da civilização e da cultura dos povos e que eles apenas adquirem seu verdadeiro valor quando sua origem, história e meio ambiente são conhecidos e preservados. Por outro lado, expressa a obrigação dos Estados Parte de proteger o patrimônio constituído pelos bens culturais existentes no seu território contra os perigos de roubo, escavação clandestina e exportação ilegal. Para evitar esses perigos, é essencial que cada Estado esteja cada vez mais ciente das obrigações morais inerentes ao respeito e à proteção de seu patrimônio cultural e de todas as nações. A cooperação regional, nesse sentido, é essencial.

ARGENTINA

A Argentina, além de ser umas das precursoras do combate ao tráfico ilícito de bens culturais na América do Sul, é referência em estratégias e em acordos de cooperação sobre proteção do patrimônio cultural. A Secretaria de Cultura adotou como temas centrais a proteção, a preservação, a difusão, o intercâmbio de experiências e o combate ao tráfico ilícito de bens culturais. (FERRETTI, 2010)

A primeira Convenção ratificada pela Argentina que trata exclusivamente da proteção do patrimônio cultural foi a Convenção de Haia para a Proteção do Patrimônio Cultural em Conflitos Armados, de 1954, promulgada pela Lei 23.618 de 1988, completada pelo Segundo Protocolo, de 1999, integrado ao direito interno pela Lei 25.478 em 1999 e o Primeiro Protocolo, de 1954, internalizado pela Lei 26.155, em 2006. No mais, cabe ressaltar que a Argentina é signatária das Convenções de Genebra de 1949 para a proteção de vítimas de guerra e de seus Protocolos Adicionais de 1977, e do Estatuto de Roma – que institui o Tribunal Penal Internacional (TPI) – de 1988.

---

[52] Portaria IPHAN nº 396/2016.

O Seminário Regional intitulado "La protección de bienes culturales en caso de conflicto armado. Un desafío y una oportunidad para América Latina y el Caribe", realizado em 2005, teve como enfoque principal a capacitação das forças militares, policiais e civis que atuam nas operações de paz. Outrossim, para a sensibilização das responsabilidades atribuídas às instituições culturais da América Latina e Caribe, atuantes na proteção do patrimônio cultural. Esse evento foi organizado pelo Ministério das Relações Exteriores da Argentina, pelo Comercio Internacional e Culto, pela UNESCO e pelo Comitê Internacional da Cruz Vermelha.

A "Primeira Campanha de Identificação de Bens Culturais" também foi realizada em 2005, organizada pela Direção Geral de Museus da Secretária da Cultura de Buenos Aires. No total, 14 monumentos da cidade foram marcados com o selo de proteção da Convenção de Haia de 1954, entre eles o Museu de Arte Hispanoamericano Fernández Blanco, que fora afetado após o atentado terrorista contra a Embaixada de Israel, em 1992.

A Argentina ratificou a Convenção da UNESCO de 1970, sobre as medidas a serem adotadas para proibir e impedir a importação, a exportação e a transferência ilícita de bens culturais, incorporada em 1972, por meio da Lei 19.943. Ratificou, igualmente, a Convenção de Unidroit de 1995, sobre a restituição de bens culturais roubados ou exportados ilegalmente, internalizada pela Lei 25.257 em 2000. Em 2009, aprovou a Convenção da UNESCO de 2001 para a proteção do patrimônio subaquático mediante a Lei 26.556, sendo a última ratificação voltada para o combate ao tráfico ilícito de bens culturais.

A Secretaria Geral da Presidência da Nação por meio da RES. Nº 52/02, reconhece a "A prevenção e o combate ao Tráfico Ilícito de Bens Culturais" de interesse nacional, em virtude do aniversário de 30 (trinta) anos da Convenção da UNESCO de 1970. Além de reconhecer como interesse nacional, outros meios de combate ao tráfico ilícito de bens culturais foram instituídos na Argentina, como o acordo de segurança e controle de fronteiras (RES. SCC nº 2718/00) e o convênio entre a Direção Nacional da Polícia da Aeronáutica e a Secretaria de Cultura da Nação (Res. SC nº 1071/102).

Na década de 90, o Instituto Nacional de Antropologia e Pensamento Latino-Americano desenvolveu um programa de controle de fronteiras com a Gendarmería, Prefeitura Naval e Polícia Aeroportuária, informando-os a respeito da legislação de proteção do patrimônio cultural da época e como identificar bens arqueológicos e paleontológicos.

Ainda sobre a circulação internacional de mercadorias, a Lei 25.743/03 prevê meios para coibir o tráfico ilícito de bens culturais arqueológicos e paleontológicos, e a Lei 24.633/03 dispõe sobre a circulação internacional de obras de arte, aplicando-se aos casos de importação e exportação de obras de arte.

Ademais, ainda em 2003, foi criado pela Secretaria de Cultura o Comitê Argentino de Luta contra o Tráfico Ilícito de Bens Culturais, pelo Decreto nº 1166/03, com o intuito de promover a aplicação das normativas internacionais e nacionais.[53] Entre as atividades realizadas, consta a criação da "Lista Roja Argentina", que elenca os bens culturais exportados ilegalmente da Argentina. É de se destacar, nesse contexto, o retorno de fósseis que se encontravam na Austrália e o retorno de outros de Nova York, com colaboração da INTERPOL. Os bens argentinos foram retornados pela Justiça francesa e pertenciam ao Museu de Belas Artes, de onde haviam sido furtados em 1980.

---

[53] Las funciones del Comité son las siguientes:
a) Establecer los procedimientos y mecanismos adecuados para prevenir y luchar contra el tráfico ilícito de bienes culturales.
b) Promover campañas de sensibilización de la población acerca de la necesidad de proteger y preservar el patrimonio cultural local y colaborar en la lucha contra el tráfico ilícito de bienes culturales.
c) Elaborar la "Lista Roja de Argentina'" sobre bienes culturales en peligro de tráfico ilícito, sobre la base del modelo elaborado por el Consejo Internacional de Museos (ICOM) para la "Lista Roja de Africa", para su posterior inclusión en la "Lista Roja de América Latina" que está elaborando el Consejo Internacional de Museos.
d) Proponer un programa de capacitación destinado a todos los niveles de la población, con especial referencia a los agentes de organismos oficiales y privados que por sus funciones pudieran realizar un aporte significativo a la prevención y lucha contra el tráfico ilícito de bienes culturales.
e) Difundir los procedimientos y mecanismos adecuados para la prevención y lucha contra el tráfico ilícito de bienes culturales.
f) Proponer a los organismos nacionales, oficiales y privados, internacionales e intergubernamentales, toda medida que considere conducente a evitar el tráfico ilícito de bienes culturales, a través de los canales pertinentes.
g) Elaborar e implementar un programa de capacitación a través de la realización de talleres regionales de prevención y lucha contra el tráfico ilícito en acuerdo con las autoridades provinciales del sector cultura.
h) Articular la participación de los organismos que integran el Comité - cualquiera sea su naturaleza y su carácter dentro del mismo- a través del intercambio de información y la capacitación interinstitucional. Disponível em : <http://www.interpol.gov.ar/patrimonio/legislacion> Acesso em: Abr. 2023.

Como forma de assegurar as atividades de combate a tal prática delitiva, a sede argentina da INTERPOL contém um programa de proteção do patrimônio cultural. Trata-se da Oficina Central Nacional de Buenos Aires (OIPC – INTERPOL), ligada diretamente a Superintendência de Investigações Federais da Polícia Federal Argentina.

Em 2017, a Lei 24.633/03 foi alterada, incluindo regulamentação a respeito da importação e exportação de bens culturais. As alterações entraram em vigor em janeiro de 2018 e facilitarão o transporte de obras de arte, sendo apenas necessário um Aviso de Exportação para saírem do país as obras de artistas vivos ou falecidos há menos de 50 anos. É um processo on-line, realizado através de Procedimentos Remotos, por meio do qual artistas, galeristas e turistas podem viajar com obras em bagagem de mão, bastando cumprir a notificação ao Ministério da Cultura.

Por outro lado, as obras que exigem uma licença de exportação, pertencentes a artistas que morreram há mais de 50 anos, desconhecidos ou anônimos, poderão necessitar de uma licença perante o Ministério da Cultura da Nação, que será obtida no máximo em 48 horas, desde que não haja observações formais ou técnicas a respeito da obra. No entanto, essas alterações na Lei 24.633/03, possa dificultar ainda mais o controle e a fiscalização da saída e entrada de bens culturais no país, ao possibilitar o transporte de obras de arte em bagagem de mão sem regulamentação aduaneira.

A Argentina também tem assinado acordos bilaterais de combate ao tráfico ilícito de bens culturais com países sul-americanos. O último acordo celebrado pela Argentina foi um acordo bilateral com o Equador, celebrado em 2017, intitulado "Convênio entre a República Argentina e a República do Equador para a Prevenção e Luta contra o Tráfico Ilícito e a Restituição de Bens Culturais Transferidos, Apropriados, Exportados ou Importados Ilicitamente". Acordos com Paraguai e Bolívia foram firmados e seguem aguardando as respectivas assinaturas dos representantes dos países, somando com os já celebrados com Peru e Colômbia,

PARAGUAI

Com o advento da democracia em 1989, foi criada a Subsecretaria de Estado de Cultura, sob os ditames do Ministério da Educação, já em março de 1990. Até o presente momento, o país não possuía um órgão jurídico ou órgãos estatais que orientassem as políticas culturais. A lei nº 946, de "Proteção dos bens culturais" que confere ao Estado a proteção e salvaguarda desses bens fora sancionada em 1982, mas não era conhecida nem aplicada, carecendo de efetividade (ARGAÑA, 2007).

O Paraguai iniciou seu processo de proteção ao tráfico ilícito de bens tardiamente, contendo uma limitação de dispositivos legais em comparação com os outros Estados Parte e associados do MERCOSUL. A primeira normativa internacional ratificada sobre o tema foi a Convenção Unidroit de 1995, sancionada pela Lei nº 1.048 de 1996. Em seguida, foi sancionada a Convenção de UNESCO de 1970, novembro de 2004.

No direito interno, apenas se destacava o capítulo nº 81 da *Consituición de la República de Paraguay de 1992*, que dispõe sobre os bens encontrados ilegalmente no exterior, casos em que o país de origem seria responsável pela gestão de recuperação do bem. Ou ainda, o artigo 6, item L da Lei nº 946/82 que preceituava a participação do país em atividades internacionais de proteção e recuperação dos bens culturais. A lei menciona também medidas especiais (Decreto do Poder Executivo) para empréstimos de bens culturais a exibições no exterior e para a saída temporária dos bens culturais, casos em que é exigida uma garantia de restituição da obra ao país de origem.[54]

Em julho de 2016, foi promulgada a Lei nº 5.621, que dispõe sobre a proteção do patrimônio cultural. Seu objetivo é a proteção, salvaguarda, preservação, resgate, restauração e registro de bens culturais em todo o país; bem como a promoção, divulgação, estudo, pesquisa e aumento desses ativos. (art. 1). No Capítulo IV, a lei trata do regime geral de proteção do patrimônio cultural, entre eles a exceção tributária, a proibição de alteração dos bens culturais, a realização de escavações e a saída de bens ao exterior de patrimônio cultural nacional. Esse último será autorizado pela Secretaria Nacional de Cultura para saída temporária, desde que para fins educativos, científicos, acadêmicos e artísticos, bem como para o intercâmbio e difusão cultural.[55] O artigo 32 é análogo ao artigo 22 da Lei nº 946/82:

---

[54] Lei nº 946/82:

Artículo 25º.- Podrá autorizarse la salida temporaria del país de bienes culturales, por Decreto del Poder Ejecutivo, a solicitud de la Dirección, para su exhibición en el exterior.

Artículo 26º.- Para la salida temporaria de bienes culturales, la Dirección exigirá suficiente garantía de restitución al país, en su lugar de origen, y de la conservación e integridad física de ellos, y asimismo. La obligación de cubrir los gastos de transporte, seguro y restauración, en su caso.

Disponível em: < http://www.cultura.gov.py/marcolegal/ley-de-proteccion-a-los-bienes-culturales-n%C2%BA-94682/> Acesso em: Mar. 2023.

[55] Ver Capítulo IV, da Lei nº 5.621/16. Disponível em: http://www.cultura.gov.py/marcolegal/ley-n-5621-de-proteccion-del-patrimonio-cultural/ Acesso em: Abr. 2023.

Toda transferencia o modificación de dominio de bienes del patrimonio cultural nacional debe tener lugar exclusivamente entre personas con residencia permanente en el país y ser comunicada a la autoridad de aplicación.

Por fim, a Secretaria Nacional de Cultura (SNC), em setembro de 2017, emitiu uma nota para cada cidade do país, solicitando o apoio para a aplicação da nova Lei de proteção do patrimônio cultural, Lei nº 5.621/16, realizando as gestões pertinentes para o cumprimento da normativa, bem como solicitou a socialização da lei com funcionários governamentais e municipais e com os cidadãos. Requereu também a emissão da lista dos bens culturais declarados como patrimônio cultural de cada município e as condições necessárias para serem declarados como tais.

URUGUAI

O Uruguai aprovou todas as convenções promovidas pela UNESCO em termos de cultura e patrimônio, com exceção do patrimônio subaquático. Em janeiro de 2007, ratificou o Segundo Protocolo da Convenção para a Proteção do patrimônio cultural em caso de conflito armado, por meio da Lei nº 18.044/06. Em setembro de 1999, ratificou a Convenção de Haia de 1954 e seu primeiro Protocolo Adicional, promulgado pela Lei nº 17.095. Em agosto de 1977, foi ratificada a Convenção sobre Medidas para Proibir e Impedir a Importação, Exportação e Transferência de Propriedade Ilícita de Propriedade Cultural, pelo Decreto-Lei 14.654.

No direito interno, existe a Lei 14.040 como normativa sobre a proteção do patrimônio cultural, complementando-se por decretos modificativos, como o de nº 536/976, voltado para a regulamentação do comércio praticado nas casas de leilões, e o de nº 692/986, baseado no artigo 15 do Decreto-Lei 14.343 – relativo aos navios, objetos ou destroços de qualquer natureza afundados ou encalhados.

O artigo 15 da Lei nº 14.343, estabelece a proibição da saída de certas mercadorias do país, medida similar e em concordância com a Convenção da UNESCO de 1970, sendo necessário ainda, uma autorização prévia da Comissão, de acordo com a Lei nº 17.415/01. O último - motivado por um pedido da Associação de Pintores e Escultores do Uruguai - revoga essa obrigação para a produção de obras plásticas por artistas nacionais vivos.

Em novembro de 2016, como resposta aos compromissos internacionais assumidos pelo Uruguai e a recente recomendação dos Ministros da Cultura do MERCOSUL e da UNASUL, o país criou um Comitê Nacional de Prevenção e Combate contra o Tráfico Ilícito de Bens Culturais[56], apresentado a autoridades nacionais em março de 2017, de acordo com a Declaração dos Ministros e das Ministras de Cultura dos Estados Membros da UNASUL, na IV Reunião do Conselho Sul-Americano de Cultura.[57]

O Comitê tem como objetivo garantir a proteção dos bens culturais e evitar seu tráfico ilícito, adotando medidas administrativas de criação, constituição e funcionamento do Comitê. Da mesma maneira que será um ponto de integração entre o Comitê Técnico de Tráfico Ilícito de Bens Culturais do MERCOSUL, o Grupo de Trabalho contra o Tráfico Ilícito de Bens Culturais da UNASUL e de outros acordos internacionais de que participe.[58]

CASO ARGENTINA VS. PARAGUAY

Com o aniversário de 140 anos da Guerra da Tríplice Aliança (1865-1870) – o governo paraguaio requereu o retorno de alguns bens culturais apreendidos durante o conflito.

Em 2014, a Argentina retornou um conjunto de móveis pertencentes ao ex-presidente paraguaio Francisco Solano López, foi um retorno histórico, pois. Esses objetos, considerados relíquias de guerra, estão, hoje, expostos no Museu Histórico do Entre Ríos "Martiniano Leguizamón".

Ademais, os bens culturais foram doados para o museu por Juana Dorilla Iraizoz de Lanús, viúva de Anarcasis Lanus, quem os adquiriu

---

[56] Ver recomendação dada na I Reunião Interplataformas do MERCOSUL-UNASUL para Prevenção e Combate ao Tráfico Ilícito de Bens Culturais. Disponível em: <https://medios.presidencia.gub.uy/legal/2017/decretos/02/mec_16.pdf> Acesso em: Abr. 2023.

[57] Ver recomendação dada na I Reunião Interplataformas do MERCOSUL-UNASUL para Prevenção e Combate ao Tráfico Ilícito de Bens Culturais. Disponível em: <https://medios.presidencia.gub.uy/legal/2017/decretos/02/mec_16.pdf> Acesso em: Nov. 2022.

[58] Disponível em: https://medios.presidencia.gub.uy/legal/2017/decretos/02/mec_16.pdf Acesso em: Abr. 2023.

em casa de leilões. O governo Argentino alegou que o retorno dos bens culturais é obrigatório quando da devolução para o país de origem.[59]

CASO ARGENTINA VS. PERU[60]

Em 28 de janeiro de 2016, 4.150 bens culturais arqueológicos chegaram no Peru da Argentina por tráfico ilícito. O retorno dessas peças valiosas, parte da herança cultural do Peru, ocorreu após cinco processos judiciais, em que o judiciário argentino decidiu em favor da sua restituição ao país de origem.

Até o momento, é o retorno com maior número de peças, constituindo uma amostra da cooperação e harmonia do trabalho conjunto realizado pelos governos do Peru e da Argentina contra o tráfico ilícito de patrimônio cultural. As 4.136 peças, muitas delas de valor realmente notável, foram parte de um processo judicial iniciado em 2000, no âmbito das investigações realizadas pela antiga Polícia Nacional de Aeronáutica da Argentina, a atual Polícia de Segurança do Aeroporto da Argentina. Essa equipe policial realizou buscas nas instalações comerciais e confiscou outras peças arqueológicas, provenientes do Peru e Equador.

Em 2007, o Departamento da Interpol realizou uma nova busca e apreendeu diversos bens culturais da mesma tipologia dos já encontrados, contando aproximadamente 20 mil peças recuperadas. As peças foram objeto de um relatório preliminar em 2005 e posteriormente, em 2007, uma equipe de Defesa do Patrimônio Cultural do Ministério da Cultura realizou uma perícia mais completa sobre o caso.

As informações adquiridas na busca, apreensão e peritagem foram utilizadas pela justiça argentina que determinou o retorno dos bens culturais ao país de origem, no caso, ao Peru. De acordo com o constatado a priori, foram adicionadas outras 14 peças: uma faca de Chancay, uma embarcação de cerâmica Moche e 8 (oito) têxteis emoldurados. Esses 8 (oito) últimos objetos, correspondem a casos de peças cuja tentativa de comercializá-los em galerias do centro de Buenos Aires foi

---

59 Disponível em: http://www.cultura.gov.py/cooperacioninternacional/ Acesso em: Mai. 2023.

60 Ver em: RPP Notícias. *Argentina devuelve 4150 bienes culturales a nuestro país*. (09.02.2016). Disponível em: <http://rpp.pe/cultura/mas-cultura/argentina-devuelve-4150-bienes-culturales-a-nuestro-pais-noticia-936761> Acesso em: Mar. 2023.

tipificada pela justiça argentina como uma infração da Lei de Proteção do Patrimônio Arqueológico e Paleontológico.

Há também um feixe funerário e três crânios, apreendidos quando foram descaracterizados, pois estavam camuflados dentro de vasilhas artesanais, em uma encomenda postal internacional e o destinatário era um cidadão argentino, o mesmo que foi condenado no ano passado a 4 anos de prisão por tentativa de importação ilegal de bens culturais.

CAPÍTULO 6.
PROTEÇÃO DO PATRIMÔNIO CULTURAL NO DIREITO BRASILEIRO[61]

Não sei, estou muito inseguro. É a casa de meu pai, mas está fria pedaço por pedaço, como se todos estivessem às voltas com seus assuntos, que eu em parte esqueci e em parte nunca conheci. No que lhes posso ser útil, o que sou para eles, mesmo sendo o filho.

Franz Kafka

Neste capítulo, serão abordadas as normativas nacionais acerca do tráfico ilícito de bens culturais, conforme legislação internacional, seguidos pela proteção manifesta na Constituição Federal de 1988 e nos códigos e leis esparsas que lidam, também, com a circulação e comercialização do patrimônio cultural.

No Brasil, não há lei específica que lide com a proteção contra o tráfico ilícito de bens culturais, mas apenas leis esparsas e normativas disciplinadoras de outras diversas medidas de proteção ao patrimônio cultural.

O Brasil aderiu à Convenção da UNESCO de 1970 pelo Decreto 72.312, promulgado em 21 de novembro de 1973 e intitulado *Convenção sobre as Medidas a serem Adotadas para Proibir e Impedir a Importação, Exportação e Transportação e Transferência de Propriedades*

---

[61] Excertos desse capítulo foram publicados em: SOARES, Anauene Dias. *A normativa brasileira de controle ao tráfico ilícito dos bens culturais à luz das normativas internacionais*. In: Wagner Menezes. (Org.). Direito internacional em Expansão. 1ed. Belo Horizonte: Arraes Editores, 2016, v. VI, p. 65-77; e em: SOARES, Anauene Dias; RABELO, Cecília Nunes. *Patrimônio cultural subaquático como Direito Humano: a necessidade de ratificação pelo Brasil da Convenção sobre a proteção do patrimônio cultural subaquático da UNESCO, 2001*. In: Wagner Menezes. (Org.). Direito Internacional em Expansão. 1ed.Belo horizonte: Arraes Editores, 2016, v. VI, p. 102-112.

Ilícitas dos Bens Culturais, e, à Convenção de Unidroit de 1995, em 24 de setembro de 1999, pelo Decreto nº 3.166, intitulado *Convenção de Unidroit sobre Bens Culturais Furtados ou Ilicitamente Exportados*.

Segundo a UNESCO, os Estados signatários das Convenções devem estabelecer esforços para inventariar seus bens culturais, protegê-los e, quando for o caso, por seus valores excepcionais, propor a sua inscrição na lista de patrimônio mundial. O país deve então se esforçar para evitar o tráfico ilícito, seja na exportação, seja na importação de bens culturais, implicando em um sistema de vigilância que previna e reprima tal prática. A Convenção da UNESCO de 1970 também define como requisito a imposição de penas e sanções adequadas, de forma a coibir a prática do tráfico ilícito de bens culturais.

Um aspecto importante é a cooperação técnica internacional recebida pelo Brasil do exterior na modalidade multilateral, em particular com a Unesco. Essa cooperação busca promover evoluções qualitativas em programas e projetos do patrimônio cultural, fortalecendo as capacidades humanas e institucionais, atividade que está em atual processo no MERCOSUL e na UNASUL.

A Cooperação para o Desenvolvimento, especialmente na área do patrimônio cultural, denominada horizontal ou "Sul-Sul", intermediada pelo Iphan, tem ampliado a colaboração e estreitado relações na esfera internacional, principalmente com os países da América do Sul. Essa cooperação, além de possibilitar o compartilhamento do patrimônio nacional com diversos parceiros internacionais, também possibilita o intercâmbio de profissionais qualificados na gestão do patrimônio, transmitindo informações entre os países a respeito do combate ao tráfico ilícito de bens culturais.

A partir de recomendações do MERCOSUL Cultural para o combate ao tráfico ilícito de bens culturais, o Brasil tenta criar o Comitê Nacional de Prevenção e Combate ao Tráfico Ilícito de Bens Culturais, desde 2017, que será composto pela Polícia Federal, Ministério das Relações Exteriores, Instituto Museus (ICOM), Ministério da Cultura (MinC), Instituto Brasileiro de Museus (IBRAM), Arquivo Nacional e por particulares da área, como advogados, museólogos, conservadores, dentre outros.

Na reunião realizada em agosto de 2017, constatou-se a importância da comunicação entre as entidades competentes do Brasil e de se transmitir informações sobre as atividades de combate ao tráfico ilícito no país. Além da realização de inventários mais completos e inscritos nos bancos de dados de bens desaparecidos nacionais e internacionais, conforme recomendações da UNESCO. Além das políticas e atividades internas, devem ser adotadas interseções e diálogos em cooperação com o comitê do MERCOSUL e da UNASUL também.

Já na última reunião realizada em abril de 2023, após longo período sem reuniões presenciais, em virtude da pandemia por Covid-19, o Comitê técnico se reuniu, em Buenos Aires, e alguns temas se mantiveram em pauta. Retomou tratativas entre os países membros e associados a fim de aprovar uma agenda de reuniões; rever relatórios nacionais produzidos desde setembro de 2022 e de convênios bilaterais sobre prevenção do tráfico ilícito de bens culturais entre os países integrantes do bloco; avaliar as jornadas de controle de exportação e importação no Mercosul; compartilhar proposta de um modelo normativo de cooperação interinstitucional entre países do Mercosul e Associados, com referência à Decisão no 861 da Comunidade Andina das Nações; questões atinentes a lavagem de dinheiro e financiamento ao terrorismo; Declaração Final da Conferência Mundial da UNESCO sobre Políticas Culturais e Desenvolvimento Sustentável, e, por último, definir o plano de trabalho para do comitê para o período 2023-2024.

É importante destacar, ainda, que foram promulgadas, no Brasil, as seguintes normas: Decreto-Lei 25/37 (organiza a proteção do patrimônio histórico e artístico nacional); Lei 3.924/61 (dispõe sobre monumentos arqueológicos e pré-históricos); Lei 4.845/65 (proíbe a saída para o exterior de obras de arte produzidas no país até o fim do período monárquico); Lei 5.471/68 (dispõe sobre a exportação de livros antigos e conjuntos bibliográficos brasileiros) e Portaria 262/IPHAN, direcionadas à proteção dos bens culturais, as quais devem colaborar para impedir o avanço do tráfico ilícito de bens culturais (COSTA; DA ROCHA, 2006).

O IPHAN desenvolve campanha com a Polícia Federal, com a Interpol e com o Conselho Internacional dos Museus (ICOM), com o objetivo de devolver aos países de origem os bens culturais furtados ou desviados de forma ilegal, desde 1997. Como principais medidas adotadas, destaca-se a criação da Coordenadoria-Geral de Proteção ao Meio Ambiente e Patrimônio Histórico no Departamento da Polícia Federal, com a implantação, em 27 Estados, de Delegacias de Repressão ao Crime contra o Meio Ambiente e Patrimônio Histórico (Delemaph), realizada após o roubo da Mapoteca do Itamaraty em 2003, quando foram furtados cerca de 150 mapas e 500 fotografias, entre outras peças, calculadas em torno de 80 milhões de reais, como demonstra a matéria jornalística da Folha de São de Paulo de 2014:

No topo da lista de suspeitos de integrar quadrilhas especializadas nesse tipo de ação, segundo a PF, estão os estudantes de biblioteconomia Laéssio Oliveira e Ricardo Machado. Ambos já foram condenados por furto, em 2004 [...] Eles se passam por pesquisadores e furtam as peças durante consultas ao acervo. Muitas vezes contam com a ajuda de funcionários ou vigias das instituições. Somente no Arquivo Geral da Cidade, no Rio de Janeiro, foram levadas, nos últimos cinco anos, mais de 3.000 peças, entre fotos, gravuras e revistas.

No Brasil, a comercialização de bens culturais furtados ou roubados de instituições públicas é significativa. Normalmente, os infratores se passam por pesquisadores e contam com ajuda de funcionários ou vigias para terem acesso às obras. Como no exemplo acima, em que mais de 3.000 peças foram furtadas do Arquivo Geral da Cidade, no Rio de Janeiro.

Conforme matéria jornalística publicada na Folha de São de Paulo em 2014, dois atuantes se destacam nessa prática delitiva, Laéssio Oliveira e Ricardo Machado. São biblioteconomistas que já foram condenados mais de 3 (três) vezes desde 2003, e existem processos em andamento em que são acusados atualmente. No quadro a seguir, constata-se o número elevado de obras nacionais furtadas pelos infratores em instituições públicas:

Figura 1 - Mapa de grandes roubos de livros registrados desde 2003.

Fonte: Folha de São Paulo, 21.01.2014

A publicação veiculada na Folha de São Paulo faz referência a alguns casos de furto em instituições públicas nacionais e torna público o problema do desaparecimento de obras no Brasil. O volume de obras desaparecidas é muito maior em relação às encontradas ou devolvidas ao seu lugar de origem e, muitas vezes, nem sequer há indícios do paradeiro das obras. A maioria dos bens culturais obtidos de forma ilícita são vendidos para estrangeiros e estes, por sua vez, são intermediários para colecionadores e leiloeiros, o que dificulta as investigações e a recuperação das peças.

No Brasil, por exemplo, a cada ano, volumes de obras e de objetos culturais desaparecem no território brasileiro, de acordo com a Interpol. Há bens que desaparecem em museus, arquivos e instituições públicas e privadas. E, nesses casos, raramente são recuperados por seus proprietários.

Há em torno de 1.596 bens culturais cadastrados em *Bens Culturais Procurados* no site do IPHAN_, sendo 632 bens procurados no Estado de São Paulo e 539 no Estado do Rio de Janeiro, regiões mais afetadas pelo tráfico ilícito de bens culturais, dos quais somente 127 (cento e vinte sete) bens foram resgatados até o presente momento.

Nesse sentido, faz-se necessário denunciar essas práticas delitivas, reconhecidas por museus, bibliotecas e arquivos, como uma ação organizada e criminosa, impondo aos bens culturais características de mercadorias e atribuindo a eles apenas valor monetário, quando, em verdade, permeiam-se de singularidade como patrimônio cultural, que não poderá ser substituído se deteriorado (KUSHNIR, 2009).

A previsão de penas e sanções para esses crimes não recebeu tratamento diferenciado na legislação penal brasileira, havendo apenas prescrição em leis esparsas quanto a danos causados a esses bens. No Código Penal, a tipificação mais próxima à conduta de negociação ilícita de determinado bem cultural é a receptação qualificada, prevista no artigo 180, §1º.

Também não foi instituída uma política legislativa e administrativa específica sobre o tráfico ilícito na Carta Magna, havendo previsão apenas no que se refere ao impedimento da evasão de bens culturais, podendo, ainda, ser utilizados outros instrumentos constitucionais para o combate a essa prática ilegal.

A proteção demonstra-se no artigo 23 da Constituição Federal de 1988:

É competência comum da União, dos Estados, do Distrito Federal e dos Municípios:

III - proteger os documentos, as obras e outros bens de valor histórico, artístico e cultural, os monumentos, as paisagens naturais notáveis e os sítios arqueológicos;

IV - impedir a evasão, a destruição e a descaracterização de obras de arte e de outros bens de valor histórico, artístico ou cultural;

Há apenas preceitos constitucionais acerca das competências legislativas da União, Estados e Municípios para determinar a preservação de certos bens culturais por leis específicas quanto à proteção ao patrimônio cultural, previstos no artigo 24, incisos VII e VIII e artigo 30, inciso IX da Constituição.[62]

Consoante artigo 5°, inciso LXXIII, da Constituição Federal de 1988, o patrimônio cultural está incluído na matéria referente ao Direito Ambiental, sendo elevada à categoria de direito fundamental.[63]

Ainda que a Constituição traga esses pontos, há carência de medidas específicas adequadas ao tráfico do patrimônio cultural, o que facilita o comércio e a formação de acervos de forma ilegal. Essa ausência pode ser uma das causas do comércio clandestino de bens culturais, que tem causado danos ao patrimônio cultural nacional. Um exemplo dessa ausência é o Decreto-Lei 4.146/42 que dispõe sobre a proteção dos depósitos fosselíferos, constituído por apenas um artigo e seu parágrafo único.

---

[62] Compete à União, aos Estados e ao Distrito Federal legislar concorrentemente sobre:

VII - proteção ao patrimônio histórico, cultural, artístico, turístico e paisagístico;

VIII - responsabilidade por dano ao meio ambiente, ao consumidor, a bens e direitos de valor artístico, estético, histórico, turístico e paisagístico;

Compete aos Municípios:

IX - promover a proteção do patrimônio histórico-cultural local, observada a legislação e a ação fiscalizadora federal e estadual.

[63] Artigo 5° Todos são iguais perante a lei, sem distinção de qualquer natureza, garantindo-se aos brasileiros e aos estrangeiros residentes no País a inviolabilidade do direito à vida, à liberdade, à igualdade, à segurança e à propriedade, nos termos seguintes:

LXXIII - qualquer cidadão é parte legítima para propor ação popular que vise a anular ato lesivo ao patrimônio público ou de entidade de que o Estado participe, à moralidade administrativa, ao meio ambiente e ao patrimônio histórico e cultural, ficando o autor, salvo comprovada má-fé, isento de custas judiciais e do ônus da sucumbência; (Grifo autor)

Por isso, torna-se indispensável a elaboração de legislação específica sobre o tráfico ilícito de bens culturais, bem como o incremento e a intensificação da fiscalização do comércio de obras, a fim de coibir a circulação de produtos de origem ilícita, principalmente por serem condutas e atividades consideradas lesivas ao patrimônio cultural brasileiro, que sujeitam pessoas físicas e jurídicas a sanções administrativas e penais, independentemente da obrigação de reparar os danos causados.

PATRIMÔNIO CULTURAL BRASILEIRO: BEM JURÍDICO TUTELADO NA ESFERA ADMINISTRATIVA

Como medida de proteção no âmbito administrativo, há o tombamento e o inventário, que podem ser direcionados à proteção ao tráfico ilícito de bens culturais, conforme determinação de ditames legais internacionais, sendo o primeiro incumbido ao Instituto de Patrimônio Histórico e Artístico Nacional (IPHAN) em esfera federal, disciplinado pelo Decreto-Lei nº 25 de 1937, ora recepcionado pela Constituição Federal de 1988, ou conforme legislação estadual ou municipal. Nos dizeres de Édis Milaré (2002, p. 279):

> Resulta de um procedimento administrativo complexo, de qualquer das esferas do Poder Público, por via do qual se declara ou reconhece valor cultural a bens que, por suas características especiais, passam a ser preservados no interesse de toda a coletividade.

Assim, ao tombamento é atribuída a conservação e a restrição quanto à alienação e à exportação de bens culturais, já que se verifica a característica de um bem público. Nos termos do Decreto-Lei 25/37, esses bens podem ser transferidos, desde que a transferência seja comunicada ao IPHAN pelo adquirente.

Segundo o artigo 14 do mesmo Decreto, o bem só poderá deixar o país por prazo curto, sem transferência de domínio e para fins de intercâmbio cultural, respeitando-se o prazo geral de seis meses, ou, para exposição itinerante, o limite de dois anos. A incidência de exportação ilegal gera o direito do Estado de sequestrá-lo, sem prejuízo de sanções administrativas ou penais.

Já os bens pertencentes às pessoas privadas deverão ser inscritos no Livro do Tombo e, de acordo com o Decreto-Lei 25/37, na ocasião de venda, deverá respeitar-se a ordem de preferência da União, Estados e Municípios para se manifestarem, em prazo de trinta dias, sobre a aquisição, senão, terão seus direitos sobre os bens nulos, já que nenhuma venda poderá ser realizada sem a notificação dos titulares do direito, nem mesmo nos casos de venda judicial.

Quanto aos inventários, há uma descrição detalhada de informações sobre o objeto, descrevendo suas características, inserindo imagem para identificação, bem como sua localização. É entendimento majoritário do Superior Tribunal Federal (STF)[64], que bem inventariado detém características de bens públicos, pois a Lei 9.605/98 prevê que qualquer ato administrativo ou judicial é suficiente para atribuir tal qualidade ao bem cultural. Dessa forma, o bem torna-se público, portanto, indisponível e inalienável.

A criação de inventários, de acervos públicos ou privados, proporciona um melhor conhecimento dos bens culturais, a fim de colaborar com investigações futuras e, assim, proteger o patrimônio cultural na captura mais breve de peças alvo do tráfico ilícito, inclusive facilitando a cooperação internacional nos referidos bancos de dados, como no *Origen Crime Art* da Interpol.

Os bens pertencentes às casas de comércio não são objetos de tombamento, em respeito ao princípio da livre circulação do comércio, porém receberão uma guia de licença para livre trânsito fornecido pelo IPHAN, como prevê o artigo 3º, parágrafo único do Decreto-Lei 25/37. Ocorre o mesmo com as obras de exposições trazidas de outros países, ou seja, as que estão submetidos ao intercâmbio.

---

[64] PROCESSUAL PENAL. CRIME CONTRA O PATRIMÔNIO CULTURAL. ART. 63 DA LEI Nº 9.605/98. AUSÊNCIA DE TOMBAMENTO DO BEM. DESNECESSIDADE. BEM INVENTARIADO PELO IPHAN. FORMA DE PROTEÇÃO DOPATRIMÔNIO CULTURAL BRASILEIRO RECONHECIDA PELA CONSTITUIÇÃO FEDERAL. ART. 216, §1o, DA CF/88. COMPETÊNCIA DA JUSTIÇA FEDERAL. I O art. 63 da Lei no 9.605/98 optou pela proteção do patrimônio cultural de forma genérica. Por Lei, por ato administrativo ou por decisão judicial. Sem mencionar expressamente o tombamento ou o inventário, que, indiscutivelmente, encontram-se compreendidos nas formas ali previstas, à luz do art. 216, §1o, da CF/88. II. Com efeito, por ser o inventário forma de proteção do patrimônio cultural brasileiro, prevista no art. 216, § 1o, da CF/88, desnecessário é o tombamento prévio, para que o bem seja considerado protegido pela união. III. Inventariada a edificação pelo instituto do patrimônio histórico e artístico nacional. Iphan, com fins de preservação, a competência para processar e julgar ação penal, para apuração do crime previsto no art. 63 da Lei no 9.605/98, é da justiça federal. IV. Recurso provido. (TRF 1a R.; RecCr 2006.39.00.008274-1; PA; Terceira Turma; Rela Desa Fed. Assusete Dumont Reis Magalhães; Julg. 29/09/2008; DJF1 31/10/2008; Pág. 76)

Vale ressaltar que a expressão "excluem-se do patrimônio histórico e artístico nacional as obras de origem estrangeira", encontrada ainda no artigo 3º, deve ser reconsiderada, pois há previsão constitucional e internacional promulgadas pelo Brasil, reconhecendo bens estrangeiros que se relacionam com a identidade cultural nacional em casos específicos, como integrantes do patrimônio cultural brasileiro, podendo, então, serem suscetíveis também de tombamento.

No Decreto-Lei 25/37, encontram-se três mecanismos de controle do comércio de bens culturais no Brasil, de promoção do IPHAN, sendo eles: a obrigação de registro especial de obras de arte, de manuscritos e de livros antigos ou raros pelos negociantes de antiguidades, com manutenção semestral; a lista de venda dos bens pelos agentes de leilão, sob pena de multa no valor de cinquenta por cento sobre o valor do bem vendido; e a necessidade de autenticação prévia pelo IPHAN, ou por perito da mesma instituição, para os bens poderem ser postos a venda, sob pena de multa de cinquenta por cento sobre o valor atribuído ao bem.[65] Além dos procedimentos recomendados pela Portaria do Iphan nº 396/17 que dispõe sobre os procedimentos a serem observados pelas pessoas físicas ou jurídicas que comercializem Antiguidades e/ou Obras de Arte de Qualquer Natureza.

---

65 Decrelo-Lei nº 25/37:

Artigo 26. Os negociantes de antiguidades, de obras de arte de qualquer natureza, de manuscritos e livros antigos ou raros são obrigados a um registro especial no Serviço do Patrimônio Histórico e Artístico Nacional, cumprindo-lhes outrossim apresentar semestralmente ao mesmo relações completas das coisas históricas e artísticas que possuírem.

Artigo 27. Sempre que os agentes de leilões tiverem de vender objetos de natureza idêntica à dos mencionados no artigo anterior, deverão apresentar a respectiva relação ao órgão competente do Serviço do Patrimônio Histórico e Artístico Nacional, sob pena de incidirem na multa de cincoenta por cento sôbre o valor dos objetos vendidos.

Artigo 28. Nenhum objéto de natureza idêntica à dos referidos no art. 26 desta lei poderá ser posto à venda pelos comerciantes ou agente' de leilões, sem que tenha sido préviamente autenticado pelo Serviço do Patrimônio Histórico e Artístico Nacional, ou por perito em que o mesmo se louvar, sob pena de multa de cincoenta por cento sôbre o valor atribuido ao objéto.

Parágrafo único. A. autenticação do mencionado objeto será feita mediante o pagamento de uma taxa de peritagem de cinco por cento sôbre o valor da coisa, se êste fôr inferior ou equivalente a um conto de réis, e de mais cinco mil réis por conto de réis ou fração, que exceder'

À tutela administrativa do patrimônio cultural agregam-se outros instrumentos protecionistas, que poderiam colaborar para o combate ao tráfico ilícito de bens culturais, tais como: vigilância; gestão documental; ação popular; ação civil pública; incentivos e benefícios fiscais e financeiros; e, principalmente, educação patrimonial e participação política, todos previstos na Constituição Federal de 1988 e não voltados diretamente para o combate ao tráfico ilícito de peças culturais.

Além de outras normativas com previsão legal da proibição de saída de certos bens culturais do país[66], bem como da saída temporária autorizada[67] e declarada[68], tal como a Lei 3.924/61 que dispõe sobre monumentos arqueológicos e pré-históricos, Artigo 20 e 21; a Lei 4.845/65 que proíbe

---

[66] Bens culturais que não podem sair do Brasil:

Artefatos, coleções ou acervos tombados pelo Iphan: pinturas, esculturas, gravuras, peças de mobiliário, peças ou coleções de moedas e medalhas antigas e outros objetos cujo valor excepcional esteja reconhecido individualmente ou em conjunto pelo Iphan (Decreto-Lei nº 25/37 – lista de bens tombados);

Obras de arte e ofícios produzidos ou introduzidos no Brasil até o fim do período monárquico (1889): pinturas, desenhos, esculturas, obra de talha, gravuras, elementos de arquitetura, imaginária, ourivesaria, peças de mobiliário; (Lei nº 4.845/65);

Objeto de interesse arqueológico ou pré-histórico, incluindo peças ou coleções de moedas e medalhas antigas (Lei nº 3.924/61);

Livros e acervos documentais constituídos de obras brasileiras ou sobre o Brasil, editadas nos séculos XVI a XIX (Lei nº 5.471/68).

[67] Saída temporária do Brasil de bens culturais:

Saída dos bens dos itens 1 a 3 (acima) pode ser autorizada em circunstâncias específicas (análise laboratorial para bens arqueológicos, exposições e intercâmbios culturais) e apenas para exportação temporária, com data de retorno previamente definida.

Esse procedimento de autorização é regulamentado pela Portaria IBPC nº 262/1992, nos casos de bens tombados (Decreto-Lei nº 25/1937) e bens compreendidos até o final de 1889 (Lei nº 4.845/1965), e pela Portaria Iphan nº 197/2016 para casos de bens arqueológicos com fins de análise laboratorial no exterior.

[68] Declaração de Saída de Bens Culturais do Brasil (DSBC) – IPHAN:

Artefatos artesanais ou industrializados, de proporções medianas ou reduzidas, produzidos nos mais variados materiais e com o objetivo de se constituírem como lembranças características de eventos, festividades e locais turísticos em que frequentemente são distribuídos ou vendidos, geralmente com o intuito de presentear alguém, tais como souvenires, presentes, lembranças, etc.

Objetos de utilidade doméstica cotidiana de notória produção industrial atual, tais como eletrodomésticos, mobiliário, tapetes, pratos, cinzeiros, peças objetos de decoração, louças de cozinha etc, apresentando indicativo de país de origem ou não, cujos componentes e materiais evidenciem produção em série (plásticos e resinas

a saída para o exterior de obras de arte produzidas no país até o fim do período monárquico, Artigo 1º ao 5º; a Lei 5.471/68 que dispõe sobre a exportação de livros antigos e conjuntos bibliográficos brasileiros, Artigo 1º ao 3º; a Portaria do Iphan nº 262/92 que regulamenta a saída de objetos culturais tombados do país e a Portaria do Iphan nº 197/16 que regulamenta a saída de bens arqueológicos do país para fins de análise laboratorial no exterior. A lei Além de medidas administrativas, têm-se positivado sanções penais, a fim de evitar o tráfico ilícito do patrimônio cultural.

PATRIMÔNIO CULTURAL: BEM JURÍDICO TUTELADO NA ESFERA PENAL

Existem várias normas destinadas a reger a circulação e comercialização de bens culturais, direcionadas à proteção do patrimônio cultural no Brasil, mas não há nada quanto ao tráfico ilícito especificamente, carecendo de ser mais bem aplicadas e fiscalizadas para atingir sua efetiva função.

A previsão de penas e sanções para esses crimes não recebeu tratamento diferenciado na legislação penal brasileira, havendo apenas prescrição em leis esparsas quanto a danos causados a esses bens. Por exemplo, como no Decreto-Lei 25/37, quanto à temática de tutela administrativa do patrimônio cultural. Uma abordagem penal é encontrada apenas em tipificações previstas no Código Penal e em leis esparsas, como na Lei do Meio Ambiente – Lei 9.605/98.

O tráfico promove a importação clandestina de determinado bem ilícito para o comércio interno de um país e pode possibilitar sua exportação, consistindo exatamente "no ato de comerciar ou mercadejar bens provenientes de negócios ilícitos" (NUNES, 1996 apud COSTA; ROCHA, 2007, p. 269), sendo caracterizado pelo *animus lucrandi* do agente. Apresenta, portanto, características similares à receptação qualificada.

---

em geral, ligas metálicas, cabos e fios elétricos, espumas e têxteis industriais, compensados de fibras de madeira, etc.).

Objetos de decoração domésticos, de caráter pessoal e familiar, de evidente produção industrial atual, contendo ou não referências a personagens fictícios de histórias em quadrinhos e de desenhos animados nacionais e estrangeiros, tais como porta-retratos, fotografias coloridas, acessórios, ornamentações, mobiliário infantil, etc.

Objetos de divulgação, difusão e promoção impressos em papel, tais como cartazes, folderes, anúncios, papeletas, pôsteres e outros suportes de mensagens publicitárias.

Desenhos e histórias em quadrinhos em geral, incluindo revistas em quadrinhos, de produção por artista vivo e atual e/ou cujo proprietário ou produtor seja o mesmo a requerer a exportação.

O tráfico ilícito de bens culturais não recebeu tratamento diferenciado na legislação penal, como receberam o tráfico ilícito de entorpecentes e de armas (COSTA; ROCHA, 2007). A tipificação que mais se aproxima dessa conduta é a receptação qualificada, crime descrito no artigo 180, parágrafo primeiro, do Código Penal.[69]

Destaca-se como requisito condicionante para a consumação da receptação, a existência de um crime antecedente, tal como furto, roubo ou qualquer outro constante no rol dos delitos contra o patrimônio. No mais, o bem jurídico tutelado nesse tipo penal abarca tanto o patrimônio público quanto o privado.

Além disso, referente à questão da introdução ilegal e atividade comercial de bens culturais provenientes clandestinamente de outros países ou fraudulentamente importados para outros países, tem-se o descaminho e o contrabando, previstos nos artigos 334, § 1º, inciso III e § 3º e 334-A parágrafo 1º, inciso II e parágrafo 3º, do Código Penal respectivamente, e não a receptação qualificada.[70]

---

[69] Receptação qualificada
§1º Adquirir, receber, transportar, conduzir, ocultar, ter em depósito, desmontar, montar, remontar, vender, expor à venda, ou de qualquer forma utilizar, em proveito próprio ou alheio, no exercício de atividade comercial ou industrial, coisa que deve saber ser produto de crime:
Pena - reclusão, de três a oito anos, e multa.

[70] Descaminho
Art. 334. Iludir, no todo ou em parte, o pagamento de direito ou imposto devido pela entrada, pela saída ou pelo consumo de mercadoria.
Pena - reclusão, de 1 (um) a 4 (quatro) anos.
§1º Incorre na mesma pena quem:
III - vende, expõe à venda, mantém em depósito ou, de qualquer forma, utiliza em proveito próprio ou alheio, no exercício de atividade comercial ou industrial, mercadoria de procedência estrangeira que introduziu clandestinamente no País ou importou fraudulentamente ou que sabe ser produto de introdução clandestina no território nacional ou de importação fraudulenta por parte de outrem;
§3º A pena aplica-se em dobro se o crime de descaminho é praticado em transporte aéreo, marítimo ou fluvial.
Contrabando
Art. 334-A. Importar ou exportar mercadoria proibida: Pena - reclusão, de 2 (dois) a 5 (cinco) anos.
§ 1º Incorre na mesma pena quem:
II - importar ou exportar clandestinamente mercadoria que dependa de registro, análise ou autorização de órgão público competente;

O descaminho (art.334, §1º, III) é a evasão de direito ou imposto devido em atividade comercial ou industrial, inclusive pela importação ou exportação de mercadorias e, o contrabando, o ato de importar ou exportar mercadoria proibida (art. 334-A, *caput*), sobretudo, se a mercadoria depender de registro, análise ou autorização de órgão público competente (art. 334-A, 1º, II).

O Decreto-Lei nº 3.688/41 – Lei de contravenções penais –, em seu capítulo VI, disciplina as contravenções relativas à Organização do Trabalho e prevê o *exercício ilegal do comércio de coisas antigas e obras de arte*.[71]

Nesse sentido, visam, concomitantemente, a prevenir que negociantes desses bens culturais os recoloquem em circulação de forma ilícita, se obtidos por meio de atividades criminosas levadas a cabo por terceiros; e a garantir e condicionar o exercício pacífico e lícito desse tipo de comércio, respeitando a liberdade de profissão e a livre iniciativa.

Analisados pelo viés da legislação ambiental penal, instituída pela Lei 9.605/98, os crimes contra o patrimônio cultural estão restritos à destruição, inutilização, alteração ou deterioração dos bens.[72]

---

§ 3º A pena aplica-se em dobro se o crime de contrabando é praticado em transporte aéreo, marítimo ou fluvial.

[71] CAPÍTULO VI:

Artigo 48. Exercer, sem observância das prescrições legais, comércio de antiguidades, de obras de arte, ou de manuscritos e livros antigos ou raros:

Pena – prisão simples de um a seis meses, ou multa, de um a dez contos de réis.

Ver também Portaria nº 396/2017 do IPHAN.

[72] SEÇÃO IV - Dos Crimes contra o Ordenamento Urbano e o Patrimônio Cultural: Artigo 62. Destruir, inutilizar ou deteriorar:

I - bem especialmente protegido por lei, ato administrativo ou decisão judicial;

II - arquivo, registro, museu, biblioteca, pinacoteca, instalação científica ou similar protegido por lei, ato administrativo ou decisão judicial:

Pena - reclusão, de um a três anos, e multa.

Parágrafo único. Se o crime for culposo, a pena é de seis meses a um ano de detenção, sem prejuízo da multa.

Artigo 63. Alterar o aspecto ou estrutura de edificação ou local especialmente protegido por lei, ato administrativo ou decisão judicial, em razão de seu valor paisagístico, ecológico, turístico, artístico, histórico, cultural, religioso, arqueológico, etnográfico ou monumental, sem autorização da autoridade competente ou em desacordo com a concedida:

Pena - reclusão, de um a três anos, e multa.

Nada consta em legislação especial sobre a prevenção e o combate ao tráfico ilícito de bens culturais no Brasil, mesmo que seja considerado pela Interpol um dos delitos mais rentáveis no mundo, depois dos tráficos de entorpecentes e de armas.

A Lei nº 3.924/61 regulamenta a proteção aos monumentos arqueológicos e pré-históricos, no que diz respeito à conservação e à saída do território brasileiro, além de disciplinar as escavações. Em seu artigo 3º[73], proíbe o aproveitamento econômico, a destruição ou a mutilação, para qualquer fim dos bens enumerados na lei, além de outros, admitindo apenas as especializadas, desde que concluída a exploração científica, com parecer favorável do IPHAN, sob pena da responsabilidade penal das pessoas que violarem essas normas, conforme artigo 5º da referida lei.[74]

Artigo. 64. Promover construção em solo não edificável, ou no seu entorno, assim considerado em razão de seu valor paisagístico, ecológico, artístico, turístico, histórico, cultural, religioso, arqueológico, etnográfico ou monumental, sem autorização da autoridade competente ou em desacordo com a concedida:
Pena - detenção, de seis meses a um ano, e multa.
Artigo 65. Pichar ou por outro meio conspurcar edificação ou monumento urbano
Pena - detenção, de 3 (três) meses a 1 (um) ano, e multa.
§ 1º Se o ato for realizado em monumento ou coisa tombada em virtude do seu valor artístico, arqueológico ou histórico, a pena é de 6 (seis) meses a 1 (um) ano de detenção e multa.
§ 2º Não constitui crime a prática de grafite realizada com o objetivo de valorizar o patrimônio público ou privado mediante manifestação artística, desde que consentida pelo proprietário e, quando couber, pelo locatário ou arrendatário do bem privado e, no caso de bem público, com a autorização do órgão competente e a observância das posturas municipais e das normas editadas pelos órgãos governamentais responsáveis pela preservação e conservação do patrimônio histórico e artístico nacional.

73 Artigo 3º. São proibidos em todo o território nacional, o aproveitamento econômico, a destruição ou mutilação, para qualquer fim, das jazidas arqueológicas ou pré-históricas conhecidas como sambaquis, casqueiros, concheiros, birbigueiras ou sernambis, e bem assim dos sítios, inscrições e objetos enumerados nas alíneas b, c e d do artigo anterior, antes de serem devidamente pesquisados, respeitadas as concessões anteriores e não caducas.

74 Artigo 5º. Qualquer ato que importe na destruição ou mutilação dos monumentos a que se refere o art. 2º desta lei, será considerado crime contra o Patrimônio Nacional e, como tal, punível de acôrdo com o disposto nas leis penais

A Lei n° 3.924/61, ainda em seus artigos 20 e 21[75], proíbe a exportação de objetos de interesse arqueológico, pré-histórico, numismático ou artístico sem a licença expressa do IPHAN, constante num *guia de liberação,* no qual o bem a ser transferido deverá ser especificado.

Segundo essa Lei, a não observância de tal preceito implicará na apreensão sumária do objeto a ser transferido, sendo entregue ao IPHAN, sem prejuízo de outras responsabilidades. Por conseguinte, os infratores se sujeitarão às sanções previstas nos artigos 163, 165, 166 e 167 do Código Penal.[76]

---

[75] CAPÍTULO V - Da remessa, para o exterior, de objetos de interesse arqueológico ou pré-histórico, histórico, numismático ou artístico.

Artigo 20. Nenhum objeto que apresente interesse arqueológico ou pré-histórico, numismático ou artístico poderá ser transferido para o exterior, sem licença expressa da Diretoria do Patrimônio Histórico e Artístico Nacional, constante de uma "guia" de liberação na qual serão devidamente especificados os objetos a serem transferidos.

Artigo 21. A inobservância da prescrição do artigo anterior implicará na apreensão sumária do objeto a ser transferido, sem prejuízo das demais cominações legais a que estiver sujeito o responsável.

Parágrafo único. O objeto apreendido, razão deste artigo, será entregue à Diretoria do Patrimônio Histórico e Artístico Nacional.

[76] CAPÍTULO IV - DO DANO

Dano

Art. 163 - Destruir, inutilizar ou deteriorar coisa alheia: Pena - detenção, de um a seis meses, ou multa.

Dano qualificado

Parágrafo único - Se o crime é cometido:

I - com violência à pessoa ou grave ameaça;

II - com emprego de substância inflamável ou explosiva, se o fato não constitui crime mais grave

III - contra o patrimônio da União, Estado, Município, empresa concessionária de serviços públicos ou sociedade de economia mista;

IV - por motivo egoístico ou com prejuízo considerável para a vítima:

Pena - detenção, de seis meses a três anos, e multa, além da pena correspondente à violência. Dano em coisa de valor artístico, arqueológico ou histórico

Art. 165 - Destruir, inutilizar ou deteriorar coisa tombada pela autoridade competente em virtude de valor artístico, arqueológico ou histórico:

Pena - detenção, de seis meses a dois anos, e multa.

Alteração de local especialmente protegido

No Código de Defesa do Consumidor – Lei nº 8.078/90 -, as infrações ao consumidor também ficam sujeitas a sanções administrativas, cíveis e criminais, elencados, em seu capítulo II, os crimes contra a ordem econômica e as relações de consumo.[77]

A Resolução nº 8 do Conselho de Controle de Atividades Financeiras (COAF) dispõe sobre os procedimentos a serem observados pelas pessoas físicas ou jurídicas que comercializem objetos de arte e antiguidades, visando a evitar o aproveitamento econômico por meio do tráfico ilícito do patrimônio cultural.[78]

Em meados de 2016, o IPHAN realizou uma consulta pública a fim de promulgar uma Portaria regulamentando o cadastro de negociantes de obras de arte. Criada então a Portaria nº 396/16, instituindo o Cadastro de Negociantes de Obras de Arte e Antiguidades (CNART), dispondo de um cadastro nacional via *web* para comerciantes e agentes de leilão que negociam objetos de antiguidade, obras de arte de qualquer natureza, manuscritos e livros antigos ou raros.

Art. 166 - Alterar, sem licença da autoridade competente, o aspecto de local especialmente protegido por lei: Pena - detenção, de um mês a um ano, ou multa.

[77] Artigo 7º Constitui crime contra as relações de consumo:

IX - vender, ter em depósito para vender ou expor à venda ou, de qualquer forma, entregar matéria-prima ou mercadoria, em condições impróprias ao consumo;

Pena - detenção, de 2 (dois) a 5 (cinco) anos, ou multa.

Parágrafo único. Nas hipóteses dos incisos II, III e IX pune-se a modalidade culposa, reduzindo-se a pena e a detenção de 1/3 (um terço) ou a de multa à quinta parte.

[78] Ver Portaria nº 396/2017 do IPHAN. Seção I Das Disposições Preliminares:

Artigo 1. Com o objetivo de prevenir e combater os crimes de "lavagem" ou ocultação de bens, direitos e valores, conforme estabelecido na Lei nº 9.613, de 3 de março de 1998, e no Decreto nº 2.799, de 8 de outubro de 1998, as pessoas físicas ou jurídicas que comercializem objetos de arte e antiguidades deverão observar as disposições constantes da presente Resolução.

Parágrafo único. Enquadram-se nas disposições desta Resolução as pessoas físicas ou jurídicas que comercializem, importem ou exportem, intermediem a compra ou a venda de objetos de arte e antiguidades, em caráter permanente ou eventual, de forma principal ou acessória, cumulativamente ou não.

Seção IV Das Operações Suspeitas:

Artigo 6. As pessoas mencionadas no art. 1º dispensarão especial atenção às operações ou propostas que, nos termos do Anexo a esta Resolução, possam constituir-se em sérios indícios dos crimes previstos na Lei nº 9.613, de 1998, ou com eles relacionarem-se.

O CNART é um instrumento que auxilia o IPHAN a desenvolver a política de prevenção à lavagem de dinheiro por meio de obras de arte - conforme Lei nº 9.613/1998 - e também a conhecer os objetos de valor histórico e artístico que são comercializados no país, o que colabora para identificar os que são passíveis de reconhecimento como patrimônio histórico e artístico nacional - Decreto-Lei nº 25/1937 e Instrução Normativa nº 01/2007.[79]

Tanto a pessoa física quanto a jurídica que comercializar, importar, exportar ou intermediar compra ou venda de objetos de arte ou antiguidades poderá incidir nos crimes previstos na Lei nº 9.613, que trata os crimes de "lavagem" ou ocultação de bens, direitos e valores.[80]

Assim, quem oculta ou dissimula a natureza, origem, localização ou quem, para ocultar ou dissimular a utilização de bens, direitos ou valores, adquire, recebe, troca, movimenta ou transfere ou, ainda, importa ou exporta bens de valores, como os bens culturais, entre outros, cometerá infração desse ditame legal.

Há outros institutos legais, além dos citados, que tratam da circulação de bens culturais, como a Lei nº 4.845/65, que proíbe a saída, para o exterior, de obras de arte e de ofícios produzidos no país até o fim do período monárquico; a Lei nº 5.471/68, que dispõe sobre a exportação de livros antigos e de conjuntos bibliográficos brasileiros e a Portaria nº 262/92 do IPHAN, que regulamenta a saída de objetos culturais do país.

---

[79] Disponível em: < http://cnart.iphan.gov.br/cnart/pagina-inicial.jsf?faces-redirect=true> Acesso em: Nov. 2017.

[80] Art. 1o Ocultar ou dissimular a natureza, origem, localização, disposição, movimentação ou propriedade de bens, direitos ou valores provenientes, direta ou indiretamente, de infração penal.
Pena: reclusão, de 3 (três) a 10 (dez) anos, e multa.
§ 1º Incorre na mesma pena quem, para ocultar ou dissimular a utilização de bens, direitos ou valores provenientes de infração penal:
I - os converte em ativos lícitos;
II - os adquire, recebe, troca, negocia, dá ou recebe em garantia, guarda, tem em depósito, movimenta ou transfere;
III - importa ou exporta bens com valores não correspondentes aos verdadeiros.
§ 2º Incorre, ainda, na mesma pena quem:
I - utiliza, na atividade econômica ou financeira, bens, direitos ou valores provenientes de infração penal; Ver Portaria nº 396/2017 do IPHAN, que regulamenta as casas que comercializam e leiloam obras de arte. (*Compliance*)

PROTEÇÃO DO PATRIMÔNIO CULTURAL SUBAQUÁTICO NO BRASIL [81]

O Estado brasileiro aderiu a todas as convenções da UNESCO relativas à cultura, exceto à que se refere à proteção do patrimônio cultural subaquático, de 2001. A não ratificação dessa norma internacional é agravada pela deficiência da legislação brasileira acerca da matéria. No Brasil, inexiste norma geral relativa ao patrimônio cultural subaquático como há em outros países como, por exemplo, Portugal, França, Itália, Espanha, Honduras, Peru, Venezuela e Colômbia.

Apesar de não ser uma norma específica sobre patrimônio cultural, a lei nº 7.542/86 traz disposições no caso de bens submersos revestirem-se de valor artístico, interesse histórico ou arqueológico. Quando verificado tal valor, eles serão de domínio da União, não sendo passíveis de apropriação, doação, alienação direta ou por meio de licitação pública, o que está de acordo com o previsto no art. 20, inciso X da Constituição Federal.

Não obstante tal previsão, o parágrafo 2º da aludida norma dispõe que, no contrato ou no ato de autorização para remoção desses bens, cuja competência para emissão é da Marinha, será possível a estipulação de pagamento de recompensa ao responsável pela remoção, a qual poderá se constituir na adjudicação de até quarenta por cento do valor total atribuído aos bens removidos.

A avaliação do caráter artístico, histórico ou arqueológico do bem é realizada por uma comissão de peritos, convocada pela autoridade naval e com a presença de representantes do Ministério da Cultura, que também têm a competência de atribuir valor econômico ao bem resgatado, observado os preços praticados no mercado internacional, nos termos definidos pelos parágrafos primeiro e segundo da lei, incluídos pela lei nº 10.166/2000.

A autorização para remoção de bens culturais subaquáticos de seu local de origem parece ir de encontro ao princípio da preservação *in situ* consagrado no art. 2º, parágrafo 5º da Convenção da UNESCO sobre a proteção do patrimônio cultural subaquático. De acordo com

---

[81] Ver: SOARES, A. D.; RABELO, Cecília Nunes. *Patrimônio cultural subaquático como Direito Humano: a necessidade de ratificação pelo Brasil da Convenção sobre a proteção do patrimônio cultural subaquático da UNESCO, 2001.* In: Wagner Menezes. (Org.). Direito Internacional em Expansão. 1ed.Belo horizonte: Arraes Editores, 2016, v. VI, p. 102-112.

a referida norma, será dada prioridade à preservação do patrimônio cultural subaquático no lugar em que ele for encontrado, evitando-se ao máximo a retirada dos bens de seu contexto, tendo em vista a relação intrínseca dos objetos arqueológicos com o lugar no qual estão inseridos.

A possibilidade de atribuir valor econômico a bens culturais também se mostra contrária a outro princípio da referida Convenção, que é o da total vedação à exploração comercial do patrimônio cultural subaquático. Esse princípio também está em conformidade com os princípios morais que se aplicam ao patrimônio cultural, não devendo ser explorado para o comércio ou para especulação, ou ser dispersado. Não obstante, a organização internacional alerta que a referida diretriz não obsta a pesquisa e o turismo arqueológico, que devem ser fomentados.

No Brasil, a costa tem aproximadamente 8.500 km e o país apresenta um número aproximado de 2.125 naufrágios ocorridos desde o século XVI (GUSMÃO; RAMBELLI, 2014). Belonaves alemãs e italianas utilizadas na segunda guerra mundial, caravelas do período colonial, vapores do século XIX e cargueiros da década de 60[82] encontram-se submersos na costa brasileira com quase nenhuma ação protetiva promovida pelo Estado.

Nessa perspectiva, não são muitas as proposições normativas referentes à proteção dos bens culturais subaquáticos. Merece destaque o projeto de lei nº 45, de 2008, que dispunha sobre o patrimônio cultural subaquático que revogava os artigos 20 e 21 da lei nº 7.542/86. A justificativa do referido projeto de lei, de autoria da deputada Nice Lobão, era clara ao afirmar a necessidade de normas protetivas ao patrimônio cultural subaquático brasileiro tendo em vista as deficiências da atual legislação em vigor[83].

No entanto, a própria autoridade naval manifestou-se favorável a tal alteração, apesar de posicionar-se contrariamente à ratificação da Convenção da UNESCO por questões de "soberania"[84]. Apesar de seu

---

[82] Disponível em: <http://veja.abril.com.br/noticia/brasil/os-gigantes-submersos-da-costa-brasileira>. Acesso em: Abr. 2023.

[83] Justificativa do projeto de lei nº 45/2008. Disponível em: <http://www.senado.leg.br/atividade/rotinas/materia/getPDF.asp?t=53114&tp=1>. Acesso em: Abr.2023.

[84] Disponível em: <https://www.senado.gov.br/comissoes/CE/AP/AP20090902_Marinha_Comandante- TomeAlbertinoMachado.pdf>. Acesso em: Abr. 2023.

caráter inovador, e também por causa disso, o aludido projeto de lei foi arquivado em dezembro de 2014 com fundamento no art. 332 do regimento interno do Senado Federal, que dispõe sobre o arquivamento automático no final da legislatura, tendo decorrido o prazo legal para sua reabertura sem que houvesse qualquer manifestação de interesse para tanto.

Observa-se, portanto, a insuficiência da legislação nacional relativa ao patrimônio cultural brasileiro ou falta de aplicação das normas existentes, em especial em relação à sua espécie subaquática, tornando esses bens culturais sujeitos ao perigo de danos, inclusive irreversíveis, desrespeitando a proteção ao patrimônio cultural brasileiro, previsto tanto na Constituição quanto nas diretrizes culturais internacionais das quais o Brasil é signatário.

PARTE II

CAPÍTULO 7.
CASO BANCO SANTOS

> *A minoridade é a incapacidade de se servir de seu próprio entendimento sem a tutela de um outro. É a si próprio que se deve atribuir essa minoridade, uma vez que ela não resulta da falta de entendimento, mas da falta de resolução e de coragem necessárias para utilizar seu entendimento sem a tutela de outro. Sapere aude! Tenha a coragem de te servir de teu próprio entendimento, tal é portanto a divisa do Esclarecimento (Aufklärung).*
>
> *Immanuel Kant*

Feitas as considerações a respeito da normativa sobre o tráfico ilícito internacional de bens móveis do patrimônio cultural arqueológico, e entendidas as medidas aplicadas no Brasil para esse fim, passa-se agora a discutir a constituição de um acervo que pode estar em desacordo com essas normas.

Para tanto, foi feita uma análise quantitativa e descritiva da constituição do acervo arqueológico do Instituto Cultural Banco Santos (ICBS). A composição do acervo iniciou-se com a criação do próprio Instituto em março de 2002, a fim de "resgatar a memória e a história, preservando e divulgando o patrimônio e a cultura nacional"[85], inaugurando suas atividades com a exposição de cartografias "O tesouro dos mapas - a cartografia na formação do Brasil".

Nesta segunda parte do livro, é apresentado tal acervo, sua aquisição, sua composição, localização atual, seus vínculos com o processo criminal federal e de falência do Banco Santos e com o que foi noticiado pela imprensa sobre a irregularidade na formação desse acervo. Finalmente, é analisada sua formação à luz do disposto nas normativas, principalmente em relação ao tráfico ilícito de bens culturais arqueológicos.

---

[85] Relação de obras entregue ao IPHAN pela equipe do ICBS em 2002, Anexo VIII, do Apenso nº 4, dos autos nº 2005.61.81.900396-6, fl. 284.

O PROCESSO DE CONSTITUIÇÃO DE UM ACERVO: A CID COLLECTION, O INSTITUTO CULTURAL BANCO SANTOS E A COLEÇÃO PRIVADA DE EDEMAR CID FERREIRA

Esse item é elaborado por meio de informações obtidas dos autos do processo nº 2005.61.81.900396-6. O acervo iniciou-se em 2002, com a criação do Instituto Cultural Banco Santos (ICBS). O objetivo da criação do ICBS era legalizar a guarda de algumas coleções arqueológicas, oriundas de achados fortuitos (art. 17 da Lei 3.924/61), de coleções até então irregulares, momento que Edemar Cid Ferreira, ex-diretor do Banco Santos S/A, entrou em contato com o IPHAN em Brasília.

A autarquia federal condicionou a guarda dos bens culturais à composição de uma equipe especializada para tratamento, curadoria, exposição e conservação dos acervos no corpo permanente de instituições públicas e privadas, desde que com fins sociais, culturais e/ou científicos, com implantação de programas de difusão do conhecimento arqueológico. A guarda seria provisória (art. 18 da Lei 3.294/61), em virtude de os itens serem bens da União, podendo ser requeridos a qualquer tempo, visto que os bens culturais arqueológicos são de uso público e coletivo de alcance social[86], como abordado no capítulo 2.

O Instituto Cultural Banco Santos[87] foi criado com essa finalidade em 15 de agosto de 2002, funcionando como Organização de Sociedade Civil de interesse público conforme Lei Federal nº 9.790/99,[88] e com a apresentação de equipe de trabalho especializada[89].

A partir de então, foi expedida a Portaria nº 228/2002 pelo IPHAN, autorizando a guarda de 765 peças arqueológicas, compostas em 7 coleções[90] a saber:

> **Coleção Graciete (Humberto Luis Dacier)**: proveniente da Fazenda São Marcos de Luis Humberto Dacier, onde se encontram os sítios arqueológicos conhecidos como tesos dos Camutins e do Urubu. Total de peças: 403 peças inteiras e fragmentos; sendo 5 urnas funerárias grandes, 67 urnas ou

---

[86] Parecer Técnico 142/11 – 9ª SE/IPHAN/SP.
[87] Apenso do processo IPHAN nº 01450.000764/2002-30, fl.. 7.
[88] Despacho da Secretaria Nacional de Justiça.
[89] Processo IPHAN nº 01450.000764/2002-46, fl. 23.
[90] Parecer Técnico 142/11 – 9ª SR/IPHAN/SP.

vasos médios, 8 bancos, 31 tigelas médias e pequenas, 8 pratos, 12 tangas em cerâmicas, 6 estatuetas, 53 peças pequenas (rodelas de fuso, bodoques, tigelas miniaturas), um carimbo em osso, 5 líticos polidos (lâminas de machado) e fragmentos cerâmicos de dimensões variadas.

Coleção Dona Dita: proveniente de várias fazendas do Marajó, fruto de descobertas fortuitas trocadas ou doadas por vários moradores, destaque para a moradora Benedita Acatauassu, antiga moradora da Ilha de Marajó, que reuniu os bens da coleção por quarenta anos. Total de 45 peças sendo: 2 urnas pequenas, 12 vasos e tigelas fundas, 5 pratos, 12 tangas fragmentadas, 9 estatuetas fragmentadas, fragmentos de dimensões variadas.

Coleção Gisela: Todas as peças são provenientes da fazenda Monte Carmelo, Ilha do Marajó, de um sítio arqueológico, sendo 5 urnas funerárias grandes e médias, uma das quais bastante fragmentada.

Coleção Maurício (Maurício Teixeira): proveniência de todas as peças do mesmo sítio arqueológico na fazenda Monte Carmelo, Ilha do Marajó, com exceção de um prato de proveniência desconhecida, sendo 37 peças: uma urna funerária média, 8 tangas em cerâmica, 6 estatuetas, 3 pratos, 6 tigelas, 4 vasos e fragmentos de dimensões variadas.

Coleção Silvia: provenientes todas do mesmo sítio arqueológico na fazenda Monte Carmelo, Ilha do Marajó, sendo um total de 65 peças: 2 urnas funerárias médias, 38 estatuetas fragmentadas ou apêndices de urnas, 3 vasos médios, 6 tigelas grandes, 2 pratos, fragmentos cerâmicos de dimensões variadas.

Coleção Luís Otávio: proveniente da Fazenda São Marcos, antiga propriedade de Luis Humberto Dacier, onde se encontram os sítios arqueológicos conhecidos como tesos Camutins e Urubu, sendo um total de 200 peças inteiras e fragmentos, contendo 16 peças líticas pequenas (contas, canutilhos de colar, pingentes e pequenas esculturas zoomorfas e antropomorfas).

Coleção Sandrê: proveniência genérica Rio Trombetas, sendo 10 peças, contendo 5 esculturas ou pré-formas de esculturas zoomorfa (muiraquitãs), uma peça maior (escultura zoomorfa fragmentada), 4 contas de colar.

Abaixo, na Figura 2 e 3, tem-se a cópia da Portaria e de sua publicação no Diário Oficial:

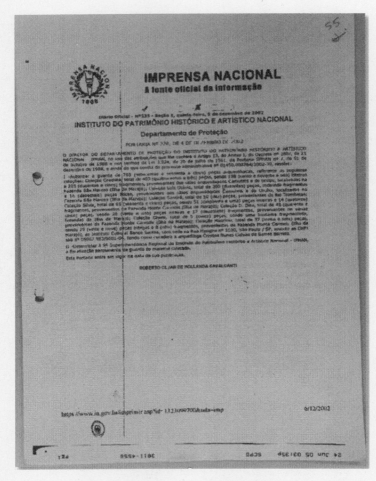

Figura 2 - Portaria nº 228/2002, do Instituto do Patrimônio Histórico e Artístico Nacional (IPHAN). Fonte: Processo criminal federal nº 2005.61.81.900396-6, fl. 55.

Figura 3 - Publicação da Portaria nº 228/2002, do IPHAN publicada no Diário Oficial. Fonte: Processo criminal federal nº 2005.61.81.900396-6, fl. 56.

Tal instrumento, a Portaria nº 228/2002 do IPHAN, e sua respectiva publicação no Diário Oficial, conforme imagens supra[91], possibilitou o conhecimento do acervo arqueológico pelo IPHAN. Quando houve a intervenção no Banco Santos S/A em 2004, foi descoberto que, na verdade, o ICBS possuía 2.100 peças arqueológicas, e não apenas as 765 registradas.[92]

---

[91] Anexo VII, do Apenso nº 4, do Processo nº2005.61.81.900396-6, fls. 55 e 56.

[92] Informação Técnica nº 18/2005 – COPEDOC, de 19/10/2005 do processo nº 01450.00764/2002-30.

Os responsáveis pelo ICBS afirmam que esse foi "constituído com a missão de apoiar a preservação do patrimônio histórico e artístico nacional, contribuindo direta e indiretamente para seu resgate, restauro, documentação e divulgação, bem como apoiando estrutural e financeiramente museus, bibliotecas e acervos culturais organizados em geral" de acordo com o apresentado na solicitação de parceria entre o Poder Público e a Sociedade Civil para a guarda do material arqueológico achado fortuitamente, em conformidade com a Lei 3.924/61.[93]

Ao final de 2004, houve a intervenção do Banco Central do Brasil no Banco Santos S/A, e foi decretada a falência pela 2ª Vara de Falências e Recuperações Judiciais da Capital de São Paulo de dita instituição financeira em setembro de 2005. Foi instaurada a Ação Criminal nº 2005.61.81.900396-6 pela 6ª Vara Federal Especializada em Crimes contra o Sistema Financeiro Nacional e em Lavagem de Valores pelo Ministério Público Federal e solicitado o sequestro de bens móveis e imóveis.

O Juiz Federal Dr. Fausto Martins de Sanctis, decretou, então, o sequestro de todos os bens imóveis e móveis do Sr. Edemar Cid Ferreira, de todas as coleções de artes e os acervos de peças pessoais e de todas as instituições relacionadas ao banco, tal como o ICBS e a *Cid Collection*, também controladas pelo banqueiro. Com isso, foram descobertas em torno de 12.000 peças sob a posse do banco e do ex-banqueiro, constatada nos autos da Justiça Federal.

No catálogo da exposição "Antes - As histórias da pré-história", organizada pelo Edemar Cid Ferreira e realizada no Centro Cultural Banco do Brasil de São Paulo, de outubro de 2004 a janeiro de 2005, período da intervenção do BACEN no Banco Santos S/A, na página 289, na Figura 4 abaixo, faz-se referência à existência de mais de 15.000 objetos de arte pertencentes ao acervo total.

---

[93] Processo IPHAN nº 01450.000764/2002-30, fls. 2 e 3.

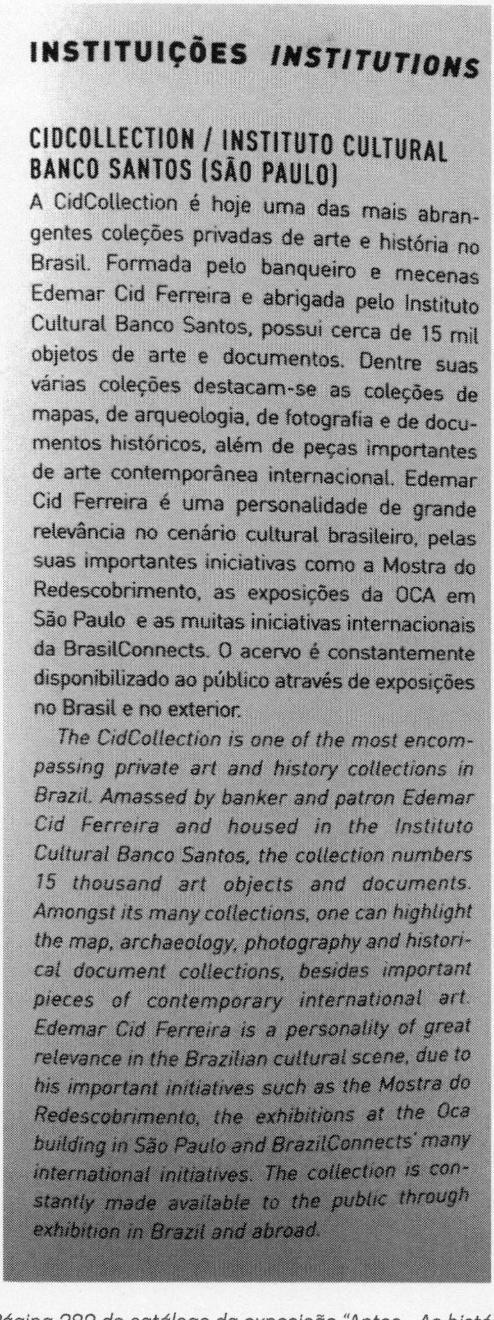

INSTITUIÇÕES *INSTITUTIONS*

CIDCOLLECTION / INSTITUTO CULTURAL BANCO SANTOS (SÃO PAULO)

A CidCollection é hoje uma das mais abrangentes coleções privadas de arte e história no Brasil. Formada pelo banqueiro e mecenas Edemar Cid Ferreira e abrigada pelo Instituto Cultural Banco Santos, possui cerca de 15 mil objetos de arte e documentos. Dentre suas várias coleções destacam-se as coleções de mapas, de arqueologia, de fotografia e de documentos históricos, além de peças importantes de arte contemporânea internacional. Edemar Cid Ferreira é uma personalidade de grande relevância no cenário cultural brasileiro, pelas suas importantes iniciativas como a Mostra do Redescobrimento, as exposições da OCA em São Paulo e as muitas iniciativas internacionais da BrasilConnects. O acervo é constantemente disponibilizado ao público através de exposições no Brasil e no exterior.

The CidCollection is one of the most encompassing private art and history collections in Brazil. Amassed by banker and patron Edemar Cid Ferreira and housed in the Instituto Cultural Banco Santos, the collection numbers 15 thousand art objects and documents. Amongst its many collections, one can highlight the map, archaeology, photography and historical document collections, besides important pieces of contemporary international art. Edemar Cid Ferreira is a personality of great relevance in the Brazilian cultural scene, due to his important initiatives such as the Mostra do Redescobrimento, the exhibitions at the Oca building in São Paulo and BrazilConnects' many international initiatives. The collection is constantly made available to the public through exhibition in Brazil and abroad.

Figura 4 - Página 289 do catálogo da exposição "Antes - As histórias da pré-história". Fonte: Processo criminal federal nº 2005.61.81.900396-6

Com o ajuizamento da Ação de sequestro dos bens pelo Ministério Público Federal, e com a ordem decretada pelo Juiz Federal, em 2005, determinou-se também o desmembramento do conjunto de bens em lotes diversos, atribuindo a "Guarda Judicial" desses a diferentes museus na cidade de São Paulo, constituindo esses depositários fiéis, responsáveis pela elaboração de inventários e perícias técnicas dos acervos que estão custodiando. A 6ª Vara Criminal Federal decretou que as peças arqueológicas e etnográficas do ICBS e da *Cid Collection* seriam encaminhadas ao MAE/ USP para salvaguardá-las e divulgá-las para fins científicos e para acesso da comunidade.

A distribuição foi executada, então, de acordo com a tipologia dos lotes classificados por peritos legais, designando-se um conjunto de peças de arqueologia e etnologia para o Museu de Arqueologia e Etnologia (MAE-USP) e outros conjuntos para o Museu Paulista (Museu do Ipiranga/ MI-USP), Museu de Arte Contemporânea da USP (MAC-USP), Instituto de Estudos Brasileiros (IEB-USP), Museu Naval e outros centros e institutos culturais na cidade de São Paulo.

Após decretada a falência do Banco Santos S/A, pela 2ª Vara de Falências e Recuperações Judiciais de São Paulo, capital, em setembro de 2005[94], foi definido que o acervo fosse posto a leilão de origem falimentar, de acordo com o proposto pelo interventor da já massa falida do Banco Santos S/A, a fim de suprir os credores por suas perdas patrimoniais decorrentes dos investimentos realizados no banco.

Na Justiça Federal, em sentença criminal proferida em 2006, foi decretada a perda dos bens em favor da União e, entre esses bens, havia os das empresas ligadas ao banco e os que eram de propriedade de Edemar Cid Ferreira.

A Cid Ferreira Collection Empreendimentos S/A era uma das empresas coligadas ao Banco Santos S/A, em que os sócios eram familiares de Edemar Cid Ferreira e de uma empresa *off shore*[95] *Waimea Corporation*, sediada nas Ilhas Virgens Britânicas (paraíso fiscal), apresentando fortes indícios de prática de delitos contra o Sistema Financeiro Nacional e de lavagem de valores por meio de transações com bens culturais.

---

[94] Processo nº 2005.61.81.900396-6.

[95] *Offshore* é um termo da língua inglesa cujo significado literal é "afastado da costa". Em termos financeiros, é designada por offshore uma empresa que tem a sua contabilidade num país distinto daquele onde exerce a sua atividade, também é associado a empresas ou contas abertas em paraísos fiscais, que são por vezes utilizadas para fins ilícitos e crimes do colarinho branco.

Por isso, foi decretada a extensão da falência às empresas ligadas ao Banco Santos S/A pela Justiça Estadual de São Paulo.[96]

Logo após a sentença penal condenatória da Justiça Federal, foi ajuizada ação de conflito de competência pela Justiça Estadual de São Paulo.

Consequentemente, conforme entendimento do Superior Tribunal de Justiça[97], o juízo falimentar é o credenciado a custodiar todo o patrimônio da falida, para os repartir entre os credores e os que demonstrem legítimo interesse. Assim, após o trânsito em julgado da sentença penal condenatória, deverá ser aperfeiçoado o decreto de perda de bens em favor da União, e caberá ao juízo falimentar indicar quem são os terceiros de boa-fé, que, à luz do artigo 91, inciso II do Código Penal, não poderão ser prejudicados pelo confisco-efeito da condenação penal. A ementa do Acórdão do STJ sobre o conflito de competência entre a Justiça Federal criminal de São Paulo e a de falências da Justiça Estadual de São Paulo relata:

> CONFLITO DE COMPETÊNCIA ENTRE JUÍZOS CRIMINAL E FALIMENTAR - PERDA DE BENS, EM FAVOR DA UNIÃO, FRUTOS DO CRIME COMO EFEITO DA SENTENÇA PENAL CONDENATÓRIA TRANSITADA EM JULGADO - DECRETO DE FALÊNCIA DAS EMPRESAS TITULARES DESSES BENS ANTES DO TRÂNSITO EM JULGADO DA SENTENÇA PENAL CONDENATÓRIA - COMPETÊNCIA DO JUÍZO UNIVERSAL DA FALÊNCIA PARA ATOS DE DISPOSIÇÃO E CONSERVAÇÃO DOS BENS DA MASSA FALIDA - CARACTERIZAÇÃO - AÇÃO DE RESPONSABILIDADE CIVIL PREVISTA NA LEI N. 6.024/74 CONTRA EX-ADMINISTRADORES DE INSTITUIÇÃO FINANCEIRA, COM ORDEM DE ARRESTO DE BENS - PROXIMIDADE COM FEITO FALIMENTAR - APLICAÇÃO, MUTATIS MUTANDI, DO PRINCÍPIO DA UNIVERSALIDADE DO JUÍZO DE QUEBRA - NECESSIDADE - COMPETÊNCIA DO JUÍZO FALIMENTAR - CONFIGURAÇÃO - CONFLITO CONHECIDO PARA AFIRMAR A COMPETÊNCIA DO JUÍZO DE FALÊNCIA.
> 1. A decretação da falência carreia ao juízo universal da falência a competência para distribuir o patrimônio da massa falida aos credores conforme as regras concursais da lei falimentar.
> 2. A *ratio essendi* do ordenamento jurídico repousa na necessidade de reservar a único juízo a atribuição de gerenciar e decidir acerca de todos os bens sob a titularidade e posse da massa falida. Para tanto, eventuais terceiros prejudicados deverão valer-se dos mecanismos previstos na legislação falimentar, como o pedido de habilitação de crédito, a formulação de pedido de restituição, entre outros.

---

96 Acórdão nº 76.740 -SP (2006/0279583-9) do Conflito de Competência: Relatório do Exmo. Sr. Ministro Ari Pargendler.

97 Acórdão nº 76.740 -SP (2006/0279583-9) do Conflito de Competência: Relatório do Exmo. Sr. Ministro Ari Pargendler.

3. Havendo conflito de competência entre o juízo criminal - que determina a perda de bens em favor da União com base no art. 91, II, do Código Penal após o trânsito em julgado - e o juízo falimentar quanto a atos de disposição dos bens da massa falida, deverá ser prestigiada a *vis attractiva* do foro da falência, que é - por assim dizer - o idôneo distribuidor do acervo da massa falida.

4. Após o trânsito em julgado da sentença penal condenatória, momento em que se aperfeiçoará o decreto de perda de bens em favor da União, cumprirá ao juízo falimentar - mediante provocação -indicar quem são os terceiros de boa-fé, que, à luz do art. 91, II, do CP, não poderão ser prejudicados pelo confisco-efeito da condenação penal.

5. A ação de responsabilidade civil prevista na Lei n. 6.024/74 (Lei de Intervenção e de Liquidação das Instituições Financeiras) possui notória interconexão com o feito falimentar, do que dão nota a coincidência do foro competente (art. 46 da Lei n. 6.024/74), a legitimidade ativa do administrador da massa falida (art. 47 da Lei n. 6.024/74) e a finalidade da ação de responsabilidade em obter a condenação dos ex-administradores da instituição financeira com o intuito de incrementar o acervo patrimonial constitutivo da massa falida, tudo em prol do pagamento dos credores da instituição financeira (art. 49 da Lei n. 6.024/74).

6. A acentuada proximidade entre a ação de responsabilidade dos administradores da instituição financeira e o feito falimentar permite que o princípio da universalidade do foro da falência seja, no que couber, aplicado às aludidas ações de responsabilidade.

7. <u>Ao símile do que ocorre no caso da falência, diante de sentença penal posterior à ação de responsabilidade a qual determine, após o trânsito em julgado, a perda dos bens dos ex-administradores em proveito da União, a competência para custodiar esses bens e avaliar se o confisco está ou não prejudicando os terceiros de boa-fé mencionados no art. 91, II, do Código Penal será do r. juízo falimentar.</u> (Grifo nosso)

8. É desinfluente - seja no caso de falência, seja no de ação de responsabilidade - que o eventual sequestro de bens na esfera penal seja anterior à propositura da ação de responsabilidade civil dos ex-administradores ou ao decreto de quebra.

9. Conflito conhecido para declarar a competência do r. juízo falimentar.
(Documento: 5293743 - EMENTA / ACORDÃO - CONFLITO DE COMPETÊNCIA Nº 76.740 - SP (2006/0279583-9) - Rel. MINISTRO MASSAMI UYEDA - DJ: 15/06/2009)

Entre os bens decretados perdidos em favor da União, havia os ligados às empresas do Banco Santos S/A e os que eram de propriedade do Edemar Cid Ferreira. Esses últimos passaram a ser perseguidos na Ação de responsabilidade civil ajuizada pelo Ministério Público Estadual, para obter a reparação dos prejuízos sofridos por terceiros[98].

---

[98] Lei 6.024/74.

O IPHAN, para a respectiva proteção dos bens arqueológicos, solicitou o tombamento de todo o acervo, conforme Ofício nº 335/006 – 9ª SR/ IPHAN/SP, e a devolução desses bens aos seus lugares de origem, segundo parecer técnico 142/11 – 9ª SE/IPHAN/SP, a fim "de recompor uma coleção de bens arqueológicos furtados de sítios arqueológicos, muitos deles com endereço certo e sabido, que constitui patrimônio de todos os brasileiros", manifestando-se contrário à prática de leilão para sanar os prejuízos dos credores. Essa devolução ao lugar de origem possibilita que o conhecimento gerado seja acessível às comunidades nas quais os sítios se localizam, de forma a envolvê-las na preservação do patrimônio arqueológico.

Como afirmado pelo próprio ICBS sobre o acervo arqueológico protegido pela Portaria nº 228, "tratam-se de peças que foram retiradas de sítios arqueológicos por fazendeiros e moradores da ilha (de Marajó, Pará), guardadas em fazendas, às vezes ao longo de algumas gerações de moradores, e posteriormente levadas para suas residências em Belém e outras cidades do Pará e Maranhão".[99]

Contudo, não se sabe ao certo a exata dimensão do acervo da Cid Collection, do extinto ICBS e da coleção particular do Edemar Cid Ferreira, se é que é possível dissociar um do outro. Os bens arqueológicos contam com aproximadamente 2.100 peças e só 765 foram tombadas, regularizadas. Independentemente de tal regularização, o patrimônio cultural arqueológico nacional não é suscetível de comercialização, conforme a Constituição Federal de 1988, impossibilitando o leilão dos bens para honrar os credores do Banco Santos S/A. São bens da União desde sua origem, de uso comum e de interesse público, como já visto no Capítulo 2. Os juízes da Justiça Federal e da Justiça Estadual de São Paulo tem entendimento díspares sobre as atividades do Banco Santos. A justiça paulista ordenou o leilão de quase 2.000 (duas mil) peças, em outubro de 2020, que não fossem bens públicos da União.

Cabe ao próximo item discutir os inventários apresentados pelos peritos nomeados no processo, pela equipe do ICBS, pelo IPHAN e pelo MAE, além das informações veiculadas pela mídia a respeito da constituição do acervo.

---

[99] Processo IPHAN nº 01450.000764/2002-30, fls. 20.

O ACERVO ARQUEOLÓGICO DO INSTITUTO CULTURAL BANCO SANTOS SEGUNDO A DOCUMENTAÇÃO

Foi constado que havia mais peças que o previsto, de acordo com os inventários realizados pelos peritos legais nomeados no Processo Federal, pela equipe do ICBS, pelo IPHAN e após a busca e apreensão do acervo arqueológico e etnográfico e sua designação ao MAE, seguida da elaboração de um novo inventário por esse museu.

Conforme o inventário apresentado pelo ICBS, havia 765 peças tombadas pela Portaria nº 288/2002 e com a busca e apreensão realizada na sede do Banco Santos S/A, na reserva técnica do ICBS e na residência do Edemar Cid Ferreira, constatou-se a existência de aproximadamente 2.100 peças arqueológicas e etnográficas. Constatou-se, também, que o Edemar Cid Ferreira era o responsável não só pelo ICBS, mas também, pela *Cid Collection*, detentora de outras peças que integravam a reserva técnica e a sede do Banco Santos S/A.

O IPHAN, por sua vez, representado pela Procuradoria Federal, constatou o desaparecimento de peças e irregularidades de aquisição de bens culturais arqueológicos e etnográficos, tanto estrangeiros quanto nacionais. Os indícios dessas irregularidades foram alegados pela Justiça Federal (inventário do ICBS, dos peritos do processo, do IPHAN e do MAE) durante o processo instaurado contra o Banco Santos S/A e o réu Edemar Cid Ferreira, ao noticiado pelos meios de comunicação e a pareceres técnicos.

No procedimento criminal diverso nº 2005.61.81.900396-6, que tramita na 6ª Vara Criminal da Justiça Federal da capital paulista, de acordo com as peças informativas nº 1.34.001.000442/205-25, encaminhadas pelo BACEN, e os demonstrativos contábeis apresentados pelo Banco Santos S/A em 30.06.2003, há informações destinadas a inflar os ativos da insti- tuição, por meio de operações de venda de opções flexíveis, por empresas coligadas ao banco (*Cid Collection S/A*) e de operações fraudulentas elaboradas com o fim de desvios de recursos, como as transações com bens culturais (peça informativa nº 1.34.001.000733/2005-13).

A Procuradoria Federal asseverou que a utilização de mercado de arte para "lavagem de capitais" [100] é bastante difundida e ressaltou que a presença no quadro societário da *Cid Ferreira Collection S/A*, de parentes

---

[100] Ver Resolução nº 008, de 15.09.1999, da COAF que dispõe sobre os procedimentos para comercialização de objetos de arte e antiguidades.

próximos ao banqueiro constitui uma tentativa grosseira de ocultar o efetivo adquirente e proprietário de obras de arte e objetos de decoração, havendo indícios de que Edemar Cid Ferreira não apenas detinha, como controlador do banco, o poder econômico para tais aquisições, mas possuía o interesse manifesto nesse segmento de mercado.[101]

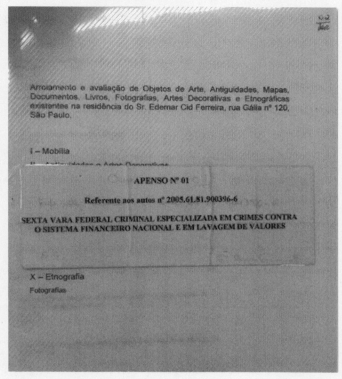

Figura 5 - Arrolamento e avaliação das obras exis-tentes na residência do Sr. Edemar Cid Ferreira em São Paulo, capital, de 2005. Fonte: Apenso nº 01, do processo criminal federal nº 2005.61.81.900396-6, fl. 02.

Foi decretado o sequestro do imóvel, localizado à Rua Gália, 120, Morumbi, São Paulo, pertencente à Edemar Cid Ferreira, e de todas as obras de arte e objetos de decoração situados na sede do Banco Santos S/A (Rua Húngria, 1.100), na residência do banqueiro (Rua Gália, 120) e na reserva técnica do ICBS (Rua Mergenthaler, 900). Com a busca e apreensão, foram designados peritos para a realização do inventário dos bens culturais sequestrados, juntados no Apenso nº 01 (Figura 5 e 6), com 142 páginas, referente aos autos nº 2005.61.81.900396-6.

---

[101] Processo Criminal nº 2005.61.81.900396-6, fl. 404.

Segundo o Apenso nº 1, em que consta o arrolamento e avaliação das obras de 2005, os bens arqueológicos e etnográficos encontrados na residência de Edemar Cid Ferreira, não foi possível conhecer a qual coleção as peças pertenciam, pois os dados ali colhidos diferiram dos até então sabidos no processo, vide a relação de bens nas Figuras 7 a 14 a seguir.

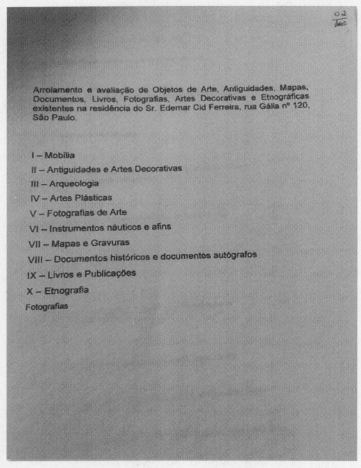

Figura 6 - Arrolamento e avaliação das obras existentes na residência do Sr. Edemar Cid Ferreira em São Paulo, capital, de 2005. Fonte: Apenso nº 01, do processo criminal federal nº 2005.61.81.900396-6, fl. 03.

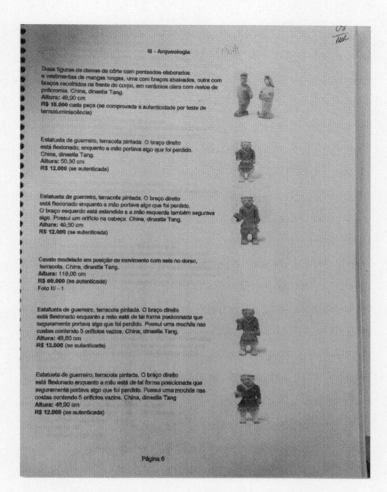

Figura 7 - Arrolamento e avaliação de bens arqueológicos existentes na residência do Sr. Edemar Cid Ferreira em São Paulo, capital, de 2005. Fonte: Apenso nº 01, do processo criminal federal nº 2005.61.81.900396-6, fl. 08.

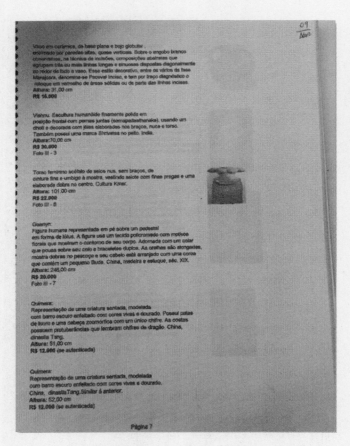

Figura 8 - Arrolamento e avaliação de bens arqueológicos existentes na residência do Sr. Edemar Cid Ferreira em São Paulo, capital, de 2005. Fonte: Apenso nº 01, do processo criminal federal nº 2005.61.81.900396-6, fl. 09.

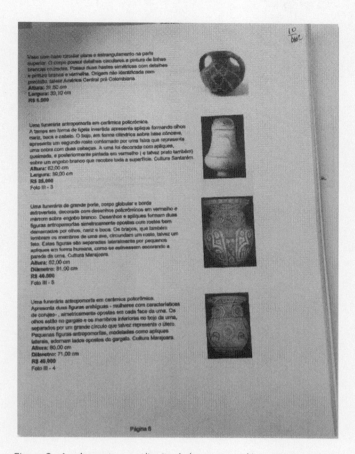

Figura 9 - Arrolamento e avaliação de bens arqueológicos existentes na residência do Sr. Edemar Cid Ferreira em São Paulo, capital, de 2005. Fonte: Apenso n° 01, do processo criminal federal n° 2005.61.81.900396-6, fl. 10.

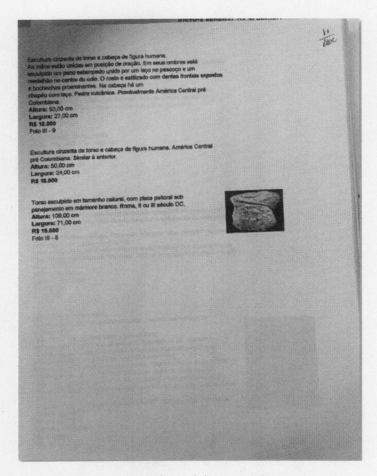

Figura 10 - Arrolamento e avaliação de bens arqueológicos existentes na residência do Sr.Edemar Cid Ferreira em São Paulo, capital, de 2005. Fonte: Apenso nº 01, do processo criminal federal nº 2005.61.81.900396-6, fl. 11.

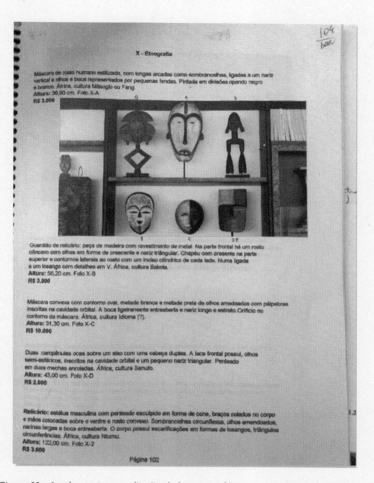

Figura 11 - Arrolamento e avaliação de bens etnológicos existentes na residência do Sr. Edemar Cid Ferreira em São Paulo, capital, de 2005. Fonte: Apenso nº 01, do processo criminal federal nº 2005.61.81.900396-6, fl. 104.

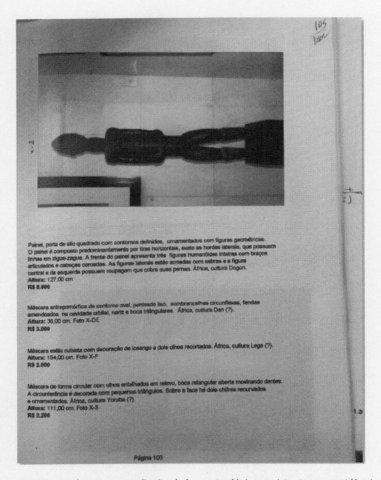

Figura 12 - Arrolamento e avaliação de bens etnológicos existentes na residência do Sr. Edemar Cid Ferreira em São Paulo, capital, de 2005. Fonte: Apenso nº 01, do processo criminal federal nº 2005.61.81.900396-6, fl. 105.

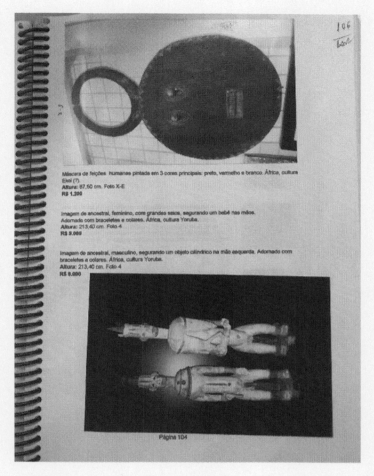

Figura 13 - Arrolamento e avaliação de bens etnológicos existentes na residência do Sr. Edemar Cid Ferreira em São Paulo, capital, de 2005. Fonte: Apenso nº 01, do processo criminal federal nº 2005.61.81.900396-6, fl. 106.

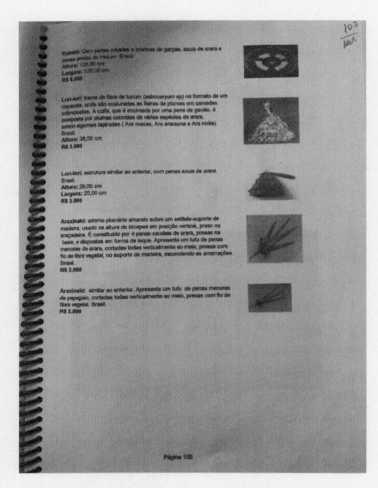

Figura 14 - Arrolamento e avaliação de bens etnológicos existentes na residência do Sr. Edemar Cid Ferreira em São Paulo, capital, de 2005. Fonte: Apenso nº 01, do processo criminal federal nº 2005.61.81.900396-6, fl. 107.

De acordo com os autos do processo federal em análise, foram apreendidas 16 peças arqueológicas de procedência estrangeira, sendo 10 africanas, 3 da América Central pré-colombiana, 1 da cultura Kmer, 1 da Índia, 1 de Roma, Itália, e 4 peças arqueológicas nacionais, 3 da cultura Marajoara e 1 da cultura Santarém, todas originárias do Pará. Das peças etnográficas apreendidas, 13 são da África e 5 do Brasil. Todos os bens arqueológicos e etnográficos foram acondicionados e encaminhados ao MAE por decisão judicial da Sexta Vara Criminal Federal.

Devido à solicitação do juízo (Apenso nº 04 do Processo nº 2005.61.81.900396-6), profissionais do ICBS responsáveis pelo acervo, apresentaram relação dos bens arqueológicos regularizados pelo IPHAN e de outras peças que constituíam o acervo, até o momento da lacração do galpão - local da reserva técnica do ICBS. Nos dizeres de Edemar Cid Ferreira, a coleção de Cerâmicas Marajoaras foi iniciada pelo ICBS e pela *Cid Collection* e nenhuma peça ou fragmento saiu do acervo, fosse por venda, empréstimo, troca, doação ou qualquer outro meio, ou seja, a coleção somente foi aumentada desde sua origem até o momento da lacração do galpão.[102]

Afirmou ainda Edemar Cid Ferreira que antes do sequestro das obras, algumas peças marajoaras haviam sido emprestadas em comodato, conforme contratos, para participarem de duas exposições, sendo uma no *Grand Palais*, em Paris, França, "*Brésil Indien*", e a outra no Centro Cultural Banco do Brasil, em São Paulo, "Antes - A história da Pré-História". Ressalta-se que todas as obras em intercâmbio temporário para o estrangeiro, tinham autorização para saída do país pelo IPHAN. As Figuras abaixo apresentam uma parte do catálogo da mostra, a relação das obras expostas e a solicitação de autorização do IPHAN para suas saídas do Brasil.

---

[102] Referência ao Mandado de Intimação dos Autos 2005.61.81.900396-6, fl. 281.

Figura 15 - Capa do catálogo de exposição do "Brésil Indien" realizado em Paris em 2005.
Fonte: Anexo III, do Apenso nº 04, do processo criminal federal nº 2005.61.81.900396-6.

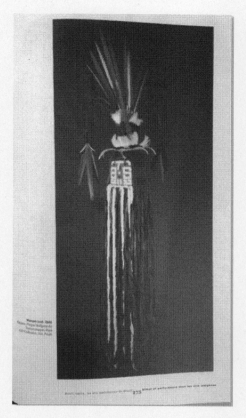

Figura 16 - Obra do catálogo de exposição do "Brésil Indien" realizado em Paris em 2005. Fonte: Anexo III, do Apenso nº 04, do processo criminal federal nº 2005.61.81.900396-6.

O catálogo de exposição do "*Brésil Indien*" realizado em Paris[103] (Figura 15 e 16 acima), mostra todas as peças brasileiras em exposição, podendo verificar a relação dos bens arqueológicos e etnográficos apresentada pelo ICBS[104] (Figuras 17 a 23 abaixo) e a lista da solicitação de obras autorizadas pelo IPHAN para saída do país[105] (Figuras 24 e 25 abaixo).

---

[103] Catálogo da exposição "*Brésil Indien*". Anexo III do Apenso nº 4 dos Autos 2005.61.81.9003966.

[104] Relação das obras da exposição "*Brésil Indien*"de Anexo I do Apenso nº 4 dos Autos 2005.61.81.9003966, fls. 2/9.

[105] Solicitação de autorização do IPHAN. Anexo IV, Apenso nº 4 dos Autos 2005.61.81.9003966.

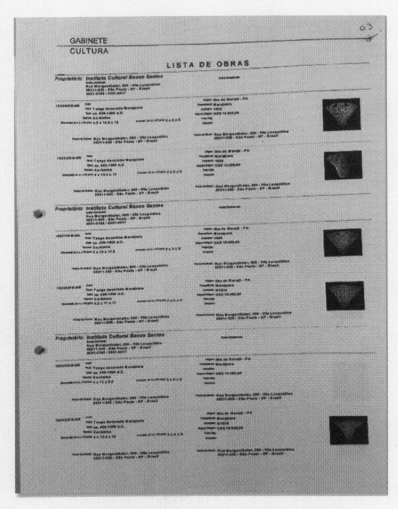

Figura 17 - Relação das obras da exposição "Brésil Indien" realizada em Paris em 2005. Fonte: Anexo I, do Apenso nº 04, do processo criminal federal nº 2005.61.81.900396-6, fls. 03.

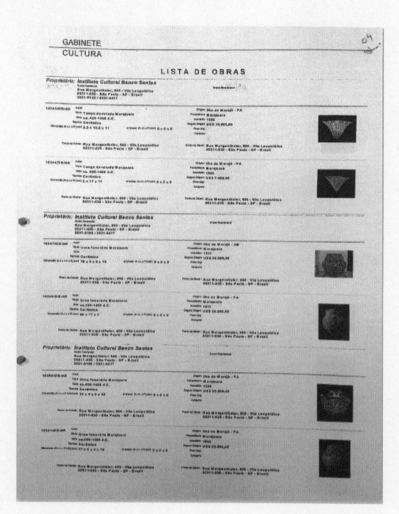

Figura 18 - Relação das obras da exposição "Brésil Indien" realizada em Paris em 2005. Fonte: Anexo I, do Apenso n° 04, do processo criminal federal n° 2005.61.81.900396- 6, fls. 04.

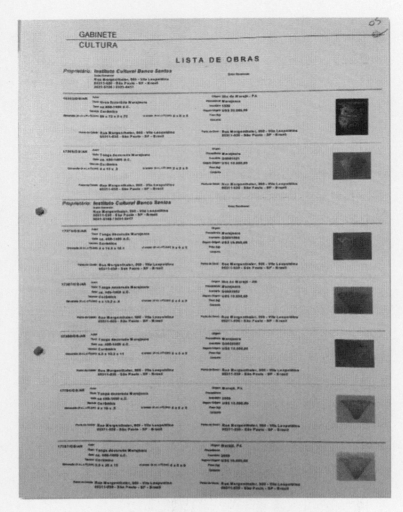

Figura 19 - Relação das obras da exposição "Brésil Indien" realizada em Paris em 2005. Fonte: Anexo I, do Apenso n° 04, do processo criminal federal n° 2005.61.81.900396-6, fls. 05.

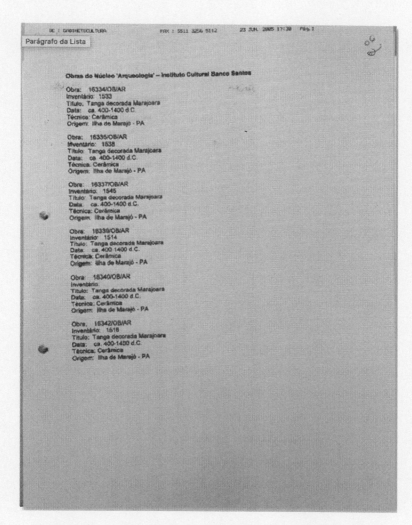

Figura 20 - Relação das obras da exposição "Brésil Indien" realizada em Paris em 2005. Fonte: Anexo I, do Apenso nº 04, do processo criminal federal nº 2005.61.81.900396- 6, fls. 06.

DE : GABINETECULTURA FAX : 5511 3256 5112 23 JUN. 2005 17:31 Pág.2

Obra: 16343/OB/AR
Inventário: 1556
Título: Tanga decorada Marajoara
Data: ca. 400-1400 d.C.
Técnica: Cerâmica
Origem: Ilha de Marajó - PA

Obra: 16344/OB/AR
Inventário: 1560
Título: Tanga decorada Marajoara
Data: ca. 400-1400 d.C.
Técnica: Cerâmica
Origem: Ilha de Marajó - PA

Obra: 16347/OB/AR
Inventário: 1511
Título: Urna funerária Marajoara
Data:
Técnica: Cerâmica
Origem: Ilha de Marajó - AM

Obra: 16349/OB/AR
Inventário: 1512
Título: Urna funerária Marajoara
Data: ca.400-1400 d.C.
Técnica: Cerâmica
Origem: Ilha de Marajó - PA

Obra: 16350/OB/AR
Inventário: 1534
Título: Urna funerária Marajoara
Data: ca.400-1400 d.C.
Técnica: Cerâmica
Origem: Ilha de Marajó - PA

Obra: 16351/OB/AR
Inventário: 1544
Título: Urna funerária Marajoara
Data: ca.400-1400 d.C.
Técnica: Cerâmica
Origem: Ilha de Marajó - PA

Figura 21 - Relação das obras da exposição "Brésil Indien" realizada em Paris em 2005. Fonte: Anexo I, do Apenso nº 04, do processo criminal federal nº 2005.61.81.900396-6, fls. 07.

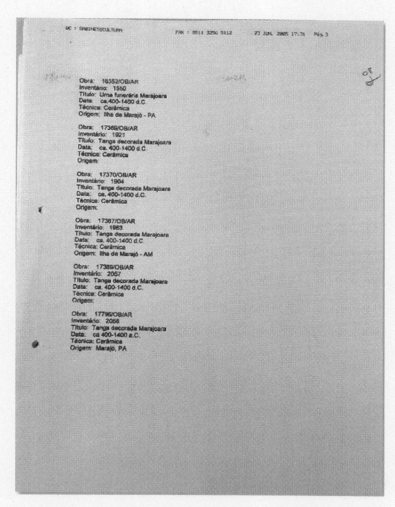

Figura 22 - Relação das obras da exposição "Brésil Indien" realizada em Paris em 2005. Fonte: Anexo I, do Apenso nº 04, do processo criminal federal nº 2005.61.81.900396- 6, fls. 08.

Figura 23 - Relação das obras da exposição "Brésil Indien" realizada em Paris em 2005. Fonte: Anexo I, do Apenso nº 04, do processo criminal federal nº 2005.61.81.900396-6, fls. 09.

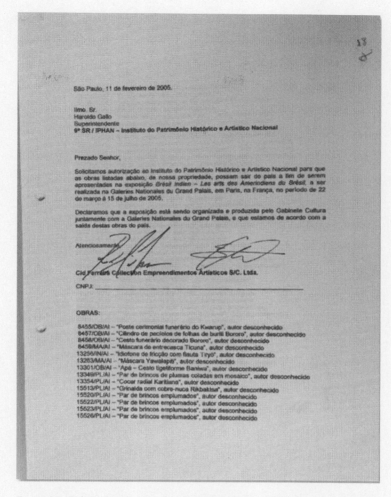

Figura 24 - Solicitação de autorização do IPHAN para trânsito internacional das obras da exposição "Brésil Indien" realizada em Paris em 2005. Fonte: Anexo IV, do Apenso nº 04, do processo criminal federal nº 2005.61.81.900396- 6, fls. 18.

15532/PL/AI – "Diadema alçado Xikrin", autor desconhecido
15537/PL/AI – "Viseira Bororo", autor desconhecido
15539/PL/AI – "Diadema vertical rotiforme Bororo", autor desconhecido
15553/OB/AI – "Par de brincos", autor desconhecido
15564/OB/AI – "Labrete emplumado Urubu-Kaapor", autor desconhecido
15565/PL/AI – "Labrete emplumado Urubu-Kaapor", autor desconhecido
15566/OB/AI – "Labrete emplumado Urubu-Kaapor", autor desconhecido
15567/OB/AI – "Labrete emplumado Urubu-Kaapor", autor desconhecido
15568/OB/AI – "Colar emplumado feminino Urubu-Kaapor", autor desconhecido
15569/OB/AI – "Colar emplumado feminino Urubu-Kaapor", autor desconhecido
15570/OB/AI – "Colar emplumado feminino Urubu-Kaapor", autor desconhecido
15573/PL/AI – "Par de brincos emplumados", autor desconhecido
16507/OB/AI – "Poste cerimonial funerário do Kwarup", autor desconhecido
16508/OB/AI – "Poste cerimonial funerário do Kwarup", autor desconhecido
16544/OB/AI – "Cesto cargueiro Yanomami", autor desconhecido
16549/PL/AI – "Diadema occipital rotiforme Xikrin", autor desconhecido
16562/OB/AI – "Diadema vertical", autor desconhecido
16567/OB/AI – "Capacete de cera com cabaça", autor desconhecido
16582/OB/AI – "Trompete emplumado Bororo", autor desconhecido
16584/OB/AI – "Tambor de cerâmica Wari", autor desconhecido
16590/OB/AI – "Flauta emplumada Wayana", autor desconhecido
16591/OB/AI – "Máscara Wayana", autor desconhecido
16713/MA/AI – "Máscara Wayana", autor desconhecido
17451/OB/AI – "Urna funerária Yanomami", autor desconhecido
17462/OB/AI – "Diadema Kayapó", autor desconhecido
17464/OB/AI – "Diadema occipital rotiforme Karajá", autor desconhecido
17465/OB/AI – "Diadema occipital rotiforme Metuktire", autor desconhecido
17490/PL/AI – "Leque de occipício Karajá", autor desconhecido
17497/MA/AI – "Máscara do Pacu Wajãpi", autor desconhecido
17967/OB/AI – "Diadema Tapirapé", autor desconhecido
18024/OB/AI – "Vasilhame cerâmico Asurini", autor desconhecido
18025/OB/AI – "Vasilhame cerâmico Asurini", autor desconhecido
18026/OB/AI – "Máscara cara-grande Tapirapé", autor desconhecido
18065/OB/AI – "Par de brincos emplumados Nahukwá", autor desconhecido
18066/OB/AI – "Par de brincos Xikrin", autor desconhecido
18067/OB/AI – "Par de brincos emplumados Rikbaktsa", autor desconhecido
18068/OB/AI – "Diadema transversal Bororo", autor desconhecido
18069/OB/AI – "Coroa radial Wajãpi", autor desconhecido
18070/OB/AI – "Coifa Metuktire", autor desconhecido
18071/OB/AI – "Braçadeira emplumada Yanomami", autor desconhecido
18072/OB/AI – "Braçadeira emplumada Yanomami", autor desconhecido
18073/OB/AI – "Faixa frontal Yanomami", autor desconhecido
18074/PL/AI – "Cocar Kayapó", autor desconhecido

Figura 25 - Solicitação de autorização do IPHAN para trânsito internacional das obras da exposição "Brésil Indien" realizada em Paris em 2005. Fonte: Anexo IV, do Apenso nº 04, do processo criminal federal nº 2005.61.81.900396-6, fls. 19.

O número de bens culturais arqueológicos constantes da relação apresentada pelo ICBS e a lista de solicitação para autorização das saídas dos bens para a exposição não mostram as mesmas peças. Há divergências na quantidade de obras de uma e de outra, em que foram elencadas. Além disso, há apenas a solicitação para a saída dessas peças e, não consta no processo a autorização efetiva do IPHAN.

Conforme os documentos do processo, das peças expostas na mostra "Antes - A História da Pré-História", 22 eram do acervo do ICBS e da *Cid Collection,* como demonstrado na lista de bens do Instituto (Figuras 26 a 30); os créditos da exposição foram dados a eles também, de acordo com o formulário para empréstimo e comodato de umas das obras do ICBS (Figura 31)[106].

---

[106] Formulários de empréstimo e comodato da exposição "Antes - As histórias da pré-história". Anexo V, do Apenso nº 4, do processo nº 2005.61.81.900396-6.

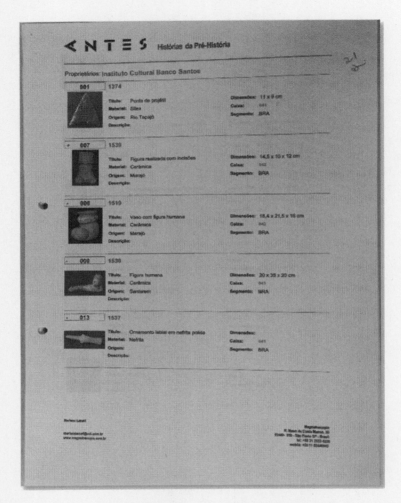

Figura 26 - Lista de obras do acervo do Instituto Cultural Banco Santos (ICBS) e da Cid Collection emprestadas para a exposição "Antes - As histórias da pré-história". Fonte: Anexo V, do Apenso n° 04, do processo criminal federal n° 2005.61.81.900396- 6, fls. 21.

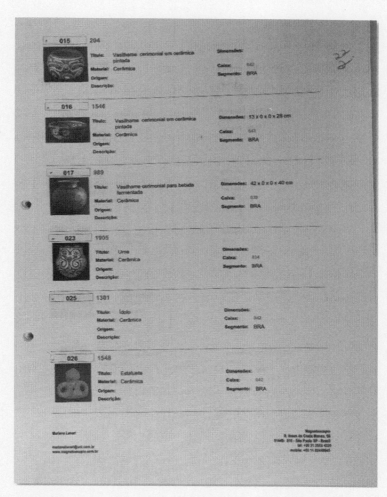

Figura 27 - Lista de obras do acervo do Instituto Cultural Banco Santos (ICBS) e da Cid Collection emprestadas para a exposição "Antes - As histórias da pré--história". Fonte: Anexo V, do Apenso nº 04, do processo criminal federal nº 2005.61.81.900396-6, fls. 22.

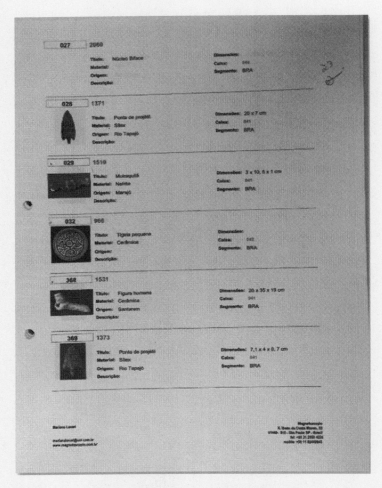

Figura 28 - Lista de obras do acervo do Instituto Cultural Banco Santos (ICBS) e da Cid Collection emprestadas para a exposição "Antes - As histórias da pré-história". Fonte: Anexo V, do Apenso nº 04, do processo criminal federal nº 2005.61.81.900396-6, fls. 23.

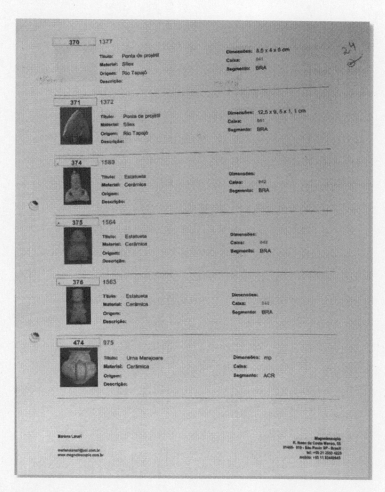

Figura 29 - Lista de obras do acervo do Instituto Cultural Banco Santos (ICBS) e da Cid Collection emprestadas para a exposição "Antes - As histórias da pré-história". Fonte: Anexo V, do Apenso n° 04, do processo criminal federal n° 2005.61.81.900396- 6, fls. 24.

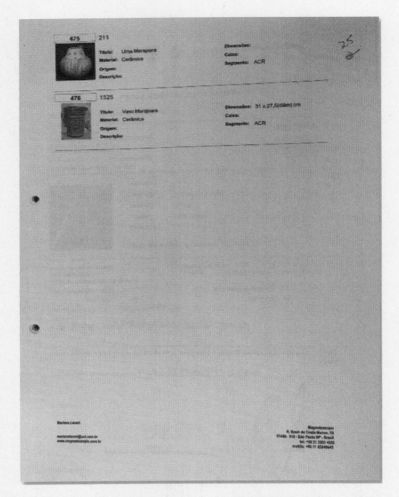

Figura 30 - Lista de obras do acervo do Instituto Cultural Banco Santos (ICBS) e da Cid Collection emprestadas para a exposição "Antes - As histórias da pré-história". Fonte: Anexo V, do Apenso nº 04, do processo criminal federal nº 2005.61.81.900396-6, fls. 25.

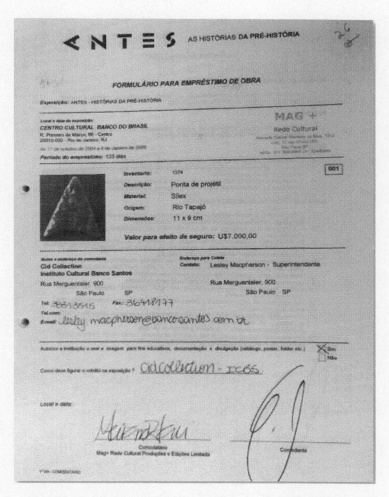

Figura 31 - Formulário de empréstimo e comodato da exposição "Antes - As histórias da pré-história". Fonte: Anexo V, do Apenso n° 04, do processo criminal federal n° 2005.61.81.900396-6, fls. 26.

Imagens do catálogo (Figura 32) da exposição combinam com o discriminado nos formulários e o mapa abaixo da Figura 33 mostra a localização de origem das peças brasileiras expostas na mostra, emprestadas e em intercâmbio temporário. A maioria pertence à região norte do país, ao estado do Pará, Amapá e Amazonas, regiões de sítios arqueológicos e, portanto, com proibição constitucional de comercialização de bens pertencentes a esses locais, conforme discutido no Capítulo 2.

Figura 32 - Capa do catálogo da exposição "Antes - As histórias da pré-história". Fonte: Anexo VI, do Apenso nº 04, do processo criminal federal nº 2005.61.81.900396-6.

Figura 33 - Mapa do catálogo indicando as regiões de origem das obras da exposição "Antes - As histórias da pré-história". Fonte: Anexo VI, do Apenso nº 04, do processo criminal federal nº 2005.61.81.900396-6.

A equipe do ICBS apresentou também o Anexo VIII do Apenso nº 4 dos Autos nº 2005.61.81.900396-6 com a relação das obras entregues ao IPHAN em 2002. Nele, abordaram a criação e as atividades do instituto, o trabalho realizado pela equipe e as coleções arqueológicas. Na parte do Inventário, a respeito dos artefatos arqueológicos da Amazônia sob sua guarda, a coleção é composta de aproximadamente 1.250 peças (entre 1.045 peças cerâmicas e 211 peças líticas), além de lotes de fragmentos, que eram objetos de estudos de remontagens em andamento e, por isso, não foram contados.

Sendo muito mais do que as 765 peças regularizadas pelo IPHAN, como constatado pela autarquia federal, mais peças foram incorporadas ao acervo sem o conhecimento do Instituto do Patrimônio Federal.

No que concerne à exposição "A Escrita da Memória", ocorrida em 2005, Edemar Cid Ferreira, afirma, acerca das obras e da cenografia da exposição, que a mostra abrangia um conjunto raro das fases da escrita, desde a cunciforme até o laptop, passando pelos hieróglifos, escritas Maias e Incas, correspondências de filósofos, políticos, escritos e suporte da própria escrita, de milhares de anos atrás, da era cristã.[107]

Na exposição "A Escrita da Memória", não há contrato escrito do empréstimo das obras, havendo apenas a apólice de seguro contratado pelo ICBS, responsável pela guarda das peças durante a mostra. A página 13 do catálogo da exposição (Figura 34) registra que a *Cid Collection* é proprietária de todas as peças exibidas na mostra.

---

[107] Catálogo da exposição "A escrita da memória". Anexo XII, do Apenso nº 4, dos Autos nº 2005.61.81.900396-6.

Figura 34 - Capa do catálogo da exposição "A Escrita da Memória". Fonte: Anexo XII, do Apenso nº 04, do processo criminal federal nº 2005.61.81.900396-6.

Conforme o Anexo XIII do Apenso nº 4 dos Autos nº 2005.61.81.300396- 6, da carta com a documentação das obras emprestadas em comodato ao Banco Santos, o banqueiro afirma que todas as obras que guarnecem a sede do Banco dos Santos S/A foram emprestadas pela *Cid Collection* (empresa coligada ao Banco Santos S/A) por meio de contratos escritos de comodato.

A pesquisa no site Portal dos Condomínios traz uma matéria sobre a exposição, e diz que a mostra se divide em três setores, a saber:

Na primeira parte, a que interessa à pesquisa, o tema era a escrita, com registros anteriores à sua invenção, como as pedras pré-históricas com inscrições rupestres, datadas de 5000 a.C., selos em pedra ou terracota, peças de argila da Mesopotâmia (os tokens) e outras em osso de animal com motivos geométricos, da China. Um raríssimo tablete de argila, de 2100 a.C., que trazia escrita cuneiforme, é um documento legal de compra de um escravo da terceira dinastia de Ur, cidade da Mesopotâmia (Figura 35). São em torno 120 peças expostas de grande valor histórico e arqueológico.

Já na segunda, com cerca de 170 documentos, apresentava-se a escrita como suporte da criação - artística e científica. Na última parte - terceira -, havia mais de 140 documentos de figuras históricas, como o documento de casamento de Josephine e Napoleão Bonaparte.

O site Portal dos Condomínios, traz, ainda, a matéria sobre a exposição de peças mexicanas, região da Mesoamérica que se compõe do Sul dos Estados Unidos, México e parte da América Central. Da arte Maia podemos ver um vaso cilíndrico em terracota, uma estela em pedra, um vaso trípode e outro cilíndrico em cerâmica policromada, além da escrita tridimensional, o quipo (Figura 36).

Figura 35 - Tablete de argila, de 2100 a.C., de escrita cuneiforme, da Mesopotâmia, peça da exposição "A Escrita da Memória". Fonte: site Portal dos Condomínios.

Figura 36 - Quipo, escrita tridimensional Maia, peça da exposição "A Escrita da Memória". Fonte: site Portal dos Condomínios.

A reportagem pesquisada da "Folha de São Paulo" do dia 17 de outubro de 2005, intitulada "Pará vende relíquias a turistas e coleções", tra- ta da comercialização de objetos arqueológicos, prática vetada pela Lei nº 3924/61. Discorre que o comércio se beneficiaria tanto dos achados fortuitos, feitos por pequenos agricultores em suas comunidades rurais, quanto de objetos em mãos de colecionadores particulares de arte pré-histórica

[...], cujo "feito recente" foi a venda, em 2002, de duas estatuetas de cerâmica tapajônica para a *Cid Collection* (Folha de S. Paulo, 17/10/2005).

A matéria jornalística declara que o acervo da *Cid Collection* teria sido uma compra organizada de colecionadores particulares de arte pré-histórica de diferentes localidades da Amazônia, e, posteriormente, legalizada pelo IPHAN (Portaria nº 288/2002). Isso não corresponde exatamente ao reconhecido pelo IPHAN[108].

Ainda, sobre o mesmo processo federal, o Ministério da Cultura, por meio do IPHAN, foi notificado, pela Embaixada do México em Brasília, de que quatro peças Maias, de manufatura pré-hispânica, tiveram saída irregular do país. As peças fotografadas constam do catálogo do ICBS da exposição "*A Escrita da Memória*", a seguir identificadas (lista das peças com o numero da página no catálogo):

1. Estela Maia em Pedra (p. 100);
2. Vaso cilíndrico Maia em terracota (p. 101);
3. Vaso trípode Maia em cerâmica policromada (p. 102 e 103);
4. Vaso cilíndrico Maia em cerâmica policromada (p.104).

Figura 37 - 4 peças Maia de manufatura pré-hispânica da exposição "A Escrita da Memória". Fonte: Informação Técnica nº 18/2005 - COPEDOC -, do processo criminal federal nº 2005.61.81.900396-6.

Conforme a correspondência, essas peças, expostas na referida mostra, saíram do México de forma ilícita e deveriam ser devolvidas, em respeito aos acordos internacionais firmados pelo Brasil e pelo México (Convenção da UNESCO de 1970, vista no Capítulo 1). Além dessas peças identificadas e confirmadas pelo governo mexicano, é possível que haja outras peças de origem ilícita nesse conjunto dos acervos pertencentes ao Edemar Cid Ferreira.[109]

---

108 Informação Técnica nº 18/2005 - COPEDOC.
109 Ofício nº 335/006 - 9ª SR/IPHAN/SP.

As peças mexicanas são as mesmas descritas no site Portal do Caminho e no catálogo da exposição "A Escrita da Memória". É difícil quantificar os objetos da mostra que estavam em irregularidade. Se não foram regularizados ou saíram de seus países sem autorização, podem incidir em práticas delitivas internacionais e nacionais, como o tráfico ilícito por exportação ilegal, furto ou roubo ou, ainda, em receptação, contrabando ou descaminho.

Posteriormente aos relatórios apresentados pelos peritos nomeados pela Justiça Federal no processo, assim como pela equipe do ICBS e da *Cid Collection,* foi realizado um inventário pelo IPHAN, quando do sequestro das obras de arte e objetos decorativos, incluindo os bens arqueológicos e etnográficos que foram encaminhados ao MAE/USP. Não se deve esquecer que esse museu também apresentou um inventário da relação das obras alojadas em seu espaço físico.

De acordo com o inventário do IPHAN, realizado para a Justiça Federal no processo nº 2005.61.81.900396-6, o acervo constitui cerca de 2.127 itens entre peças e fragmentos cerâmicos arqueológicos, e por material lítico não quantificado, todas originárias de sítios arqueológicos da Amazônia, muitos deles conhecidos na literatura especializada de relevância científica. São peças provenientes especialmente de sítios da região de Santarém e da Ilha de Marajó, no estado do Pará, fundamentais para estudos das sociedades pré-coloniais que se desenvolveram na Amazônia, salvo por duas urnas Guarita procedentes do estado do Amazonas. Os líticos seriam originários também do Pará, mas da região de Castelo dos Sonhos.

Segundo o processo, havia bens culturais e objetos de decoração do Instituto Cultural Banco Santos, na sede do Banco Santos S/A, situado à Rua Hungria, nº 1100, na Rua Mergenthaler, nº 900, local da reserva técnica do acervo do ICBS e da *Cid Collection.* Além disso, havia a coleção particular do Sr. Edemar Cid Ferreira e outras peças que poderiam pertencer ao ICBS, situadas em sua própria residência, localizada na Rua Gália, nº 120, no Morumbi em São Paulo.[110]

Apenas as peças pertencentes ao acervo do ICBS foram classificadas em quatro categorias, para fins de inventário, pelo IPHAN. Essa divisão foi feita para identificar os bens culturais arqueológicos pertencentes ao ICBS, à *Cid Collection* e à coleção particular de Edemar Cid Ferreira, objetos de busca e apreensão no Processo Federal do Banco Santos S/A.

---

[110] Procedimento criminal federal nº 2005.61.81.900396-6.

Essa classificação procurou diferenciar as peças regularizadas e pertencentes ao acervo do ICBS das peças irregulares, que também foram incorporadas ao acervo, sendo desconhecidos a forma e o momento da incorporação. Para isso, de acordo com o processo federal, foi organizado, na Tabela 1[111], o total de coleções arqueológicas depositadas no ICBS, e as peças foram divididas por nome de coleções incluídas na Portaria nº 228/2002 do IPHAN, coleções não regularizadas e peças sem identificação de coleção, separadas pelo número de peças e número de peças tombadas conforme relatório do ICBS, respectivamente.

Quadro 1 - Tabela II - Totalização das coleções arqueológicas depositadas no ICBS.

Tabela II - Totalização das coleções arqueológicas depositadas no ICBS
* Esses subtotais não foram computados no total geral; correspondem a peças e fragmentos guardados nas mapotecas e armários do galpão, nota constante ao final.

Coleção incluídas na Portaria IPHAN	Nº peças	Peças tombadas (cf. relatório ICBS)
Graciete (Humberto L. Dacier)	403 (cerâmicas, líticos + frag./198 inteiras +250 frag./) (onde estão os líticos?).	137 (todas cerâmicas)
Luis Otávio	499 + frag. (nº indefinido) (450 cerâmicos + 49 líticos)	97 (alguns líticos)
Sandrê	10 (não especifica material)	
Silvia (S. Teixeira?)	65 cerâmicas (51 fileiras +14 frag.)	
D. Dita	45 cerâmicas (28 interiras + 17 frag.)	4
Gisele	05 (uma bastante fragmentada)	3
Maurício (M. Teixeira)	37 (29 inteiras + 8 frag.)	37

---

111 O inventário realizado pelo IPHAN e dividido em tabelas, inicia-se pela Tabela II, porque a Tabela I não foi encontrada nos autos do Processo Criminal Federal, nem na 9ª Superintendência do IPHAN em São Paulo, capital. Ademais, todos os quadros foram inseridas com todos os dados, iguais aos encontrados no processo criminal federal nº 2005.61.81.900396-6.

Coleção incluídas na Portaria IPHAN	N° peças	Peças tombadas (cf. relatório ICBS)
subtotal	1064 + líticos + fragmentos cerâmicos (quantitativo não informados)	278
Coleções não regularizadas		
Santarém*	489 + 351* = 840 (inclui 331 fragmentos e 20 líticos) (caixa vermelha no contêiner 4)	?
M. Ipiranga	09 (7 cerâmicas e 2 líticos)	?
Castelo dos sonhos*	08 + 206* = 214 + 90 líticos e 116 cerâmicas (nos caixotes fechados no contêiner 4)	?
Sem identificação de coleção		45
subtotais	506	
TOTAL GERAL	1064 + 506 = 1570 peças e/ou fragmentos coleção Luis Otávio e líticos da coleção Graciete	323

Fonte: Processo criminal federal n° 2005.61.81.900396-6 (2005).

Há um total de 1.570 peças arqueológicas somadas a fragmentos da coleção Luis Otávio e líticos da coleção Graciete, excluindo os subtotais de 351 peças da coleção Santarém e 206 da M. Ipiranga, e todas as peças foram divididas em três categorias. A primeira, com um subtotal de 1064 peças mais os líticos mais os fragmentos cerâmicos (quantitativo não informados), em que apenas 278 peças eram tombadas pela Portaria nº 228/2002 conforme relatório do próprio ICBS. Portanto, desse subtotal de mais de 1.064 peças, 786, no mínimo, não foram regularizadas.

Observa-se, nesse ponto, que, apesar dos acordos internacionais e de toda a normativa nacional (Capítulos 1 e 2), parece não ter havido obstáculo para se formar esse acervo, de tamanho valor cultural.

Constam também, numa segunda categoria, 3 coleções não regularizadas, a saber: Santarém, M. Ipiranga e Castelo dos Sonhos, contendo um subtotal de 506 peças mais material lítico e fragmentos cerâmicos, nenhuma delas regularizadas. Na terceira categoria, havia outras 45 peças *sem identificação de coleção*, mas que foram tombadas.

Por fim, um total de 2.127 peças, além do material lítico e dos fragmentos cerâmicos não contados, compõem as coleções depositadas na reserva técnica do ICBS.

O IPHAN também realizou uma outra classificação denominada Tabela III, constante do processo federal. Nela constam objetos, conjuntos de objetos e fragmentos depositados no ICBS, na cidade de São Paulo, arrolados pelo IPHAN em 16-17/02/2005. Conta com um total de 1291 peças, sendo 26 emprestadas para exposição no Centro Cultural Banco do Brasil em São Paulo, 76 peças na época e mais 719 fragmentos. Algumas pertencem às coleções de salvaguarda da Portaria nº 228/2002 do IPHAN e outras não têm reconhecimento de coleção ou indicação do número do tombo.

Quadro 2 - Tabela III - Objetos, conjuntos de objetos e fragmentos depositados no Instituto Cultural Banco Santos, SP arrolados pelo IPHAN em 16-17/02/2005.

Tabela III - Objetos, conjuntos de objetos e fragmentos depositados no Instituto Cultural Banco Santos, São Paulo, SP arrolados pelo IPHAN em 16-17/02/2005

Foto nº	Localização das peças	Denominação e nº tombo	Totais por loc.	Coleção e outras referências
1	Galpão (peças em restauro)	Urna paredão	1	
2	"	Urna marajoara	1	
3	"	Urna marajoara	1	
4	"	Urna marajoara	1	
5	"	Urna marajoara - nº 970	1	
6	"	Urna marajoara	1	
7	"	Urna marajoara	1	
8	"	Urna marajoara - nº 985? 285?	1	
9	"	Urna marajoara	1	

Foto n°	Localização das peças	Denominação e n° tombo	Totais por loc.	Coleção e outras referências
10	"	Urna marajoara	1	
11	"	Urna marajoara	1	
12	"	Urna marajoara	1	
13	"	Pedestal marajoara	1	Coleção Luis Otávio n° 150
14	"	Urna marajoara	1	
15	"	Urna marajoara	1	
16	"	Urna marajoara	1	
17	"	Urna marajoara	1	
18	"	Urna marajoara	1	
19	Mapoteca Sup. (Gaveta 1)	98 objetos cerâmicos diversos	98	Coleção Luis Otávio
20	Gaveta 2	63 objetos cerâmicos e líticos diversos	63	Coleção Luis Otávio Obs.: uma ponta e um seixo partidos em 2
21	Gaveta 3	25 objetos cerâmicos diversos	25	Coleção Luis Otávio
22	Gaveta 4	81 objetos cerâmicos diversos	81	Coleção Graciete Obs.: uma tigela partida em 3
23	Gaveta 5	14 objetos cerâmicos diversos	14	Coleção Graciete
24	Mapoteca Inf. (Gaveta 1)	11 objetos cerâmicos diversos	11	Coleção Luis Otávio
25	Gaveta 2	74 objetos e fragmentos cerâmicos	74	Coleção Santarém
26	Gaveta 3	40 objetos e fragmentos	40	Coleção Santarém
27	Gaveta 4	7 objetos cerâmicos	7	Coleção Luis Otávio
	Gaveta 5	VAZIA		
28	Armário 11 (Prateleira 1)	7 objetos cerâmicos n° tombo 1731 e 1709 (?)	7	Coleção Luis Otávio
29	Prateleira 2	3 objetos cerâmicos e 3 fragmentos	6	Coleção Luis Otávio

Foto n°	Localização das peças	Denominação e n° tombo	Totais por loc.	Coleção e outras referências
30	Prateleira 3	14 objetos cerâmicos	14	Coleção Luis Otávio
31	Prateleira 4	7 objetos cerâmicos n° tombo 1808, 1552, 1558 e 1513	7	Coleção Luis Otávio
32	Armário 10 (Prateleira 1)	16 objetos cerâmicos n° tombo 963, 967, 1819, 964, 953, 1524, 956, 959, 1822, 960, 957, 1810, 1817, 1759, 965, 987	16	Coleção Graciete
33	Prateleira 2	2 tigelas cerâmicas n° tombo 982, 979	2	Coleção Graciete
34	Prateleira 3	5 objetos cerâmicos n° 980, 961, 1821, 1823, 1553	5	Coleção Graciete
35	Prateleira 4	4 objetos cerâmicos n° 962, 952, 968, 951	4	Coleção Graciete
36	Prateleira 5	2 objetos cerâmicos n° 984, 983	2	Coleção Graciete
37	Armário 9 (Prateleira 1)	11 peças cerâmicas n° tombo 1815, 1910, 1763, 1902, 1764, 1765	11	Coleção M. Ipiranga
38	Prateleira 2	5 objetos cerâmicos e líticas Col. M. Ipiranga n° 59 e n° tombo 1767, 1920, 1926, e 0601/1970	5	Coleção Castelos dos Sonhos; Sandrê; tap./ Trombetas; Col. M. Ipiranga
39	Prateleira 3	1 vaso e 1 tigela cerâmicos n° 950 e 0947	2	(Col. Tia Dita 947)
40	Prateleira 3 - Caixa 1	1 colar contas remontado; 1 piteira ossos com gravações e 3 objetos pequenos de osso n° tombo 1523, 1521, 1520, 1522	5	Coleção Luis Otávio
41	Prateleira 3 - Caixa 2	2 pontas de flechas lascadas n° 2074 e 1376; 5 muiraquitãs n° 1378, 1379, 1381, 1382, 1313	7	Coleção Sandrê/ Rio Trombetas
42	Prateleira 3 - Caixa 3	5 contas; 7esculturas verdes; 1 lâmina de machado (partida)	13	
43	Prateleira 4	6 bancos Marajoaras n° tombo 1523, 1521, 1520, 1522, 1824	6	Coleção Luis Otávio
44	Armário 8 (Prateleira 1)	11 objetos cerâmicos n° tombo 992, 1755, 955, 1757, 958, 993, 1750, 1562, 954, 1811, 1253	11	Coleção Graciete
45	Prateleira 2	9 objetos cerâmicos n° tombo 1762, 1749, 1809, 1761, 1753, 1751, 1748, 1760, 1543	9	Coleção Graciete

Foto n°	Localização das peças	Denominação e n° tombo	Totais por loc.	Coleção e outras referências
46	Prateleira 3	8 objetos cerâmicos n° tombo 1286, 1267, 996, 995, 1752, 991, 994	8	Coleção Graciete
47	Prateleira 4	2 objetos cerâmicos n° tombo 981	2	Coleção Graciete
48	Prateleira 5	8 lâminas de machado polidas	8	?
49	Armário 7 (Prateleira 1)	2 vasos não decorados e um apêndice Marajoara	3	Coleção Graciete
50	Prateleira 2	7 objetos cerâmicos	7	Coleção Graciete
51	Prateleira 3	4 vasilhames cerâmicos	4	Col. ?
52	Prateleira 4	1 crânio; 1 maxilar; 5 cabeças mumificadas (?) Made in Equador n° 538, 357, 539, 540, 541	7	Col. ?
53	Armário 6 (Prateleira 1)	12 objetos cerâmicos n° tombo 1263, 1246, 1268	12	Coleção Graciete
54	Prateleira 2	16 seixos polidos; 2 peq. Blocos disformes; 17 lâminas machado; 1 tigela cerâmica	39	Coleção Graciete
55	Prateleira 3	4 vasilhames cerâmicos (3 deles quebrados em vários fragmentos)	4	Coleção Graciete
56	Prateleira 4	2 vasilhames cerâmicos (quebrados)	2	Coleção Graciete
57	Prateleira 5	3 vasilhames cerâmicos	5	Coleção Graciete
58	Armário 5 (Prateleira 1)	2 vasilhames cerâmicos	2	Coleção Graciete n° tombo 1724
59	Prateleira 2	5 vasilhames cerâmicos	5	Coleção Graciete n° tombo 1714, 1726, 1723, 1710, 1715
60	Prateleira 3	1 tigela cerâmica	1	"
61	Prateleira 4	3 vasilhas cerâmicas (1 quebrada em 2 pedaços)	3	"
62	Prateleira 5	3 vasilhas cerâmicas	3	"

Foto nº	Localização das peças	Denominação e nº tombo	Totais por loc.	Coleção e outras referências
63	Armário 4 (Prateleira 1)	4 vasilhames cerâmicos	4	Coleção Graciete nº 1257, 1708, 1730
64	Prateleira 2	5 vasilhames cerâmicos	5	"
65	Prateleira 3	2 recipientes cerâmicos	2	"
66	Prateleira 4	6 vasos globulares simples e decorados	6	"
67	Prateleira 5	5 vasilhames cerâmicas	5	"
68	Armário 3 (Prateleira 1)	12 objetos cerâmicos	12	Coleção Graciete
69	Prateleira 2	12 cachimbos cerâmicos nº tombo 1728, 1987, 2090, 2088, 1923, 238, 1711, 1260, 1758, 1255, 1735, 1719	12	Coleção Graciete
70	Prateleira 3	1 vasilhame cerâmico (partido em 2)	1	Coleção Graciete
71	Prateleira 4	1 frag. Vasilha; 15 cacos	16 frag.	Coleção Graciete
72	Prateleira 5	2 vasos cerâmicos globulares polícromos (vestígios)	2	Coleção Graciete
73	Armário 2 (Prateleira 1)	13 objetos cerâmicos nº tombo 236, 232, 231, 231a, 231b, 212, 208, 209, 203	13	Coleção Maurício Teixeira (peças restauradas)
74	Prateleira 2	22 objetos cerâmicos nº tombo 233, 234, 224, 230, 229, 214, 225, 226, 217, 215, 213, 221, 227, 205, 228, 222	22	
75	Prateleira 3	1 tigela germinada nº 207; 1 estatueta Marajoara nº 202	2	
76	Prateleira 4	9 objetos cerâmicos	9	Coleção Santarém (inf. Porta do armário)
77	Prateleira 5	1 vaso globular simples e 5 fragmentos prato Santarém (1 base e 4 frag. Borda)	1 + 5 frag.	Coleção Santarém
78	Armário 1 (Prateleira 1)	49 cacos simples com pintura e com decoração incisa e 1 aplique	1 + 49 frag.	Coleção Santarém
79	Prateleira 2	2 tigelas nº 1720, 203; 1 estatueta nº 1220; 1 cabeça nº 1254; 1 vaso miniatura nº 1246	5	Coleção Santarém

Foto n°	Localização das peças	Denominação e n° tombo	Totais por loc.	Coleção e outras referências
80	Prateleira 3	1 tigela com pedestal	1	Coleção Santarém
81	Prateleira 4	1 tigela e 4 potes cerâmica simples cor escura	5	Coleção Santarém
82	Armário 2A - RESTAURO (Prateleira 1)	33 objetos cerâmicos	33	Coleção Luis Otávio n° 198, 197, 201, 283, 263, 208, 260, 259, 284, 270, 251,253, 250, 207, 258, 268, 311, 267, 248, 254, 256, 245, 247, 266, 310, 265, 257, 245, 264, 199, 269, 254, 247; 1 muiraquitã cerâmico e 1 alargador auricular s/ n° (peças restauradas)
83	Prateleira 2	12 objetos cerâmicos; tangas; estatuetas; vaso miniatura	12	Coleção Luis Otávio n° 237, 235, 234, 238, 312, 303, 236, 243, 241, 240, 239, 304, 189, 196, 281, 202,200, (peças restauradas)
84	Prateleira 3	16 objetos cerâmicos	16	Coleção Luis Otávio n° 203, 213, 219, 214, 209, 205, 206, 20, 213, 218, 290, 212, 217, 291, 211, 216 (peças restauradas)
85	Prateleira 4	7 vasilhames cerâmicos	7	Coleção Luis Otávio n° 178, 176, 174, 282, 187, 185, 177
86	Prateleira 5	9 objetos cerâmicos	9	Coleção Luis Otávio n° 180, 188, 179, 289, 221, 186, 184, 171, 182
87	Prateleira 6	4 recipientes cerâmicos	4	Coleção Graciete n° 55, 294, 49, 64 GRT
88	Armário 1a (Prateleira 1)	9 tangas, 20 frag. Cerâmicos n° tombo 1698, 1555, 1535, 1515, 1542, 1561		Coleção Luis Otávio
89	Prateleira 2	13 tangas quebradas em 28 frag. n° 2057, 1985		Coleção Luis Otávio
	Prateleira 3	5 frag., 1 borda c/ decoração incisa; 2 bordas de um mesmo recipiente e 3 tangas		Coleção Graciete
	Prateleira 4	?	?	?

Foto nº	Localização das peças	Denominação e nº tombo	Totais por loc.	Coleção e outras referências
	Prateleira 5	?	?	?
	Prateleira 6	? nº tombo 1517, 1586	2?	Coleção Luis Otávio
90	Armário 3A (Prateleira 1)	7 objetos cerâmicos	7	Coleção S. Teixeira nº 225, 228, 226, 232 ST; Col. D. Dita nº 223
	Prateleira 2	VAZIA		
91	Prateleira 3	frag. Não decorados	20 frag.	
92	Prateleira 4	1 vasilhame cerâmico em restauro	1	
93	Prateleira 5	2 objetos cerâmicos, sendo 1 urna, 1 vaso globular com pedestal	2	Coleção Luis Otávio nº 170 e 172 LO
94	Armário 4A (Prateleira 1)	4 objetos cerâmicos e 1 frag. Tanga	4 + 1 frag.	Coleção Silvia Teixeira nº 227, 231, 230, 229 ST
95	Prateleira 2	7 objetos cerâmicos	7	Coleções Graciete (nº 295), Coleção Luis Otávio (nº 220 e 204) e Coleção M. Ipiranga (nº 194 e 192)
96	Prateleira 3	2 vasos c/ pedestal Santarém; 1 base c/ duas cariátides e 9 frag. de borda	2 + 11 frag.	Coleção Sandrê (nº 298 e 300)
	Prateleria 4	VAZIA		
97	Prateleira 5	6 objetos cerâmicos	6	Coleção Luis Otávio: nº 181, 272, 249, 167, 175 e 183
98	Armário 7A (Prateleira 1)	1 urna marajoara	1	Coleção Gisela nº 06
99	Prateleira 2	2 vasos cerâmicos: nº tombo 0000974	2	Col. ?
100	Prateleira 3	3 vasos cerâmicos: nº 0000974, 976 e 977	3	Col. ?
101	Prateleira 4	3 recipientes cerâmicos	3	Col. Graciete nº 52 GRT
	Armário 8A (Prateleira 1)	VAZIA		
102	Prateleira 2	48 objetos cerâmicos	48	Coleção Silvia Teixeira
foto 103	Prateleira 3	31 objetos cerâmicos	31	Coleção ?

Foto n°	Localização das peças	Denominação e n° tombo	Totais por loc.	Coleção e outras referências
	Prateleira 4	VAZIA		
104	Prateleira 5	16 objetos cerâmicos	16	
105	Prateleira 6	2 vasilhames cerâmicos	2	1 urna marajoara com marca interna 7000-0- 15 e etiqueta externa com indicação Zélia 305
	Armário 9A (Prateleiras 1 e 2)	VAZIAS		
	Prateleira 3	10 fragmentos cerâmicos	10 frag.	Coleção Tia Dita
	Prateleria 4	3 vasilhames e 7 fragmentos	3 + 7 frag.	Coleção Tia Dita etiqueta 340, nanquim 194; etiqueta 265 e nanquim 145
	Armário 10A (Prateleira 1)	16 tangas: n° tombo: 1241, 1233, 1716 (papel 056), 1218, 1256, (P. 057)	16	Coleção Luis Otávio
	Prateleira 2	17 tangas: n° tombo: 1825, 1807, 1256, 1818, 1722, 1813, 1228, 1261, 1734, 1248	17	Coleção Luis Otávio
	Prateleira 3	2 tangas n° tombo: 1529, 1222; 19 cabeças e corpos (apliques)	21	Coleção Luis Otávio
	Prateleira 4	6 vasilhames mini; 5 cabeças: 1221, 1717, 1242, 1235; 1 estatueta 1718	12	Sem identificação de coleção; vaso mini com etiqueta de $100; papel dobrado com o n° 1230
	Prateleira 5	1 cachimbo e 9 recipientes miniaturas n° tombo: 1247, 1240, 1962, 1983 (p.05), 1230, 1756	10	Sem identificação de coleção; nanquim com esmalte 17445+7 lápis+18 lápis; Coleção Dacier - Graciete
	Prateleira 6	27 embrulhos contendo 1 deles uma tanga fragmentada		Coleção Luis Otávio? Obs.: foram abertos e olhados 08, o restante estava embalado com plástico bolha
	Armário 11 A			

Foto n°	Localização das peças	Denominação e n° tombo	Totais por loc.	Coleção e outras referências
106	Prateleira 1	3 objetos cerâmicos	3	Na porta do armário há uma etiqueta com a indicação Col. GRT 2
107	Prateleira 2	5 objetos cerâmicos	5	Col. S. Teixeira (n° 233); Col. Luis Otávio (n°299, 246 e 2441?); Col. Ipiranga (n° 191)
108	Prateleira 3	72+45 cacos cerâmicos	72+45 frag.	Acondicionados em caixas plásticas
109	Prateleira 4	2 vasos cerâmicos Santarém e 57 cacos de pequenas dimensões	2+59 frag.	Os cacos estão acondicionados em caixa plástica
21	CONTAINER 4	Urna - n° tombo: 0972	1	
22	"	Urna - n° tombo: 1526	1	
23	"	Urna - n° tombo: 1735	1	
24	"	Urna - n° tombo: 1534	1	
25	"	Urna - n° tombo: 1512	1	
20	"	Urna - n° tombo: 1534	1	
19	"	Urna - n° tombo: 1550	1	
26	"	Urna - n° tombo: 1727	1	
27	"	Urna - n° tombo: 1924	1	
28	"	Urna - n° tombo: 985?	1	
29	"	Urna	1	sem n° tombo
30	"	Urna	1	sem n° tombo
31	"	Urna - n° tombo: 2121	1	
33	"	Urna - n° tombo: 2142	1	
34	"	Urna	1	Etnográfico?

Foto nº	Localização das peças	Denominação e nº tombo	Totais por loc.	Coleção e outras referências
35	"	Urna - nº tombo: 1964	1	
36	"	Urna - nº tombo: 1925	1	
37	"	Urna - nº tombo: 1899	1	
38	"	Urna - nº tombo: 813	1	
40	"	Urna	1	Consta etiqueta com informação "chegou na casa em 10/02/04 compra Glória Manaus
Foto 41	"	Urna	1	Sem nº tombo
42	"	Urna	1	Sem nº tombo
43	"	Urna	1	Nº tombo
44	"	Urna	1	Nº tombo
45	"	Urna	1	Sem nº tombo
46	"	Urna	1	Sem nº tombo
47	"	Urna	1	Mesma observação item 129
48	"	Urna	1	Nº tombo?
49	"	Urna	1	Nº tombo?
Vide Obs.	"	Instrumento cerimonial em cerâmica: nº tombo 1559	1	Não fotografada, peça embalada para exposição em Paris
"	"	Idem - nº tombo 1157	1	"
"	"	Machado lítico ritual, nº tombo 2061	1	"
"	"	Cachimbo, nº tombo 1380	1	"
"	"	Instrumento cerimonial, nº tombo 1527	1	"

Foto n°	Localização das peças	Denominação e n° tombo	Totais por loc.	Coleção e outras referências
"	"	Ornamento para cabelo em cerâmica com incisões, n° tombo 1541	1	"
"	"	Colar de contas feitas em negrita polida, n° tombo 1536	1	"
"	"	Ornamento para orelha, n° tombo 1540	1	"
"	"	Idem - n° tombo 1532	1	"
"	"	Cachimbo em cerâmica com incisões, n° tombo 1947	1	"
"	"	Ornamento para orelha em cerâmica, n° tombo 1589	1	"
"	"	Cachimbo em cerâmica com incisões, n° tombo 1528	1	"
"	"	Idem - n° tombo 1585	1	"
"	"	Protetor público decorado, n° tombo 1538	1	"
153	Container 4 - caixa plática 3	Tangas, n° tombo 2058, 1560, 1545, 1963, 1556, 1921, 1516, 1533, 1514, 2059 e 1904	11	"
154	Container 4 - caixa 1	9 objetos cerâmicos, n° tombo 1986, 1292, 1263, 1587, 1733, 1549	9	"
155	Container 4 - caixa 2	17 objetos cerâmicos	17	Coleção Tia Dita
156	Container 4 - caixa 4	12 objetos cerâmicos	12	?
	Contêiner 4 - 9 caixas de papelão	90 líticos (em duas caixas) e 116 cerâmicos (em sete caixas)	206	Origem: Castelos dos Sonhos
	Container 4 - engradado plástico	20 líticos	20	Coleção Santarém
	Container 4 - engradado vermelho	331 cacos cerâmicos	331 frag.	Coleção Santarém
"	"	Cachimbo em cerâmica com incisões, n° tombo 1528	1	"
"	"	Idem - n° tombo 1585	1	"

Foto nº	Localização das peças	Denominação e nº tombo	Totais por loc.	Coleção e outras referências
"	"	Protetor público decorado, nº tombo 1538	1	"
153	Container 4 - caixa plática 3	Tangas, nº tombo 2058, 1560, 1545, 1963, 1556, 1921, 1516, 1533, 1514, 2059 e 1904	11	"
154	Container 4 - caixa 1	9 objetos cerâmicos, nº tombo 1986, 1292, 1263, 1587, 1733, 1549	9	"
155	Container 4 - caixa 2	17 objetos cerâmicos	17	Coleção Tia Dita
156	Container 4 - caixa 4	12 objetos cerâmicos	12	?
	Contêiner 4 - 9 caixas de papelão	90 líticos (em duas caixas) e 116 cerâmicos (em sete caixas)	206	Origem: Castelos dos Sonhos
	Container 4 - engradado plástico	20 líticos	20	Coleção Santarém
	Container 4 - engradado vermelho	331 cacos cerâmicos	331 frag.	Coleção Santarém

Fonte: Processo criminal federal nº 2005.61.81.900396-6 (2005).

Essa Tabela 2, com 184 linhas (os negritos já estavam nas tabelas), refere-se a objetos, conjuntos de objetos e fragmentos depositados no ICBS, São Paulo, Capital arrolados pelo IPHAN em 16-17/02/2005 durante o processo federal. Por ela, pode-se apreender que 381 peças, entre objetos, material lítico e fragmentos de cerâmica, não constam de nenhuma coleção ou não têm qualquer outra referência a respeito discriminada. Tampouco receberam alguma denominação ou nº de tombo. Conclui-se, portanto, que essas peças não são regularizadas e, mais que isso, o IPHAN nem sequer foi informado da existência e da procedência delas, trazendo dúvidas acerca de suas aquisições, possivelmente realizadas de forma ilegal.

Dentre os objetos com o número de tombo, 24 estavam embalados para a exposição em Paris, "*Brésil Indien*" e o outro restante tombado não soma nem a metade da relação de peças da Tabela III. As coleções regularizadas pela Portaria nº 228/2002 foram acrescidas irregularmente por outras peças a se comparar com a listagem regularizada, ultrapassando o total de 765 objetos. Entre elas, há as identificadas com número de tombo, sem o número de tombo, com ou sem o reconhecimento de sua procedência ou coleção pelo IPHAN.

Há peças pertencentes às coleções não regularizadas, Santarém, M. Ipiranga e Castelo dos Sonhos, relacionadas com a Tabela II. Além disso há outras coleções desconhecidas pelo IPHAN.

Ainda, constam, entre essas peças, 26 outras que foram emprestadas para a exposição "Antes - A história da Pré-História" no CCBB de Brasília, do Rio de Janeiro e de São Paulo, que não foram passíveis de identificação, apenas sendo mencionadas no Quadro Recapitulativo, numa listagem total a seguir, já que foram melhor precisadas na Tabela IV.

No processo consta também um Quadro Recapitulativo que resume o apresentado na Tabela III por meio de identificação dos lugares de acondicionamentos das peças na reserva técnica do ICBS.

Quadro 3 - Quadro recapitulativo da Tabela III.

QUADRO RECAPITULATIVO

LOCALIZAÇÃO	TOTAIS DE PEÇAS	TOTAIS FRAGMENTOS	OBSERVAÇÕES
Armários 1/10 (s)	332	231	
Armários 1/11 (A)	300	70	
Mapotecas	326	87	
Urnas galpão	18		
Urnas e vasos Container 4	29		
Objetos diversos Container 4	34		
Caixas papelão Container 4	226		
Engradado vermelho Container 4		331	
Subtotais	1265	719	
Peças emprestadas Exposição CCBB	26		
TOTAIS	1291	719	

Fonte: Processo criminal federal n° 2005.61.81.900396-6 (2005).

Desse quadro, denota-se a separação de 2.604 peças/fragmentos e 26 peças emprestadas ao CCBB em espaços físicos distintos na reserva técnica do ICBS, divididos em:

- 2 armários, 1/10 (s) e 1/11(A), com 933 peças/fragmentos;
- mapotecas com 413 peças/fragmentos;
- 18 urnas no galpão;
- 1 contêiner (4), com 620 peças/fragmentos.

O total das peças no Quadro 2 excedem em muito as 765 peças regularizadas pela Portaria nº 228/2002, da contagem apresentada pelos peritos nomeados no processo e do relatório realizado pelo ICBS.

A Tabela IV, pertencente também ao processo criminal federal, traz a relação de peças emprestadas pelo ICBS à empresa cultural MAG + Rede Cultural para figurar na exposição "ANTES – As Histórias da Pré-História", realizada em Brasília, no período de 13/01 a 15/04/2005, e foram relacionadas com os formulários fornecidos pela Sr.a Isabel Naufel quando da vistoria no ICBS em 17/02/2005, uma das profissionais responsáveis pela manutenção do acervo.

Ainda sobre a mesma tabela, que foi relacionada com os formulários da vistoria em 2005 do ICBS, verifica-se que havia 26 peças, entre elas as pertencentes ao acervo protegido pela Portaria nº 228/2002 do IPHAN, portanto, bens tombados, além de peças sem coleção mencionada e peças que não constam do relatório do ICBS.

Quadro 4 - Tabela IV - Peças emprestadas pelo ICBS a MAG + rede cultural para figurar na mostra ANTES.

Tabela IV - Peças emprestadas pelo ICBS a MAG + rede cultural para figurar na mostra ANTES

("As histórias da pré-história" realizada em Brasília no período de 13 de janeiro a 15 de abril de 2005) (cf. formulários para empréstimos de obra fornecidos pela Sra. Isabel Naufel, quando da vistoria do ICBS em 17/02/2005)

Nº Ordem	Denominação	Nº Inventário	Observações
1	Muiraquitã de nefrita (morcego alado?)	1510	Coleção Luis Otávio
2	Urna Marajoara	211	Coleção Maurício Teixeira
3	Vaso Marajoara	1525	Coleção Humberto Luis Dacier
4	Urna Marajoara	975	Coleção Humberto Luis Dacier
5	Estatueta cerâmica	1563	Coleção Luis Otávio
6	Estatueta cerâmica	1564	Coleção Luis Otávio

Nº Ordem	Denominação	Nº Inventário	Observações
7	Estatueta cerâmica	1580	Este nº tombo não aparece entre as peças tombadas no relatório ICBS 2003/2004
8	Figura humana cerâmica Santarém	1531	Não consta informação de coleção no relatório ICBS 2003/2004
9	Tigela pequena	966	Coleção Humberto Luis Dacier
10	Estatueta cerâmica	1548	Coleção Luis Otávio
11	Ídolo cerâmica	1301	Esta peça não consta no relatório ICBS 2003/2004
12	Urna cerâmica Marajoara	1905	Esta peça não consta no relatório ICBS 2003/2004
13	Vasilhame cerimonial para bebida fermentada	989	Coleção Humberto Luis Dacier
14	Vasilhame cerimonial em cerâmica pintada	1546	Coleção Luis Otávio
15	Vasilhame cerimonial em cerâmica pintada	204	Coleção Maurício Teixeira
16	Ornamento cabila em nefrita polida	1537	Coleção Luis Otávio
17	Figura humana cerâmica Santarém	1530	O relatório ICBS 2203/2004 não informa a coleção dessa peça
18	Vaso com figura humana Marajoara	1519	Coleção Humberto Luis Dacier
19	Urna cerâmica Marajoara	1905	Esta peça não consta no relatório ICBS 2003/2004
20	Figura humana em cerâmica	1539	Coleção Humberto Luis Dacier
21	Ponta projétil sílex Rio Tapajós	1374	Origem: Castelos dos Sonhos (médio amazonas)
22	Núcleo biface	2060	Origem: Castelos dos Sonhos (médio amazonas)
23	Ponta projétil sílex Rio Tapajós	1371	Origem: Castelos dos Sonhos (médio amazonas)
24	Ponta projétil sílex Rio Tapajós	1373	Origem: Castelos dos Sonhos (médio amazonas)
25	Ponta projétil sílex Rio Tapajós	1377	O relatório ICBS não informa a coleção nem a origem dessa peça
26	Ponta projétil sílex Rio Tapajós	1372	Origem: Castelos dos Sonhos

Fonte: Processo criminal federal nº 2005.61.81.900396-6 (2005).

O Quadro 4 demonstra que 3 peças não constam no relatório do ICBS e uma delas nem sequer teve discriminada sua origem; 3 peças não pertenciam a nenhuma das coleções existentes no ICBS e o número de tombo de 1 peça não foi identificado no relatório do ICBS de 2003/2004. Ainda, atribui-se à tabela a separação de 19 peças nas coleções já existentes no ICBS, sendo 6 peças pertencentes à coleção Humberto Luis Dacier (Graciete), 6 peças à coleção Luis Otávio e 2 peças à coleção Maurício (Maurício Teixeira). Há 5 peças sem coleção regularizada e originárias de Castelos dos Sonhos, médio Amazonas.

No mais, o número de 26 peças, emprestadas por comodato, diferem em 4 peças a menos do número da relação de obras e dos contratos de comodato assinados pelos responsáveis do ICBS e da MAG + Rede Cultural, faltando, então, 4 contratos escritos. Assim, 4 peças nem sequer têm contrato escrito de empréstimo para comprovar o intercâmbio lícitos das obras.

As tabelas possibilitaram interpretações acerca da regularização das peças, material lítico e fragmentos cerâmicos adquiridos pelo ICBS, mais que isso, permitem indagar a procedência e o intercâmbio delas. Elas também permitem apreender a desconformidade com a normativa nacional e internacional que o Brasil se propôs a cumprir sobre o tráfico ilícito do patrimônio cultural móvel, de acordo com o Capítulo 1 e 2, relacionadas à Portaria nº 228/2002 e, mais, diagnosticar quais estão sob a posse para salvaguarda do ICBS legalmente ou não.

Depois que o MAE foi designado depositário dos bens arqueológicos e etnográficos no Processo Federal, foi realizado o transporte, e feito um inventário das peças para constatar o tamanho do acervo e o estado de conservação das peças. Seguem algumas imagens do transporte e acondicionamento dos bens do ICBS para a reserva técnica do museu.

Figura 38 - Imagens da transferência e acondicionando das peças na residência do Edemar Cid Ferreira para o Museu de Arqueologia e Etnologia da Universidade de São Paulo (MAE/USP). Fonte: Apenso nº 05, do processo criminal federal nº 2005.61.81.900396-6.

Figura 39 - Imagens da transferência e acondicionando das peças na residência do Edemar Cid Ferreira para o MAE/ USP. Fonte: Apenso nº 05, do processo criminal federal nº 2005.61.81.900396-6.

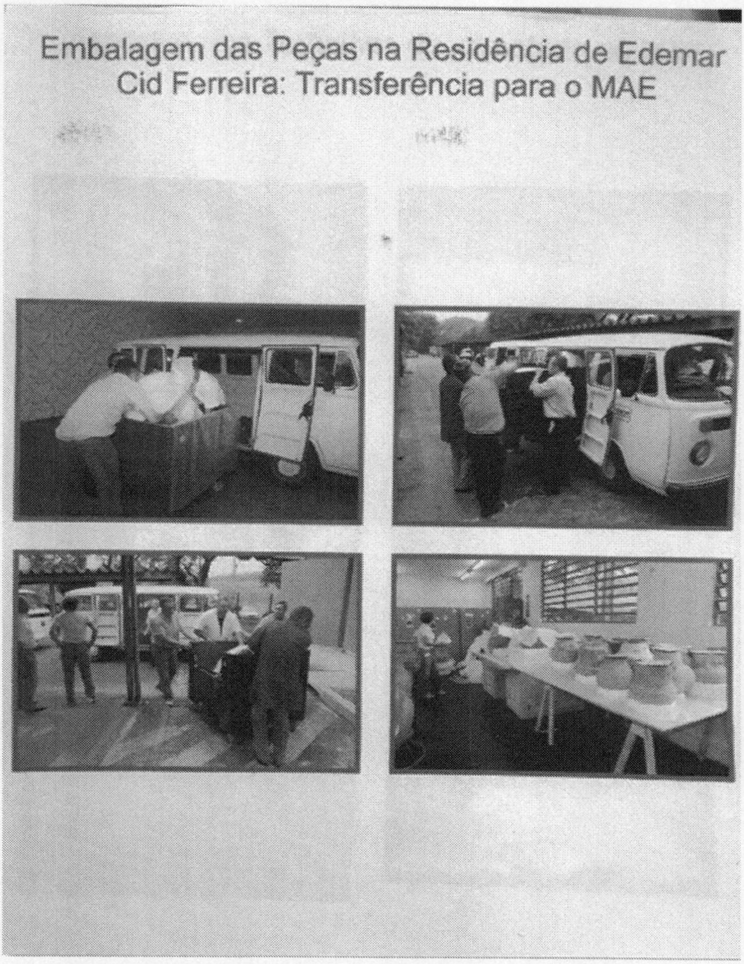

Figura 40 - Imagens da transferência e acondicionando das peças na residência do Edemar Cid Ferreira para o MAE/ USP. Fonte: Apenso nº 05, do processo criminal federal nº 2005.61.81.900396-6.

Figura 41 - Espaços físicos de guarda dos acervos na residência do Edemar Cid Ferreira. Fonte: Apenso nº 05, do processo criminal federal nº 2005.61.81.900396-6.

Nas Figuras 38 a 40 e na 41, é possível visualizar a quantidade de obras que foram acondicionas e transportadas pelos profissionais do MAE, sendo retiradas da residência do Edemar Cid Ferreira e vistas dos espaços físicos de guarda do acervo na reserva técnica do ICBS.

Após o acondicionamento do material no MAE, profissionais do museu realizaram o inventário, o qual foi dividido fisicamente em três pastas em Apenso 5, Apenso 6 e Apenso 7 dos Autos nº 2005.61.81.900396-6. Nas pastas, o trabalho foi organizado em Inventário do Acervo Arqueológico Brasileiro, Anexo 1 - Inventário Acervo

Cerâmico Etnográfico - ICBS, Anexo 2 - Inventário Acervo Arqueológico não-Brasileiro - ICBS, Anexo 3 - Inventário Acervo Etnográfico não-Brasileiro - ICBS.

Nos inventários (Figura 42 abaixo), constam as fichas de cada peça especifica, suas características, como o número da peça, descrição, denominação, matéria-prima, definição, dimensão, técnica, localização na reserva técnica e, principalmente, a coleção, item de suma importância para se constatar a formação regular das coleções e das peças sem coleções pertencentes ao ICBS, Cid Collection e ao Edemar Cid Ferreira.

Figura 42 - Inventários realizado pelo MAE/USP acerca do acervo do ICBS, da Cid Collection e do acervo particular do Edemar Cid Ferreira. Fonte: Processo criminal federal n° 2005.61.81.900396-6.

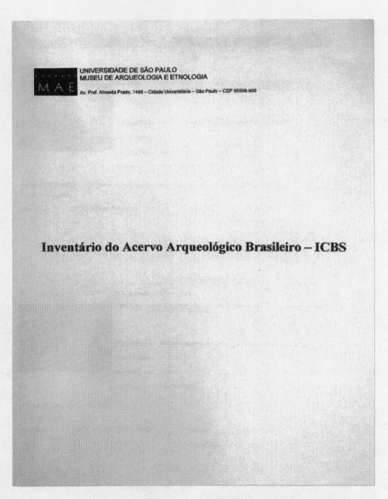

Figura 43 - Inventário do acervo arqueológico brasileiro do ICBS feito pelo MAE/USP. Fonte: Apenso nº 05, do processo criminal federal nº 2005.61.81.900396-6.

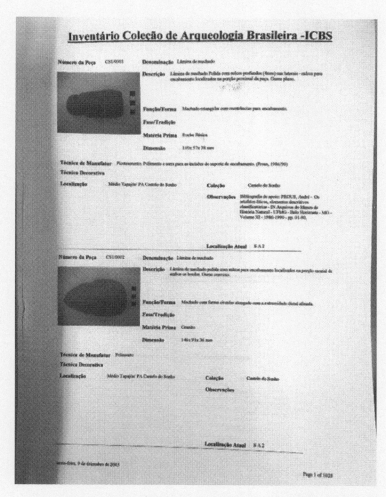

Figura 44 - Inventário do acervo arqueológico brasileiro do ICBS feito pelo MAE/USP. Fonte: Apenso nº 05, do processo criminal federal nº 2005.61.81.900396-6.

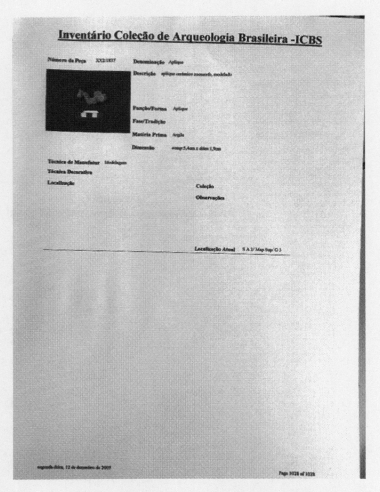

Figura 45 - Inventário do acervo arqueológico brasileiro do ICBS feito pelo MAE/ USP. Fonte: Apenso nº 05, do processo criminal federal nº 2005.61.81.900396-6.

No Inventário do acervo arqueológico brasileiro do ICBS (Figuras 43 a 45), feito pelo MAE, como as páginas são numeradas, pode-se perceber que se tratam de 2.055 peças arqueológicas brasileiras, a considerar que foram inventariadas duas peças por folha em 1.028 páginas, exceto pela última página, que consta de uma peça apenas, como se denota da imagem. Sendo a maioria das peças classificadas nas coleções Luis Otávio, Graciete e Santarém, além das desconhecidas e de outras sem classificação alguma.

Figura 46 - Inventário do acervo cerâmico etnográfico do ICBS feito pelo MAE/USP.
Fonte: Anexo 1, do Apenso n° 07, do processo criminal federal n° 2005.61.81.900396-6.

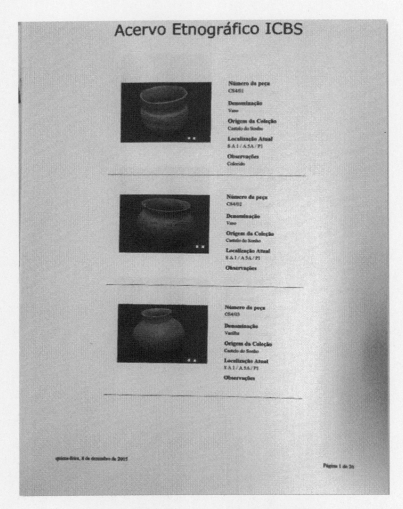

Figura 47 - Inventário do acervo cerâmico etnográfico do ICBS feito pelo MAE/USP. Fonte: Anexo 1, do Apenso n° 07, do processo criminal federal n° 2005.61.81.900396-6.

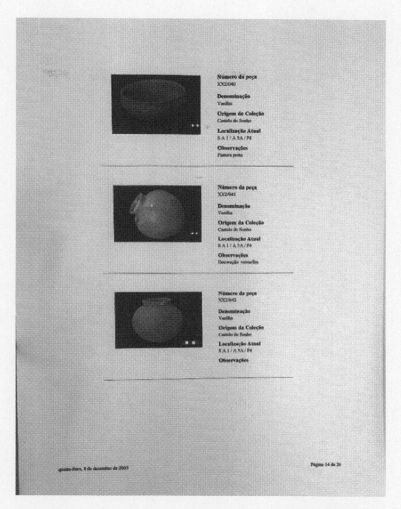

Figura 48 - Inventário do acervo cerâmico etnográfico do ICBS feito pelo MAE/USP. Fonte: Anexo I, do Apenso n° 01, do processo criminal federal n° 2005.61.81.9000396-6.

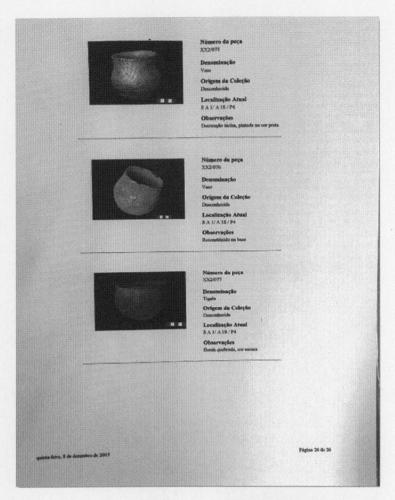

Figura 49 - Inventário do acervo cerâmico etnográfico do ICBS feito pelo MAE/USP. Fonte: Anexo I, do Apenso nº 01, do processo criminal federal nº 2005.61.81.9000396-6.

O Anexo 1 do Apenso 7 do processo criminal federal em análise apresenta 26 páginas, conforme mostram as Figuras 46 e 49 na página anterior, sendo 3 peças por página, somando um total de 78 peças etnográficas brasileiras, em sua maioria vasos e tigelas da coleção originárias de Castelo dos Sonhos ou de procedência desconhecida. Nenhuma peça é regularizada.

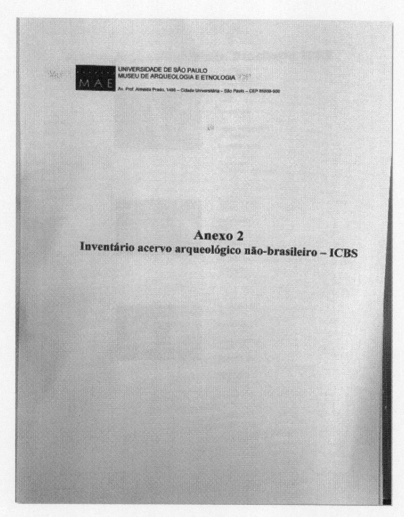

*Figura 50 - Inventário do acervo arqueológico não-brasileiro do ICBS feito pelo MAE/USP.
Fonte: Anexo 2, do Apenso nº 07, do processo criminal federal nº 2005.61.81.900396-6.*

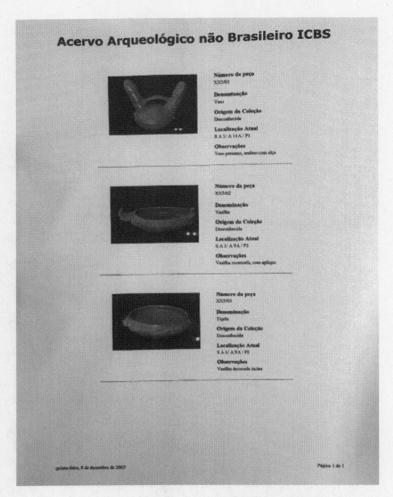

Figura 51 - Inventário do acervo arqueológico não-brasileiro do ICBS feito pelo MAE/USP. Fonte: Anexo 2, do Apenso nº 07, do processo criminal federal nº 2005.61.81.900396-6.

Nas imagens do Anexo 2, Figuras 50 e 51 acima, há apenas uma página com três objetos, sendo um vaso peruano/andino, uma vasilha e uma tigela, todos com origem de coleção desconhecida. Por serem peças estrangeiras, caberia o retorno delas aos seus países de origem, se por eles fossem requeridas, já que não tem nº de tombo e, portanto, não são regularizadas, presumindo-se aquisição ilícita.

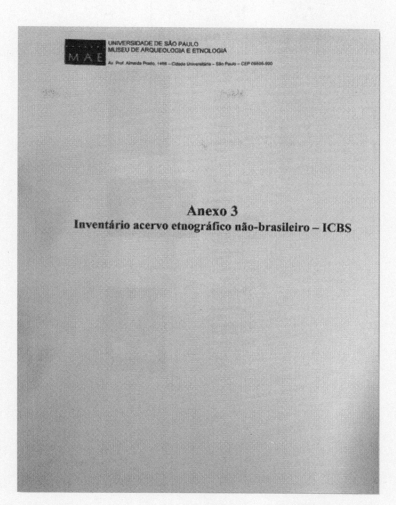

*Figura 52 - Inventário do acervo etnográfico não-brasileiro do ICBS feito pelo MAE/USP.
Fonte: Anexo 3, do Apenso nº 07, do processo criminal federal nº 2005.61.81.900396-6.*

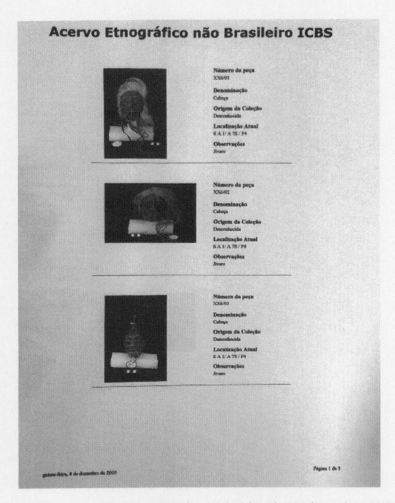

Figura 53 - Inventário do acervo etnográfico não-brasileiro do ICBS feito pelo MAE/USP. Fonte: Anexo 3, do Apenso nº 07, do processo criminal federal nº 2005.61.81.900396-6.

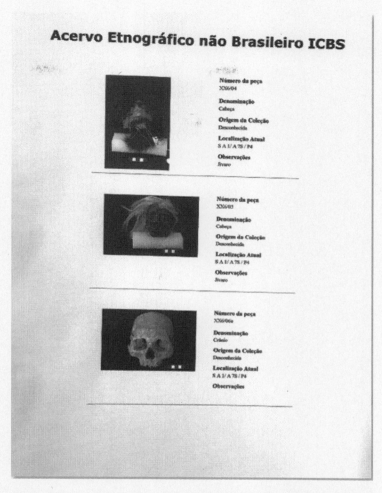

Figura 54 - *Inventário do acervo etnográfico não-brasileiro do ICBS feito pelo MAE/USP. Fonte: Anexo 3, do Apenso n° 07, do processo criminal federal n° 2005.61.81.900396-6.*

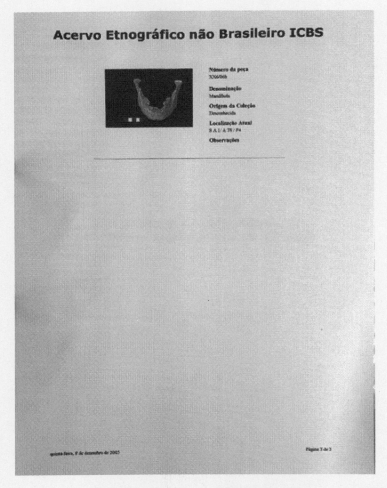

Figura 55 - Inventário do acervo etnográfico não-brasileiro do ICBS feito pelo MAE/USP. Fonte: Anexo 3, do Apenso n° 07, do processo criminal federal n° 2005.61.81.900396-6.

Quanto ao Anexo 3, referente ao acervo etnográfico não-brasileiro, (Figuras 53 a 56 acima) é constituído por 7 peças, sendo 5 cabeças Jivaros com origem de coleção desconhecida, 1 crânio e uma mandíbula, ambos também de origem desconhecida. Da mesma maneira que as peças do Anexo 2, essas poderiam ser retornadas ao seu país de origem, caso eles se manifestassem a respeito da recuperação e, sobretudo, se essa aquisição se deu de forma ilícita, a considerar a não regularização das peças, bem como se elas constam do banco de obras desaparecidas dos referidos países, de acordo com o apresentado no Capítulo 1.

Entretanto, conforme discutido no Capítulo 1, se algumas das peças se referirem ao adquirente de boa-fé, ele se manterá na posse dos bens, se não foi possível saber, por meio de diligências, se a procedência das obras foi ilícita, de acordo com o direito interno de cada país a ter as obras retornadas, restituídas ou repatriadas, independentemente de se tratar de ordenamento jurídico de *common law* ou d *civil law*.

Ainda, o jornal "Estado de São Paulo", na edição de 29 de abril de 2005, noticiou o desaparecimento de trinta e oito peças, avaliadas em vinte e dois milhões de dólares, pertencentes ao acervo da *Cid Collection*. Além disso, narrou que os levantamentos elaborados pela Justiça e pelos Museus recebedores dos acervos, não coincidiam com os registros dos arquivos apreendidos no extinto Banco Santos S/A.[112]

Além disso, consta, no processo, a perícia judicial realizada pelo Prof. Dr. Eduardo Góes Neves, referente ao processo nº 0830457-36.2010.8.26.0000, que aduz que a realização de escavações particulares não autorizadas viola os princípios basilares da pesquisa, atentando ao valor científico dos objetos obtidos[113] e, como o Estado brasileiro não tem condições de posse nem de salvaguarda de todas as coleções arqueológicas, as delega, por meio de portarias do IPHAN, a instituições públicas ou privadas, como ocorreu no caso da *Cid Collection*, com a criação do ICBS. [114]

Todo esse conjunto de informações aponta para a inexatidão que é a constituição do acervo pertencente ao extinto ICBS, à Cid Collection e à coleção particular do Edemar Cid Ferreira, responsável por todas elas.

---

[112] Disponível em:< http://acervo.estadao.com.br/pagina/#!/20050429-40736-nac-1-pri-a1-not> Acesso em : Fev. 2015.

[113] Dispõe Lei 3.924/61, artigo 8º.

[114] Perícia judicial do processo nº 0830457-36.2010.8.26.0000, p. 7.

INCOMPATIBILIDADE EM TORNO DA CONSTITUIÇÃO DO ACERVO E DA NORMATIVA INTERNACIONAL E NACIONAL DO TRÁFICO ILÍCITO DO PATRIMÔNIO CULTURAL ARQUEOLÓGICO

> *Porém, como parte do mundo, uma vez aí incluída (e em regra é para isso que ela é criada), a obra de arte existe somente para o homem, por sua causa e enquanto ela exista. A maior das obras de arte se tornaria um pedaço mudo de matéria em um mundo sem homens. De outro lado, sem a obra de arte o mundo habitado por homens se torna um mundo menos humano, e a vida dos seus habitantes seria mais carente de humanidade. Assim, a criação da obra de arte faz parte do agir humano constituinte do mundo; e sua presença é parte do patrimônio do mundo instituído pelos homens, o único onde os homens podem encontrar abrigo. Não podemos imputar ao artista a preocupação em aumentar o acervo artístico ou fomentar a cultura; é melhor que ele se ocupe exclusivamente de sua obra. Mas, no que concerne à preservação da sua criação por parte de outros, como patrimônio da humanidade (um dever indubitável), a obra não se beneficia da imunidade com a qual o seu criador, responsável apenas pela obra, pode se desfazer de todos os seus outros deveres. No famoso dilema casuístico (na minha opinião, um dilema perverso) da casa em chamas, da qual uma das duas poderia ser salva – a madona da Capela Sistina, de Rafael, ou uma criança -, a decisão moralmente óbvia em favor da criança depende de nenhuma comparação entre os 'valores' de ambas para a humanidade futura (o que não impede que seja perfeitamente aceitável que alguém sacrifique a si próprio para salvar uma obra de arte, como, aliás, o artista já o terá feito em prol de sua criação).*
>
> O princípio responsabilidade: ensaio de uma ética para a civilização tecnológica, Hans Jonas

Com os objetivos de proteção e valorização do patrimônio arqueológico brasileiro por meio do combate ao vandalismo, ao roubo, ao furto, ao comércio ilegal e a qualquer outro meio de deterioração dos sítios arqueológicos, principalmente contra o tráfico ilícito, faz-se uma interpretação da constituição do acervo arqueológico do ICBS à luz das normativas internacionais e nacionais do tráfico ilícito do patrimônio cultural arqueológico, visto que são objetos de alta relevância científica.

O acervo teve início com a Portaria nº 228/2002, que regularizou a situação de 765 bens arqueológicos de descobertas fortuitos, que estariam sob a posse do ICBS, com o fim de salvaguarda e difusão científica, sob a condição de o Instituto contar com uma equipe especializada para conservação e restauração, para possibilitar o acesso ao público em geral. Entretanto, esses bens achados nem sequer foram comunicados ao IPHAN por seus descobridores, conforme prevê o art. 17 e 18 da Lei 3.924/61, já que a posse e a salvaguarda dos bens arqueológicos desde sua origem é direito imanente do Estado.

Após a data da edição da referida Portaria nº 228/2002, ao que tudo indica, o ICBS adquiriu sem regularização da guarda, mais peças arqueológicas e outras etnográficas, nacionais e estrangeiras, incorporando-as ao acervo nos anos de 2003 e 2004 sem o conhecimento do IPHAN. Ademais, os peritos nomeados pelo juízo federal, o ICBS, o IPHAN e o MAE, realizaram inventários de arrolamento das peças e, em todos, houve uma discrepância no conjunto total, somado ainda aos líticos e fragmentos.

Por exemplo, o ICBS em relatório enviado ao IPHAN, em 2004, apresentou um inventário com 324 peças selecionadas para figurar em mostras nacionais e internacionais, e a aquisição de novas coleções não é mencionada ou sua regularização solicitada ao IPHAN pelo Instituto.

O inventário realizado pelo IPHAN organiza o acervo em tabelas e traz cerca de 2.127 peças pertencentes ao ICBS, compondo as coleções regularizadas pela Portaria nº 228/2002, novas coleções e peças sem identificação de coleção que foram incorporadas ao acervo, estas últimas, sem notificação ao órgão responsável, estando, portanto, irregulares.

A contagem atual das peças arqueológicas e etnográficas brasileiras é de aproximadamente 2.140, de acordo com o último inventário realizado no Processo Federal, após a transferência dos bens para o MAE/USP, englobando peças nacionais e internacionais. Todas foram sequestradas da reserva técnica do ICBS, da *Cid Collection* e da coleção particular de Edemar Cid Ferreira e depositadas no museu.

Os bens arqueológicos são de propriedade da União, conforme art. 20, X, da CF/88, passando a contar com a sua proteção na forma dos artigos 4, 5, 6, 7 e 27 da Lei nº 3.924/61.

Os bens são de propriedade pública, com proteção constitucional e infra-constitucional. Não há a necessidade de submissão dos bens arqueológicos a um instrumento protetivo específico (como o tombamento, registro dentre outros) e, para realização de pesquisas e escavações arqueológicas, independentemente de se para particulares ou se para o Poder Público, é preciso solicitar permissão ou autorização ao IPHAN. Além disso, há previsão de responsabilidade civil, administrativa e penal para o causador de dano ao patrimônio arqueológico, proibição de aproveitamento econômico, de destruição ou mutilação de sítio arqueológico antes de serem pesquisados, segundo o explanado na Parte I.

Nesse entendimento, tanto os bens tombados, conforme o disposto no art. 1º do Decreto-Lei nº 25/37, quanto os bens arqueológicos e etnológicos estão sob a proteção federal, por meio do IPHAN. Cabe, dessa maneira, a esse Instituto Patrimonial, decidir acerca da destinação final das peças, inclusive quanto à atribuição de sua guarda, tudo em estrita observância aos dispositivos constitucionais e infraconstitucionais.[115]

Segundo o arqueólogo do IPHAN Rossano Bastos e a pesquisadora Marise Souza (2011, p. 11):

> As descobertas ao acaso encontram igual proteção do Estado e acentuam que a posse e a salvaguarda dos bens arqueológicos não poderão ser das pessoas, mas sim de todos, na figura do Estado. Qualquer outra forma de guarda dos bens arqueológicos deve ser obrigatoriamente designada através de portaria específica editada pelo IPHAN para esse fim. Os bens arqueológicos a serem descobertos em princípio já estão protegidos pelo poder público e constituem direito imanente ao Estado. Não é permitida e autorizada sob qualquer pretexto a comercialização de bens culturais arqueológicos no país.

De acordo com a Lei das Contravenções Penais, é vetado o comércio de peças arqueológicas, independentemente da forma, para fins de constituição de acervos, prática delitiva defesa também na lei 3.924/61. A Constituição Federal de 1988, no artigo 216, determina o acesso da sociedade ao patrimônio cultural, e a eventual venda de bens arqueológicos do ICBS, da *Cid Collection* e da coleção particular de Edemar Cid Ferreira, impediria tal acesso.

Segundo Inês Virgínia Prado Soares (2009), a Constituição Federal atual faz referência ao patrimônio arqueológico em seus dispositivos e deixa transparecer a natureza difusa desses bens, com a indicação de que o Poder Público deve atuar na sua proteção, proporcionando à sociedade o acesso aos mesmos. Por isso, leiloar as peças arqueológicas nacionais e não as devolver ao seu local de origem, independentemen-

---

[115] Ofício nº 319/2005 - PROER/IPHAN/RJ dos Autos nº 2005.61.81.900396-6.

te se adquiridas licitamente, a fim de honrar os credores do Banco Santos S/A, seria inconstitucional. Foi o que aconteceu em 2017, foram mais de 50 lotes de bens culturais leiloados, salvo os bens culturais arqueológicos que ainda se encontram sob a posse do MAE.

Em suma, são bens públicos de domínio nacional (art. 98, Código Civil) e de uso especial (art. 99, II, Código Civil), afetados para a pesquisa e produção de conhecimentos dos modos de vida passados para serem transmitidos às gerações futuras, visando ao não empobrecimento intelectual.

Em relação às peças estrangeiras pertencentes ao acervo, essas poderiam ser alienadas, salvo se não tombadas, conforme o Decreto-lei nº 25/37, além de trazerem uma identidade cultural com o país de localização.

As medidas de retorno ou restituição estão discriminadas na Convenção da UNESCO de 1970, analisada na Parte I, e determinam que o Estado deve "proibir a importação de bens culturais roubados de um museu, de um monumento público civil ou religioso, ou de uma instituição similar no território de outro Estado-Parte"[116], e deve reparar o Estado lesado, vale dizer, deve restituir ao seu legítimo titular os bens culturais que entraram ilicitamente em seu território[117].

Tal dispositivo contempla somente os bens culturais roubados e furtados, não compreendendo os sob posse de pessoas físicas, cabendo à Convenção de Unidroit de 1995 a proteção desses bens sob os mesmos ditames da Convenção da UNESCO de 1970, também examinada na Parte I. No entanto, não houve previsão de outros atos ilícitos causadores da exportação ilícita, impossibilitando a importação ou a restituição do bem. Também não será restituído o bem que foi exportado ilicitamente, não sendo comprovado seu título, e não fazendo parte de nenhum inventário ou instituto semelhante de proteção.

Além disso, aquele que solicita a restituição por roubo ou exportação ilícita do bem cultural deve pagar justa compensação para o adquirente de boa-fé ou outrem que detenha a propriedade legal, comprovando a aquisição lícita.

De acordo com o inventário realizado pelos peritos nomeados, existiam cerca de 16 peças arqueológicas e 13 etnográficas estrangeiras

---

[116] Artigo 7, alínea "b", (i) da Convenção da UNESCO de 1970.
[117] Artigo 7, alínea "b", (ii) da Convenção da UNESCO de 1970.

na residência de Edemar Cid Ferreira, nenhuma delas regularizada ou com solicitação dos respectivos Estados para retornar ao seu país de origem devido à exportação ilícita, podendo todas elas serem leiloadas.

Para o trânsito internacional de obras culturais tombadas,[118] é necessária a autorização do IPHAN, conforme Portaria nº 262 do próprio instituto, pois tal prática é vedada. Das peças pertencentes ao ICBS e participantes da exposição "Brésil Indien", realizada em Paris, houve apenas uma solicitação de autorização para saída delas do Brasil, como demonstrado nas Figuras 26 e 27. Caso contrário, incidiriam na Convenção da UNESCO de 1970 por exportação ilícita, salvo o caso de terem sido adquiridas de boa-fé, se não retornassem ao seu país de origem. No mais, cabe a indagação acerca da regularidade dessas peças e acerca do meio de aquisição, já que nada foi comunicado ao IPHAN nem sequer sobre serem achados fortuitos, como disposto na Lei 3.924/61. Além de o responsável pela transferência ilegal do bem responder em âmbito administrativo, civil e penal em território brasileiro.

A exposição "A Escrita da Memória" registrou a propriedade de todas as peças exibidas como sendo da *Cid Collection* e, contrapondo tal informação, a reportagem da "Folha de São Paulo" de 17.10.2005 alegou a comercialização de objetos arqueológicos, atividade vedada pela Constituição de 1988 e pela Lei 3.924/61, sobretudo em casos de achados fortuitos.

Segundo o jornal Estado de São Paulo de abril de 2005 e o site Portal dos Condomínios, a Embaixada do México solicitou a restituição de 4 peças Maias com saída irregular de seu país, ou seja, exportadas ilicitamente. Aqui é nítido o cabimento de restituição das obras ao seu país de origem, em respeito aos acordos internacionais firmados pelo Brasil e pelo México, além de o adquirente responder em âmbito administrativo, civil e penal internamente, podendo responder por contrabando e descaminho, devido à importação ilegal de mercadoria, sem o devido recolhimento de tributos e, ainda, por danos materiais e morais, como já discutido na Parte II.

No inventário do MAE, foram contadas 3 peças arqueológicas e 7 peças etnográficas estrangeiras de origem desconhecida, todas sem o nº de tombo, podendo ser restituídas ao país de origem se requeridas,

---

[118] Lembrar que os bens arqueológicos são, desde sua origem, tombados, se considerar que eles são bens públicos, portanto inalienáveis e indisponíveis conforme art. 20, X, da CF/88.

caso a aquisição dessas tenha sido ilícita (Convenção de UNESCO de 1970), devido às suas irregularidades perante as normativas nacionais e, se não tombadas (Decreto-lei n°25/37), poderiam ser leiloadas para honrar os credores do Banco Santos S/A.

Ainda, o jornal "O Estado de São Paulo", em edição de 29.04.2005, noticiou o desaparecimento de 38 peças do acervo do ICBS, avaliadas em U$$ 22.000.000,00. Os responsáveis poderiam incidir na Resolução n° 08 da COAF, sobre os procedimentos das pessoas físicas ou jurídicas que comercializem, importem, exportem ou intermediem a compra ou a venda de objetos de arte e antiguidades, em caráter permanente ou eventual, de forma principal ou acessória, cumulativamente ou não (art. 1°, *caput*), com o objetivo de prevenir e combater os crimes de "lavagem" ou ocultação de bens, direitos e valores, conforme estabelecido na Lei n° 9.613/98, e no Decreto n° 2.799/998, como apreciado na Parte I.

O retorno das peças do acervo aos seus locais de origem é fundamental e tem amparo legal, atendendo às diretrizes das cartas patrimoniais, que preconizam a permanência ou o retorno dos bens arqueológicos sempre que possível a seus locais de origem, salvo se este for o da localização do bem e se o adquirente for de boa-fé, se previsto no direito interno dos Estados-Parte, para que o conhecimento seja acessível às comunidades nas quais os sítios se localizam a fim de envolvê-las na preservação do patrimônio cultural arqueológico. Por fim, para que possam contribuir para a proteção dos sítios e das peças arqueológicas e etnográficas, inibindo o tráfico ilícito dos bens culturais.

REFERÊNCIAS

ALBUQUERQUE, João Sousa de; DUARTE, Sofia Pinto Bastos. *A proteção dos bens culturais móveis contra furto e exportação ilícita.* Lisboa: Universidade de Lisboa, Faculdade de Direito. Disponível em: <http://culturalex.com.sapo.pt/proteccaodosbens.pdf> Acesso em: Fev. 2014.

AMARAL JR., Alberto do. *Coexistência, cooperação e solidariedade: a mudança da estrutura e da função do direito internacional público.* In: Curso de Direito Internacional Público. São Paulo: Editora Atlas S.A.. 2ª Ed. 2011. p. 649-660.

APPOLINÁRIO, F. *Dicionário de metodologia científica: um guia para a produção do conhecimento científico.* São Paulo: Atlas. 2009.

ARGAÑA, Arístides Escobar. *Legislación paraguaya y normativa internacional: un estudio comparativo UNESCO.* In: Legislaciones en el MERCOSUR relativas a las Convenciones de Cultura aprobadas por la UNESCO. Montevideu: UNESCO. 2007. Disponível em: <http://unesdoc.unesco.org/ images/0015/001599/159998s.pdf> Acesso em: Abr. 2017.

ARGENTINA. Lei 23.618 de 1988. Convenção de Haia para a Proteção do Patrimônio Cultural em Conflitos Armados, de 1954.

ARGENTINA. Lei 25.478 em 1999. Segundo protocolo da Convenção de haia de 1954.

ARGENTINA. Lei 26.155, em 2006. Primeiro Protocolo da Convenção de Haia de 1954.

ARGENTINA. Lei 19.943, de 1972. Convenção da UNESCO de 1970, sobre as medidas a serem adotadas para proibir e impedir a importação, a exportação e a transferência ilícita de bens culturais

ARGENTINA. Lei 26.556 em 2009. Convenção da UNESCO de 2001 para a proteção do patrimônio subaquático.

ARGENTINA. Resolução nº 52/02.

ARGENTINA. Resolução SCC nº 2718/00. Acordo de segurança e controle de fronteiras.

ARGENTINA. Resolução SCC nº 1071/102. Convênio entre a Direção Nacional da Polícia da Aeronáutica e a Secretaria de Cultura da Nação.

ARGENTINA. Lei 24.633/03. Dispõe sobre a circulação internacional de obras de arte.

ARGENTINA. Lei 25.743/03. Dispõe sobre a circulação internacional de mercadorias.

ARGENTINA. Decreto nº 1166/03. Secretaria de Cultura o Comitê Argentino de Luta contra o Tráfico Ilícito de Bens Culturais.

ASKERUD, Pernille. *La preservación Del tráfico ilícito de bienes culturales: um manual de La UNESCO para La implementación de La convención de 1970.* Brasília: Instituto do Patrimônio Histórico e Artístico (IPHAN), 1999.

BASTOS, Rossano Lopes & SOUZA, Marise Campos de (organizadores). *Normas de gerenciamento do patrimônio arqueológico.* São Paulo: IPHAN. 2010.

BELLO, Andres. *Princípios del Derecho Internacional.* Argentina: Editorial Atalaya, 1946 (reedição da obra publicada em 1832, 1844 e 1864). p. 397. Disponível em: <http://biblioteca.org.ar/libros/71387.pdf> Acesso em: Ago. 2013.

BO, João Batita Lanari. *Proteção do patrimônio na UNESCO.* Brasília: UNESCO, 2003.

BLAKE, Janet. *On defining the cultural heritage.* In: The international and comparative law quarterly. vol. 49. 2000.

BRASIL. Convenção de Haia, de 19 de outubro de 1907. Promulga a Convenção para a Solução Pacífica dos Conflitos Internacionais. II Conferência da Paz. Haia, Holanda. Disponível em: <http://www.gddc.pt/siii/docs/ Haia1899.pdf> Acesso em: Ago. 2016.

BRASIL. Conferência Geral da ONU para a Educação, a Ciência e a Cultura. 9ª Sessão, de 5 de dezembro de 1965. UNESCO - Nova Delhi. Disponível em: <http://portal.iphan.gov.br/uploads/ckfinder/arquivos/Recomendacao%20de%20Nova%20Dheli%201956.pdf> Acesso em: Ago. 2016.

BRASIL. Presidência da República. Decreto-Lei nº 25, de 30 de novembro de 1937. Disponível em: <http://www.planalto.gov.br/ccivil_03/decreto-lei/ Del0025.htm> Acesso em: Ago. 2012.

BRASIL. Presidência da República. Lei 3.924, de 26 de julho de 1961. Disponível em: <http://www.planalto.gov.br/ccivil_03/leis/L4845.htm> Acesso em: Ago. 2013.

BRASIL. Presidência da República. Lei 4.845, 19 de novembro de 1965. Proíbe a saída, para o exterior, de obras de arte e ofícios produzidos no país, até o fim do período monárquico. Disponível em: <http://www.planalto.gov.br/ccivil_03/leis/L4845.htm> Acesso em: Ago. 2013.

BRASIL. Presidência da República. Lei 5.471, de 09 de julho de 1968. Dispõe sobre a exportação de livros antigos e conjuntos bibliográficos brasileiros. Disponível em: <http://gpex.aduaneiras.com.br/gpex/gpex.dll/infobase/atos/lei/lei5471_68/lei5471_68.pdf> Acesso em: Ago. 2013.

BRASIL. Presidência da República. Decreto nº 72.312, de 31 de maio de 1973. Promulga a Convenção sobre as Medidas a serem Adotadas para Proibir e impedir a Importação, Exportação e Transportação e Transferência de Propriedade Ilícitas dos Bens, de 1970. Diário Oficial da União, Poder Executivo, Brasília, DF, 01 jun. 1973. Seção 1, p. 5298 a 5300.

BRASIL. Presidência da República. Lei nº 6.024, de 13 de março de 1974. Dispõe sobre a intervenção e a liquidação extrajudicial de instituições financeiras e dá outras providências. Disponível em: <http://www.planalto. gov.br/ccivil_03/LEIS/L6024.htm> Acesso em: Fev. 2014.

BRASIL. Presidência da República. Decreto nº 80.978, de 12 de dezembro de 1977. Promulga a Convenção Relativa à Proteção do Patrimônio Mundial, Cultural e Natural, de 1972. Diário Oficial da União, Poder Executivo, Brasília, DF, 14 dez. 1977. Seção 1, p. 167897.

BRASIL. Presidência da República. Lei 7.347/85, de 24 de julho de 1985. Disciplina a ação civil pública de responsabilidade por danos causados ao meio-ambiente, ao consumidor, a bens e direitos de valor artístico, estético, histórico, turístico e paisagístico (VETADO) e dá outras providências. Disponível em: <http://www.planalto.gov.br/ccivil_03/leis/L7347Compilada.htm > Acesso em: Ago. 2013.

BRASIL. Constituição (1988). *Constituição da República Federativa do Brasil*, 1988. Brasília: Senado Federal. Disponível em: <http://www.planalto.gov.br/ccivil_03/constituicao/constitui%C3%A7ao.htm> Acesso em: Fev. 2014.

BRASIL. Presidência da República. Lei 8.137, 27 de dezembro de 1990. Define crimes contra a ordem tributária, econômica e contra as relações de consumo, e dá outras providências. Disponível em: <http://www.leidireto.com.br/lei-8137.html> Acesso em: Abr. 2014.

BRASIL. Presidência da República. Lei 9.605, de 12 de fevereiro de 1998. Dispõe sobre as sanções penais e administrativas derivadas de condutas e atividades lesivas ao meio ambiente, e dá outras providências. Disponível em: <http://www.planalto.gov.br/ccivil_03/leis/l9605.htm> Acesso em: Ago. 2013.

BRASIL. Presidência da República. Lei 9.613/98, de 3 de março de 1998. Dispõe sobre os crimes de "lavagem" ou ocultação de bens, direitos e valores; a prevenção da utilização do sistema financeiro para os ilícitos previstos nesta Lei; cria o Conselho de Controle de Atividades Financeiras - COAF, e dá outras providências. Disponível em: <http://presrepublica.jusbrasil.com.br/legislacao/104073/lei-de-lavagem-de-dinheiro-lei-9613-98> Acesso em: Mar. 2014.

BRASIL. Presidência da República. Decreto nº 3.166, de 14 de setembro de 1999. Promulga a Convenção da Unidroit sobre Bens Culturais Furtados ou Ilicitamente Exportados, concluída em Roma, em 24 de junho de 1995. Disponível em: <http://www.gddc.pt/siii/docs/rar34-2000.pdf> Acesso em: Ago. 2013.

BRASIL. Presidência da República. Instrução Normativa SRF nº 188, de 06 de agosto de 2002. Relaciona países ou dependências com tributação favorecida ou oponha sigilo relativo à composição societária de pessoas jurídicas. Disponível em: <http://www.receita.fazenda.gov.br/legislacao/ins/2002/in1882002.htm> Acesso em: Fev. 2014.

BRASIL. Instituto de Patrimônio Histórico e Artístico Nacional. Portaria nº 228, de 04 de dezembro de 2002. Autoriza a guarda de 765 peças arqueológicas ao Instituto Cultural Banco Santos. Diário Oficial da União, Poder Executivo, Brasília, DF, 05 dez. 2002. Seção 1, nº 235.

BRASIL. Instituto do Patrimônio Histórico e Artístico Nacional (IPHAN). *Cartas Patrimoniais*. Rio de Janeiro: IPHAN. 2004.

BRASIL. Instituto de Patrimônio Histórico e Artístico Nacional. Portaria nº 132, de 19 de maio de 2005. Veda a saída do País de obras de arte e outros bens tombados sem a prévia autorização do IBPC. Disponível em: <http://www.jusbrasil.com.br/diarios/630544/dou-secao-1-31-05-2005- pg-9> Acesso em: Ago. 2013.

BRASIL. Presidência da República. Decreto-Lei 6.514, 22 de julho de 2008. Dispõe sobre as infrações e sanções administrativas ao meio ambiente, estabelece o processo administrativo federal para apuração destas infrações, e dá outras providências. Disponível em: <http://www.planalto.gov.br/ccivil_03/_Ato2007-2010/2008/Decreto/D6514.htm#art153> Acesso em: Ago. 2013.

BRASIL. Instituto Cultural Banco Santos. Parecer ao Instituto do Patrimônio Histórico e Artístico Nacional em apenso ao processo nº 01450.00764/2002-30, 04 de out. 2002.

BRASIL. Justiça Federal. Procedimento Criminal Diverso nº 2005.61.81.9003966. Ministério Público Federal requer o sequestro de bens de Edemar Cid Ferreira e busca e apreensão de documentos ou qualquer objeto que tenha relação com a prática de delitos previstos na Lei nº 7.492/86 e na Lei 9.613/98. 11 de fev. 2005.

BRASIL. Coordenação-Geral de Pesquisa e Documentação, Departamento de Articulação e Fomento do Instituto do Patrimônio Histórico e Artístico Nacional (COPEDOC/DAF-IPHAN). Acervo arqueológico pré-histórico brasileiro sob a guarda do extinto Instituto Cultural Banco Santos. Informação Técnica nº 18/2005, RCPS/GERAQ/DEPAM, processo nº 01450.00764/2002-30. 19 de out. 2005.

BRASIL. São Paulo (capital). Perícia judicial do processo nº 0830457-36.2010.8.26.0000. 2ª Vara de Falências e Recuperações Judiciais do Foro Central da Capital.

BRASIL. Instituto do Patrimônio Histórico e Artístico Nacional. Ofício nº 335/006 – 9ª SR/IPHAN/SP.

BRASIL. Superior Tribunal de Justiça. Conflito de competência nº 76.740 – SP (2006/02/79583-9): STJ - RE nos EDcl no CC: 76740, Relator: Ministro ARI PARGENDLER, Data de Publicação: DJe 29/04/2010.

BRASIL. Instituto de Patrimônio Histórico e Artístico Nacional. PARE- CER TÉCNICO. A autarquia federal condicionou a guarda de 765 bens culturais arqueológicos a salvaguarda do Instituto Cultural Banco Santos. Parecer técnico 9ª SE/IPHAN/SP nº 132/2011.

CABALLERO, Bernardino Hugo Saguier. *El Paraguay y la integración regional*. In: *A América do Sul e a integração regional*. Brasília: FUNAG, 2012, p. 252, Referências

CANCLINI, Nestor Garcia. *El patrimônio cultural de Mexico y La construccón imaginaria de ló nacional*. In: FLORESCANO, Enrique (coord.) *El patrimonio nacional de México*. México: FCE, CONACULTA, PP. 57-86, 1997.

———. *Los usos sociales del patrimonio cultural*. AAVV. IAPH CUADERNOS. Patrimonio...,1999, pp.16–33. Disponível em: <http:// www.methesis.fcs.ucr.ac.cr/blogs/abonilla/wp-content/uploads/2011/03/ Garcia-Nestor.-Los-usos-sociales-del-patrimonio-cultural.pdf> Acesso em: Ago. 2014.

CASTILLO RUIZ, J. ¿Hacia una nueva definición de patrimonio histórico? *PH Boletín Del Instituto Andaluz del Patrimonio Histórico*, n. XVI, Sevilla: IAPH, septiembre 1996.

CASTRIOTA, Leonardo Burci. *Patrimônio Cultural: conceitos, políticas, instrumentos*. São Paulo: Annablume; Belo Horizonte: IEDS, 2009.

CHECHI, A. Plurality and Coordination of Dispute Settlement Methods in the Field of Cultural Heritage. *in* Francioni et al. (eds.). Enforcing Cultural Heritage Law. Oxford: University Press, 2013, p. 177-205.

CHECHI, Alessandro; AUFSEESER, Liora; RENOLD, Marc-André. Case Machu Picchu Collection 506 – Peru and Yale University. Platform ArThemis. Disponível em: http://unige.ch/art-adr Acesso em: Jan. 2015.

CHECHI, Alessandro; BANDLER, Anne Laure; RENOLD, Marc-André. Case Boğazköy Sphinx – Turkey and Germany. Platform ArThemis. Disponível em: http://unige.ch/art-adr Acesso em: Jan 2015.

CORNU, M. & RENOLD, M.-A. *New Developments in the Restitution of Cultural Property: Alternative Means of Dispute Resolution*. Genebra: International Journal of Cultural Property, 2010, p. 1-31.

CHOAY, Françoise. *A alegoria do patrimônio*. São Paulo: Estação Liberdade; Editora Unesp, 2006.

CLEMENT, Etienne. *Some Recent Practical Experience in the Implementation of the 1954 Hague Convention*. In: International Journal of Cultural Property. Berlin, New-York. No. 1, Vol. 3. 2007.

CORREIA, Antonio de Ferrer. "A venda internacional de objetos de arte". *In:* Direito do Patrimônio Cultural. Portugal: Instituto Nacional de Administração, 1996.

COSTA, Pires Tailson; DA ROCHA; Joceli Scremin. *A incidência da receptação e do tráfico ilícito de obras de arte no Brasil*. Revista da Faculdade de Direito. Universidade Metodista de São Paulo. 2007. p. 263-282. Disponível em: <https://www.metodista.br/revistas/revistas-ims/index.php/RFD/ article/viewFile/525/523> Acesso em: Ago. 2014.

DE ALMEIDA, C. D.; GUINDANI, J. F; SÁ-SILVA, J. R. *Pesquisa documental: pistas teóricas e metodológicas*. Revista Brasileira de História &Ciências Sociais. Ano I. N° I. 2009. Disponível em: <http://www.rbhcs. com/index_arquivos/Artigo.Pesquisa%20 documental.pdf> Acesso em: Jan. 2014.

DERANI, C. *Direito Ambiental Econômico*. 3a ed. São Paulo: Saraiva. 2006.

ENDERE, Maria Luz. *Provennce for cultural objects: Several diffulties and some lines of actions. The issue in Latin AMerica countries*. Paris: UNESCO, 2016. Disponível em:< http://www.unesco.org/new/fileadmin/MULTIMEDIA/HQ/CLT/pdf/Provenance_of_cultural_objects_The_issue_in_Latin_Americ.pdf> Acesso em: Mai. 2016.

ESTADO DE SÃO PAULO. Notícias. São Paulo, em 29 de abril de 2005. Disponível em:< http://acervo.estadao.com.br/pagina/#!/20050429-40736-nac-1-pri-a1-not> Acesso em: Fev. 2014.

FAVERO, Diego. *Lex rei sitae e traffico illecito di reperti archeologici*. Itália: Archeomafie. IV. 2012. Pág. 38-61.

FERREIRA. Aurélio Buarque de Holanda, *Novo Aurélio Século XXI*, cit.; Albert Dauzat, *Dictionnaire* Étymologique, Paris, Larousse, 1938, p. 540;

William Morris (ed.), *The American Heritage Dictionary of the Language*, Nova York, American Heritage Publishing Co., 1970.

FERRETTI, Alessandro. *Lucha contra el trafico ilicito de los bienese culturales. Los Instrumentos*. Itália: Gangemi Editore, 2010, p. 224.

FERREIRA, Maria Letícia Mazzucchi. *Patrimônio: discutindo conceitos*. In: Diálogos. Maringá, vol. 10. N° 3. 2006. p. 79-88.

FINCHAM, Derek. *The Distinctiveness of Property and Heritage*. Penn State Law Review, Vol. 115, No. 3, 2011.

──────. *Fraud on Our Heritage: Towards a Rigorous Standard for the Good Faith Acquisition of Antiquities*. Syracuse Journal of International Law and Commerce, vol. 37, I 1. 2010. Disponível em: <http://papers. ssrn.com/sol3/papers.cfm?abstract_id=1350649> Acesso em: Mar. 2014.

──────. *How Adopting the Lex Originis Rule Can Impede the Flow of Illicit Cultural Property*, 32 Colum. J.L. & Arts 111. 2008.

FOLHA DE SÃO. *Paraguai exige do Brasil a volta do "Cristao", trazido como trofeu de Guerra*. Notícias. São Paulo, 18 de abril de 2013. Disponível em: http://www1.folha.uol.com.br/mundo/2013/04/1264506-paraguai-exige-dobrasil-a-volta-do-cristao-trazido-como-trofeu-de-guerra.shtml [https://perma.cc/4EUN-LUNU] Acesso em: Maio. 2016.

FOLHA DE SÃO PAULO. *Pará vende relíquias a turistas e coleções*. Notícias. São Paulo em 17 de out. 2005. Disponível em: <http://www1.folha.uol. com.br/fsp/ciencia/fe1710200503.htm> Acesso em: Ago. 2014.

FOLHA DE SÃO PAULO. *USP teme perder obras de Edemar Cid Ferreira*. Notícias. São Paulo, em 20 de mai. 2009. Disponível em: <http://www1.folha.uol.com.br/folha/ilustrada/ult90u568665.shtml> Acesso em: Ago. 2013.

FOLHA DE SÃO PAULO. *'É praxe acusar Laéssio de todo e qualquer roubo', diz antigo advogado*. Notícias. São Paulo, em 21 de jan. 2014. Disponível em: <http://www1.folha.uol.com.br/ilustrada/2014/01/1400461-e-pra-xe-acusar-laessio-de-todo-e-qualquer-roubo-diz-antigo-advogado.shtml> Acesso em: Abr. 2014.

FOLHA DE SÃO PAULO. *Paraguai exige do Brasil a volta do "Cristao", trazido como trofeu de Guerra*. São Paulo, 13 de abril de 2013. Disponíve em: <http://www1.folha.uol.com.br/mundo/2013/04/1264506-paraguai-exige-dobrasil-a-volta-do-cristao-trazido-como-trofeu-de-guerra.shtml> Acessado em: Jan. 2016.

FONSECA, M. C. L. *O patrimônio em processo: trajetória política federal de preservação do Brasil*. Rio de Janeiro: Ed. UFRJ/MinC: IPHAN. 1997.

FORREST, Craig. (2002) *A New International Regime for the Protection of Underwater Cultural Heritage*. International and Comparative Law Quarterly. 51, 2002, p. 511-554. doi:10.1093/iclq/51.3.511.

──────. (2010) *International law and the protection of cultural heritage*. UK: Routledge.

FRANCIONI, Francesco. *Au-delà des traités: l'émergence d'uun nouveau droit coutumier pour la protection du patrimoine culturel*. EUI Working Paper Law n. 2008/05.

──────. *Public and Private in the International Protection of Global Cultural Goods*. EJIL (2012), Vol. 23, n. 3, p. 719-730.

──────. *The Human Dimension of International Cultural Heritage Law: An Introduction*. European Journal of International Law. Vol. 22, n° 1. P. 9-16. (2011) Disponível em: http://ejil.oxfordjournals.org/ content/22/1/9.full.pdf

FRIGO, Manlio. *La Convenzione dell'Unidroit sui beni culturali rubati o illecitamente esportati. In:* Riv. dir. internaz. priv. proc., vol. III, 1996.

──────. *Cultural property v. cultural heritage: A "battle of concepts" in international law?* IRRC, June 2004. Vol. 86, n. 854. p. 367-378.

FRAOUA, R. *Le traffic Illicite des Biens Culturels et Leur Restitution*. Suiça: Éditions Universitaires Fribourg Suisse. 1985.

FRULLI, Micaella. *The Criminalization of Offences against Cultural Heritage in Times of Armed Conflict: The Quest for Consistency*. EJIL (2011), Vol. 22, n. 1. p. 203-217.

GENTILI, A. *The Pleas of a Spanish Advocate (The Hispanica Advocationis Libre Duo)*. A translation of the text by Frank Frost Abbott; with an index of Authors prepared by Arthur Williams; and a List of Errata. In: James Brown Scott (ed.). *The Classics of International Law*. New York: Oxford University Press. 1921. V2. Disponível em: <https://ia800500.us.archive. org/19/items/hispanicaeadvoca02gentuoft/hispanicaeadvoca02gentuoft. pdf>. Acesso em: Ago. 2013.

GERSTENBLITH, Patty. *Identity and Cultural Property: The Protection of Cultural Property in United States*.EUA: 75 B. U. L.1995.

GILLMAN, Derek. *The idea of cultural heritage*. Cambridge: Cambridge University Press. 2010.

GONÇALVES, J. R. S. *A retórica da perda: os discursos do patrimônio cultural no Brasil*. Brasília: Caixa Econômica Federal, UNESCO. 1996.

GONZÁLEZ-VARAS, Ignacio. *Conservación de bienes culturalres. Teoria, história, principios y normas*. Madrd: Cátedra. 2003.

GREENFIELD, J. The Return of Cultural Treasures. Nova Iorque: Cambridge University Press, 2007.

GROTIUS, Hugo. *Commentary on the Law of Peize and Booty*. Indianapolis: Liberty Fund. 2006. p. 632.

GUSMÃO, Daniel Martins; RAMBELLI, Gilson. *Estratégias para produção de um inventário nacional do patrimônio cultural subaquático*. In: Revista Navigator, v. 10, n. 20, 2014. Disponível em: <http://www.revistanavigator.com.br/navig20/art/N20_art4.pdf>. Acesso em: Jan. 2015.

HERNÁNDEZ-HERNÁNDEZ, F. *El patrimônio cultural: la memoria recuperada*. Guijon: Trea. 2002.

INGLATERRA. *Sale of Goods Act, 1983*. Disponível em: <http://www. irishstatutebook.ie/1893/en/act/pub/0071/print.html> Acessado em: Fev. 2015.

INTERPOL. *International Data*. Lyon, Disponível em: <http://www.interpol.int/Crime-areas/Works-of-art/Works-of-art> Acessado em: Ago. 2014.

INTERPOL et al. *Protecting Cultural Heritage, an Imperative for Humanity*. 22/09/2016.

JONAS, Hans. *O princípio responsabilidade: ensaio de uma ética para a civilização tecnológica*. Rio de Janeiro: Contraponto, 2006.

RODRIGUES, José Eduardo Ramos. *O caso da devolução do canhão "El Cristiano" ao Paraguai*. Porto Alegre: Revista Magister de Direito Ambiental e Urbanístico, v. 6, n. 31, 2010.

JONAS, H. *O princípio responsabilidade: ensaio de uma ética para a civilização tecnológica*. Rio de Janeiro: Contraponto; Ed. PUC- Rio, 2006. p. 353.

JOTE, K. *International legal protection of cultural haritage*. Estocolmo: Jurisförlaget. 1994.

JUBILUT, Liliana Lyra. *Os Fundamentos do Direito Internacional Contemporâneo: da Coexistência aos Valores Compartilhados*. Disponível em http://www.corteidh.or.cr/tablas/r27213.pdf.

KANT, I. *Fundamentação Da Metafísica Dos Costumes*. [s.l.] Companhia Editora Nacional, [s.d.].

KIND, Karl-Heinz. *The Role of INTERPOL in the Fight Against the Illicit Trafficking in Cultural Property In:* Manacorda and Chappell (eds), Crime in the Art and Antiquities World: Illegal Trafficking in Cultural Property, 2011, p. 175.

KUSHNIR, Beatriz. *Da manchete à notinha de canto: os furtos do patrimônio, a privatização dos acervos do cidadão*. Revista eletrônica do programa de pós-graduação em museologia e patrimônio. Unirio. Vol. II, Nº 1, jan/jun de 2009. p. 9-21. Disponível em: <http://revistamuseologiaepatrimonio.mast.br/index.php/ppgpmus> Acesso em: Jan. 2014.

LABADI, Sophia. *UNESCO, cultural heritage, and outstanding universal value: value-based analyses of the world heritage and intangible cultural heritage conventions*. USA: Altamira Press, 2003.

LIXINSKI, Lucas. *Selecting Heritage: The Interplay of Art, Politics and Identity*. European Journal of International Law. 2011. P. 81-100.

. "Heritage Listing as Self-determination", *in* DURBACH, Andrea & LIXINSKI, Lucas (eds.), Heritage, Culture and Rights Challenging Legal Discourses. Oxford: Hart Publishing. 2017. P. 227-249.

MADISON, James. *Porpery, in the mind of de founder: sources of the political thought*. Waltham: Brandeis. 1981. p. 506.

MERCOSUR. *What is MERCOSUR?*, MERCOSUR, http://www.mercosur.int/innovaportal/v/3862/4/innova.front/en-pocas- palabras [https://perma. cc/B84R-HXL8] (last visited Jan. 5, 2017).

MILARÉ, E.; COSTA JÚNIOR, P.J. da. *Direito Penal Ambiental: comentários a lei 9.605/98*. Campinas/SP: Millennium Editora, 2002.

MOCCERO, María M. *El escenario actual del MERCOSUR*. In: NEGRO, Sandra C.. Lecturas sobre integración regional y comercio internacional. Buenos Aires: La Ley, 2012, .p. 654.

MUSEUS DO VATICANO: Roma. In: Arnoldo Mondadori (ed.). *Enciclopédia dos Museus*. Milão: CEAM/Companhia Melhoramentos de São Paulo Indústrias de Papel. 1968.

NICOLAZZI, Laetitia; CHECHI, Alessandro; RENOLD, Marc-André. *Affaire Collection japonaise de Netsuke – Winkworth c. Christie's*. Plateforme ArThemis, Centre du droit de l'art, Université de Genève. Disponível em: <http://unige.ch/art-adr> Acesso em: Mar. 2015.

NUNES, Pedro. *Dicionário de tecnologia jurídica*. Rio de janeiro: Livraria Freitas Bastos. 1979.

O ESTADO DE SÃO PAULO. *Desaparecimento de 38 peças avaliadas em 22.000.000*. Notícias. São Paulo, em 29 de abr. 2005. Disponível em:< http://acervo.estadao.com.br/pagina/#!/20050429-40736-nac-1-pri-a1-not> Acesso em: Fev. 2014.

O'KEEFE, Patrick J. *Commentary on the UNESCO 1970 Convention on the Means of Prohibiting and Preventing the Illicit Import, Export and Transfer of Ownership of Cultural Property*. Builth Wells: Institute of Art & Law. 2007. p. 232.

O'KEEFE, Roger. *Protection of Cultural Property under International Criminal Law*. Melbourne Journal of International Law. vol 11, n.2, 2010, p. 139-392.

O'KEEFE, P.J., PROTT, L.V. *Cultural heritage conventions and other instruments: A compendium*. United Kingdom: Institute Of Art And Law, 2011.

PARAGUAI. Lei n° 946, de 1982. Promulga a lei sobre a proteção dos bens culturais. Disponível em: <http://www.cultura.gov.py/marcolegal/ley-de--proteccion-a-los-bienes-culturales-n%C2%BA-94682/> Acesso em: Dez. 2017.

PARAGUAI. Lei n° 5.621, de julho de 2016. Promulga a lei sobre a proteção dos bens culturais. Disponível em: <http://www.cultura.gov.py/marcolegal/ley-n-5621-de--proteccion-del-patrimonio-cultural/> Acesso em: Dez. 2017.

PARAGUAI. Lei n° 1.048 de 1996. Convenção Unidroit de 1995.

PARIS. Organização das Nações Unidas para a Educação, a Ciência e a Cultura (UNESCO). Declaração das Responsabilidades das Gerações Pressentes em relação as Gerações Futuras, 12 de novembro de 1997. Conferência Geral da UNESCO, 29ª sessão, Paris. Brasília, 1997.

PINTO, Eduardo Vera-Cruz. *Contributos para uma perspectiva histórica do direito do patrimônio cultural em Portugal*. In: Direito do Patrimônio Cultural. Portugal: Instituto Nacional de Administração. 1996.

PIPES, Richard. *Property and freedom*. New York: Alfred A. Knopf. 1999.

PORTAL DOS CONDOMÍNIOS. *A memória preservada*. Notícias. 2005. Disponível em: <http://www.portaldoscondominios.com.br/culturaMemoriaSP.asp>. Acesso em: Abr. 2015.

PORTELA, Paulo Henrique Gonçalves. *Direito internacional público e privado*. Salvador: Editora JusPodvim. 6ª ed. 2014.

PROTT, L.; O'KEEFE, P. J. *Cultural heritage or cultural property?* 1 Int'l J. Cultural Prop. 1992.

PROTT, Lyndel V. Prott, *UNESCO and UNIDROIT: a Partnership against Trafficking in Cultural Objects*, UNIDROIT, http://www.unidroit.org/english/conventions/1995culturalproperty/articles /s70-prott-1996-e.pdf [https://perma.cc/LQR9-H8SH] (noting that the language of the Convention does not explicitly state that it applies retroactively).

SANDIS, Constantine. *Cultural Heritage Ethics: Between Theory and Practice*. Cambridge, UK: Open Book, 2006.

SANTOS, António Marques dos. *Projecto de Convenção do Unidroit sobre a restituição internacional dos bens culturais roubados ou ilicitamente exportados*. In: Direito do Património Cultural. Lisboa: Instituto Nacional de Administração, 1996.

SANTOS, Antônio Raimundo dos. *Metodologia científica: a construção do conhecimento*. 3 ed. Rio de Janeiro: DP&A. 2000.

SARTI, Ingrid et al (org). *Por uma integração ampliada da América do Sul no século XXI.* Rio de Janeiro: PerSe, 2013.

SHAW, Malcolm N. *Direito Internacional.* São Paulo: Martins Martins Fontes. 2014

SILVA, D.C.. *Lavagem de dinheiro: a moderna maquiavelística.* 2000. Disponível em: <http://www.prr5.mpf.gov.br/nucrim/boletim/2007_05/doutrina/doutrina_boletim_5_2007_lavagem_de_dinheiro.pdf> Acesso em: Ago. 2014.

SILVA, Fernando Fernandes da. *A prevenção e a repressão do tráfico ilícito dos bens culturais na Convenção da UNESCO (1970).* 2003. 297 p. Tese (Doutorado em Direito Internacional) – Faculdade de Direito, Universidade de São Paulo, São Paulo. 2003.

SPENCER, Ronald D. *The Risk of Legal Liability for Attributions of Visual Art*, in Ronald D. Spencer (ed.), The Expert versus the Object – Judging Fakes and False Attributions in the Visual Arts, New York: Oxford University Press. 2004, 143-187.

SOARES, Anauene Dias ; MARTINS, Jefferson . *Patrimônio cultural como dignidade cultural: declaração sobre as responsabilidades das gerações presentes em relação às gerações futuras.* In: AUTUMN 2014/UNOESC INTERNATIONAL LEGAL SEMINAR/ BRASIL-ALEMANHA, 2014, Chapeco. Autumn 2014 Unoesc International Legal Seminar: Dignidade e proporcionalidade na Teoria de Robert Alexy. Joacaba: Editora Unoesc, 2014. v. 3. p. 1077-1090.

SOARES, Inês Virgínia Prado. *Direito ao (do) Patrimônio Cultural Brasileiro.* Belo Horizonte: Editora Fórum. 2009.

SOUSA, Wagner Mota Alves de. *A teoria dos atos próprios: da proibição do "venire contra factum proprio".* Salvador: Jus Podivm. 2008.

SOUZA FILHO, Carlos Frederico Marés de. *Bens culturais e sua proteção jurídica.* Curitiba: Juruá Editora. 3ª Ed. 2006. Pág. 178.

SUÍÇA. International Scientific Committee on Archeological Heritage Management (ICAHM), International Council on Monuments and Sites (ICOMOS). Carta de Lausanne. Carta para a proteção e gestão do patrimônio arqueológico. Suíça, 1990. Disponível em: <http://portal.iphan.gov. br/portal/baixaFcdAnexo.do?id=262> Acesso em: Ago. 2014.

HAIA (Países Baixos). Tribunal Penal Internacional para a antiga Iugoslavia. Câmara de Julgamento I. Processo N° IT-95-14/2. Judgement in the Case the Prosecutor v. Dario Kordić and Mario Čerkez. Haia, 17 de dezembro de 2004. Disponível em: <http://www.icty.org/x/cases/kordic_cerkez/acjug/en/cer-aj041217e.pdf> Acesso em:

HAIA (Países Baixos). Tribunal Penal Internacional para a antiga Iugoslavia. Câmara de Julgamento I. Processo N° ICTY-01-47. Judgement in the Case the Prosecutor v. Hadžihasanović & Kubura. Haia, 15 de março de 2006. Disponível em: <http://www.icty.org/x/cases/hadzihasanovic_kubura/tjug/en/had-judg060315e.pdf > Acesso em:

HAIA (Países Baixos). Tribunal Penal Internacional para a antiga Iugoslavia. Câmara de Julgamento I. Processo N° IT-01-42/1. Judgement in the Case the Prosecutor v. Miodrag Jokić. Haia, 18 de março de 2004. Disponível em: <http://www.icty.org/en/press/judgement-case-prosecutor-v-miodrag-jokic-miodrag-jokic-sentenced-7-years-imprisonment> Acesso em:

HAIA (Países Baixos). Tribunal Penal Internacional para a antiga Iugoslavia. Câmara de Julgamento II. Processo N° IT-01-42. Judgement in the Case the Prosecutor v. Pavle Strugar. Haia, 31 de janeiro de 2005. Disponível em: <http://www.icty.org/en/press/judgement-case-prosecutor-v-pavle-strugar-pavle-strugar-sentenced-eight-years'-imprisonment> Acesso em:

HAIA (Países Baixos). Tribunal Penal Internacional para a antiga Iugoslavia. Câmara de Julgamento II. Processo N° IT-99-36. Judgement in the Case the Prosecutor v. Radoslav Brđanin. Haia, 01 de setembro de 2004. Disponível em: <http://www.icty.org/en/press/judgement-case-prosecutor-v-radoslav-brdjanin-radoslav-brdjanin-sentenced-32-years > Acesso em:

HAIA (Países Baixos). Tribunal Penal Internacional para a antiga Iugoslavia. Câmara de Julgamento I. Processo N° ICTY-95-16. Judgement in the Case the Prosecutor v. Zoran Kupreškić. Haia, 14 de janeiro de 2000. Disponível em: <http://www.icty.org/case/kupreskic/4> Acesso em:

HAIA (Países Baixos). Tribunal Penal Internacional. ICC-01/12-01/15. The Prosecutor v. Ahmad Al Faqi Al Mahdi. Haia, 17 de agosto de 2017. Disponível em: < https://www.icc-cpi.int/mali/al-mahdi> Acesso em: Nov. 2017.

HAIA (Países Baixos). Tribunal Penal Internacional. *Elements of Crimes for the ICC, Pillage as a war crime.* Disponível em: <https://www.icc-cpi.int/NR/rdonlyres/336923D8-A6AD-40EC-AD7B-45BF9DE73D56/0/ElementsOfCrimesEng.pdf > Acesso em: Jan. 2015.

HAIA (Países Baixos). Tribunal Penal Internacional. ICC-01/04-01/07. The Prosecutor v. Germain Katanga. Haia, 17 de outubro de 2007. Disponível em: <https://www.icc-cpi.int/drc/katanga/documents/katangaeng.pdf> Acesso em: Jan. 2015.

UNESCO. *Cultural Policy, a Preliminary Study*. Paris: Imprimerie Blanchard, 1969.

UNESCO. *Strategy for Reinforcing UNESCO's Action for the Protection of Culture and the Promotion of Cultural Pluralism in the Event of Armed Conflict.*

UNESCO. Conferência Geral da ONU para a Educação, a Ciência e a Cultura. 9ª Sessão, de 5 de dezembro de 1965. UNESCO - Nova Delhi. Disponível em: <http://portal.iphan.gov.br/uploads/ckfinder/arquivos/Recomendacao%20de%20Nova%20Dheli%201956.pdf> Acesso em: Ago. 2016

UNIVERSIDADE ESTADUAL DE CAMPINAS. Centro de Estudos de Arqueologia Náutica e Subaquática – CEANS. *Livro Amarelo: manifesto pró-patrimônio cultural subaquático brasileiro*. Campinas, jun. 2004.

URUGUAI. Lei n° 18.044/06. Convenção Unidroit de 1995. Segundo Protocolo da Convenção para a Proteção do patrimônio cultural em caso de conflito armado

URUGUAI. Lei n° 17.095. Convenção Unidroit de 1995. Convenção de Haia de 1954 e seu primeiro Protocolo Adicional

URUGUAI. Decreto-Lei 14.654. Convenção sobre Medidas para Proibir e Impedir a Importação, Exportação e Transferência de Propriedade Ilícita de Propriedade Cultura

URUGUAI. Decreto n° 536/976. Regulamentação do comércio praticado nas casas de leilões

URUGUAI. Decreto n° 692/986. Relativo aos navios, objetos ou destroços de qualquer natureza afundados ou encalhados

URUGUAI. Lei n° Lei n° 14.343. Convenção Unidroit de 1995. Convenção de Haia de 1954 e seu primeiro Protocolo Adicional

URUGUAI. Lei n° 17.415/01.

URUGUAI. Lei n° 17.095. Convenção Unidroit de 1995. Convenção de Haia de 1954 e seu primeiro Protocolo Adicional

VATTEL, Emer de. *The Law of Nations*. Indianapolis: Liberty Fund. 2008. p. 896.

VIASEG. *Fraudes - Caso Banco Santos pode encobrir sonegação e lavagem*. Notícias, São Paulo, 23 dez. 2004. Disponível em: <http://www.viaseg.com. br/noticia/3339-fraudes_caso_banco_santos_pode_encobrir_sonegacao_e_ lavagem.html> Acesso em: Ago. 2014.

WOUDENBERG van N., "Adherence to the 1995 UNIDROIT Convention: Wider than One Would Think at First Sight", Uniform Law Review, Vol. 21, 2016, 120-128.

YATES, Donna. *Illicit Cultural Property from Latin America: Looting, Trafficking, and Sale*. In F. Desmarais ed. Countering Illicit Traffic in Cultural Goods: The Global Challenge of Protecting the World's Heritage. Paris: ICOM, 2015. Disponível em: http://traffickingculture.org/publications/ yates-d-2015-illicit-cultural-property--from-latin-america/ Acesso em: Nov. 2017.

ZANIRATO, Silvia Helena. *Usos sociais do Patrimônio Cultural e Natural*. In: Revista Patrimônio e Memória. São Paulo, v. 5, n. 1, p. 1-16, Out. 2009.

―――. *São Paulo: Exercícios de esquecimento do passado*. Estudos Avançados. São Paulo, v. 25, n. 71, Abr. 2011.

ZANIRATO, Silvia Helena. *Usos sociais do Patrimônio Cultural e Natural*. In: Revista Patrimônio e Memória. São Paulo, v. 5, n. 1, p. 1-16, Out. 2009.

―――. *São Paulo: Exercícios de esquecimento do passado*. Estudos Avançados. São Paulo, v. 25, n. 71, Abr. 2011.

Instituto Brasileiro de Direitos Culturais - IBDCult

COORDENADORIA EXECUTIVA

Mario Ferreira de Pragmácio Telles – *Presidente e Sócio-fundador*
Cibele Alexandre Uchoa – *Secretaria Executiva e Sócia-fundadora*
Cecilia Nunes Rabêlo – *Coordenadora Administrativo-Financeiro e* Sócia-*fundadora*
José Olímpio Ferreira Neto – *Coordenador Cultural e Sócio-fundador*

CONSELHO FISCAL

Marcus Pinto Aguiar – *Membro do Conselho Fiscal e Sócio-fundador*
Daniela Lima de Almeida – *Membro do Conselho Fiscal e Sócia-fundadora*
Vitor Melo Studart – *Membro do Conselho Fiscal e Sócio-fundador*

PRESIDÊNCIA DE HONRA

Francisco Humberto Cunha Filho – *Presidente de Honra*

CONSELHO EDITORIAL

Profa. Dra. Cláudia Sousa Leitão – UECE Prof. Dr. David Barbosa de Oliveira – UFC

Prof. Dr. Francisco Humberto Cunha Filho – UNIFOR
Prof. Dr. Frederico Augusto Barbosa da Silva – UniCeub
Profa. Dra. Inês Virgínia Prado Soares – MPF – SP

Prof. Dr. José Ricardo Oriá Fernandes – Centro Cultural- Câmara dos Deputados

Prof. Dr. Luiz Gonzaga Silva Adolfo – UNISC Profa. Dra. Manuelina Maria Duarte Cândido – UFG

Prof. Dr. Marcos Wachowicz – UFPR

Profa. Dra. Maria Lírida Calou de Araújo e Mendonça - UNIFOR
Prof. Dr. Martonio Mont'Alverne Barreto Lima – UNIFOR

Prof. Dr. Paulo Cesar Miguez de Oliveira – UFBA

Profa. Dra. Rebecca Atencio - Tulane University – New Orleans, LA Prof. Dr. Tullio Scovazzi - Università degli Studi Milano-Bicocca - Milão, IT

- editoraletramento
- editoraletramento.com.br
- editoraletramento
- company/grupoeditorialletramento
- grupoletramento
- contato@editoraletramento.com.br
- editoraletramento

- editoracasadodireito.com.br
- casadodireitoed
- casadodireito
- casadodireito@editoraletramento.com.br